石鼓文疏記

讀金器刻詞

天馬山房藏書總目

天馬山房藏書目

馬叙倫全集

許嘉璐 主編

浙江古籍出版社

圖書在版編目(CIP)數據

石鼓文疏記　讀金器刻詞　天馬山房藏書總目　天馬山房藏書目 / 許嘉璐主編. —杭州:浙江古籍出版社, 2018.1(2021.6 重印)
(馬叙倫全集)
ISBN 978-7-5540-1202-4

Ⅰ.①石… Ⅱ.①許… Ⅲ.①馬叙倫—文集②文字學—文集③目録學—文集 Ⅳ.①C53

中國版本圖書館 CIP 數據核字(2018)第 012201 號

石鼓文疏記　讀金器刻詞
天馬山房藏書總目　天馬山房藏書目

許嘉璐　主編

出版發行　浙江古籍出版社
(杭州市體育場路 347 號　郵編:310006)
網　　址　www.zjguji.com
責任編輯　陳小林
封面設計　劉　欣
責任校對　余　宏
責任印務　樓浩凱
照　　排　浙江時代出版服務有限公司
印　　刷　浙江新華數碼印務有限公司
開　　本　850mm×1168mm　1/32
印　　張　16.25　**插　頁**　4
字　　數　330 千字
版　　次　2018 年 3 月第 1 版
印　　次　2021 年 6 月第 2 次印刷
書　　號　ISBN 978-7-5540-1202-4
定　　價　78.00 圓

ISBN 978-7-5540-1202-4

馬叙倫先生像（攝于一九五五年）

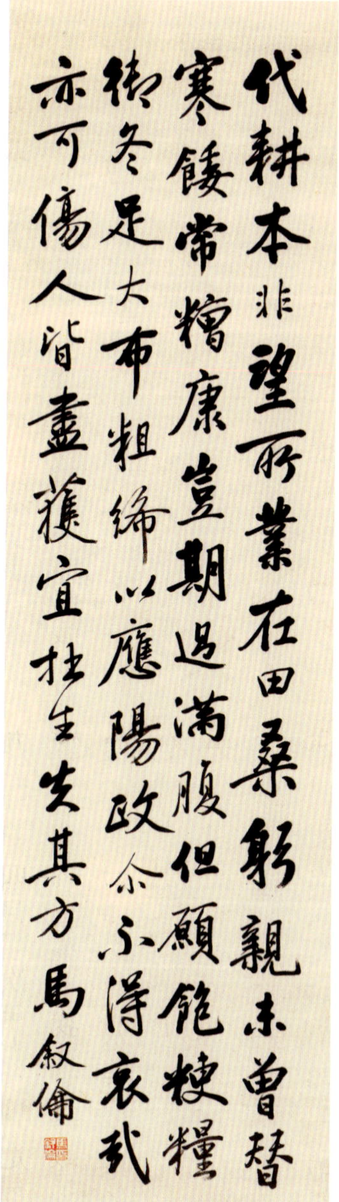

馬叙倫《行書詩軸》（金心明藏）

出版説明

本册收入馬叙倫先生《石鼓文疏記》《讀金器刻詞》《天馬山房藏書總目》《天馬山房藏書目》凡四種，影印出版。

《石鼓文疏記》初稿成於民國二十二年（一九三三）四月，次年七月寫定，二十四年（一九三五）七月由商務印書館出版，爲線裝石印本。是書對我國現存最早的刻石文字石鼓文進行疏證、釋讀，除正文外，另附《引辭》《石鼓爲秦文公時作物考》兩文，以及石鼓文的三種拓本（即新拓本、阮元撫天一閣宋拓本、安國十鼓齋宋拓中甲本）。本次整理，據商務印書館初版本影印，並删去空白頁。

《讀金器刻詞》於一九四〇年起刊在《學林》雜誌第二、三、四輯上，係用作者手稿影印。一九六二年中華書局根據原印本，略調整版式，分卷上、卷中、卷下影印出版。是書從《攈古録金文》中選取前人誤釋的銘詞，予以考辨，且對若干圖形文字進行了釋讀，頗多創獲。本次整理，以中華書局影印本爲底本，並删去空白頁。

《天馬山房藏書總目》和《天馬山房藏書目》，是馬叙倫爲自己藏書所編寫的兩種目録。前者不分類，徑以『書目一』『書目二』等著録，至『書目三十三』止，正文僅開列書名、本數。後者分叢書類、佛經類和子類著録，正文開列書名、册數，而若干書名另於天頭註明其他版本信息。兩書目雖稍簡略，但對於研究馬叙倫先生個人藏書的購藏和流散頗有價值，也可一窺其治學的側面。兩書目現藏於國家圖書館，原爲合抄，分兩册裝訂。商務印書館二〇〇五年版《中國著名藏書家書目彙刊》影印收入。

本次整理，即據之影印。

浙江古籍出版社

二〇一八年一月

目録

石鼓文疏記

石鼓文疏記引辭

句婁鬼方之刻。恢譎不可信。爲其文字不可以六書釋也。世所傳石鼓文。亦碑碣之流。蓋刻石之最古者也。其辭與詩小雅六月采芑車攻吉日皆自相似。其文字與諸金器刻識多同。宋薛尚功始摭錄其文字。然以刻石校之。知薛氏未見原石。且未見善本。阮元謂所據蓋剪裝本。或然也。薛釋亦未盡善。鄭樵潘迪以後治其文字者。亦各以意定之。潘所錄辭亦與石不盡合。則潘未見石與善本與薛同。憾清代以訖晚近諸家。雖各有所釋。猶不能令其辭豁然通於耳目。夫三代金石刻辭。實與經籍同質。清代經術獨盛。以自音韻古訓而通名物制度。故所明皆有依據。多獲而少失。孫詒讓以其治經籍者治金石刻辭。所作遂獨絕於前古。余以爲不以治經籍之術治金石刻辭。金石刻辭終不得而氷解凍釋也。治經籍以通音韻訓詁爲本。而訓詁原於音韻。不通音韻之理。則訓詁無由明。訓詁不明而遊目於經籍。如瞽人之入寶市矣。治金石刻辭校治經籍尤有難者。則金石刻辭之文字固多假借。而其形復詭變。往往諸器相異。且有一器前後復異者。昔之治金石刻辭者。率以字形詭變。遂不繩以六書之大齊。一若金石刻辭之文字可率意爲之者。使如此。當其世孰能讀之。何況後世邪。蓋由不悟吾國文字之冓造。其方法爲六書。無字不在其範則之中。而六書各有定分。劃然不亂。非可漫滅其經界。騰以游謬之說。如鄭樵朱駿聲之所論也。

知文字盡范於六書。而六書各有定分。則金石刻辭之文字。亦無不范於六書。穿鑿坿會之說不得而立矣。試即鼓辭明之。如鼎之為言。茲之為弦。我之為吾。帥之為遾。世儒皆明其為假借。而變之借為隸。濿之為瀨。籃之為艇。孔之為好。鱻之為鱠。淖之為脘。趱之為騰。播之為駿。亞之為西。𦉪之為嗇。嘉之為封。昔人所未明者。由未嘗於音理深求之也。然知我知之借為吾。而不明我之何以得借為吾。知釋𦉪為庸。從以其形相似。而於𦉪字之形不能證明之也。知𨃼之從建。而建乃從乚。徒以諸金器文字從乚者每作乚。而不能證知乚之為何字。則雖有所釋解。而未為識其字。故余以為治金石刻辭之文字。於其形尤亟宜明焉。然必覈於六書。而合復之異器。而符徵於故籍而信。斯乃為善矣。余昔治許慎說文解字。以與金石刻辭及骨甲之文互勘。堨知無字不范於六書。而六書有大齊。然未嘗專為金石骨甲之文字作攷釋也。今年三月。溧陽強夢漁先生運開示以所為石鼓釋文。輒為心動。乃以周月之力。寫成是記。於所不知。或前人所釋竊以為當者。皆不及。雖不能盡是。而其辭可讀矣。鼓辭自辥氏所録。已不具存。則知善本之難得。阮元撫天一閣本在昔偁善。然阮氏謂參校明本。蓋亦不盡如故式。翁方綱所偁黃帛不損本。余不得而見。所見乃振玉所藏雖字尚存者。蓋已為明本。今石雖存。辭多漫滅。數石並至於無字矣。獨安國十鼓齋藏宋搨本。其中甲本校阮撫本多二十有九字。頗合於歐陽修梅堯臣所見。殆墨本之最善者與。如而師石阮撫本作六字一行。而吳廣霈謂行當七字。余以辭讀之。而證以安氏本。甚信。則其校阮撫本之可貴。又不僅在多字而已。然惜安本亦經剪裝。凡安多於阮之字。有無以定其位置者。安得復前於此之本而證之。二十二年四月四日。馬叙倫在北平。越年七月寫定。

石鼓文疏記目録

同騇鼎斿求㪷兹𩟔邀歐

石第八鼓

滔是佯嗣王古

右弟九鼓

驕敉

右第十鼓

石鼓爲秦文公時作物考

新拓石鼓文

阮氏撫天一閣宋拓本石鼓文

安氏十鼓齋宋拓中甲本石鼓文　附簡釋

石鼓文疏記

文依安氏中甲本　　　　杭州馬叙倫

癸　文曰。□□□癸。倫按阮撫天一閣本同此。後簡名阮本 而上半漫滅更甚。郭沫若審定為癸字。汸文是也。惜此上闕三字。以金器辭例比之。蓋為記日之詞。如詩之吉日惟戊耳。說文解字曰。後簡名說文 癸冬時水土可揆度也。象水從四方流入地中之形。𥎆籀文。檢許慎說干支字多違本義。詳倫著說文解字六書疏證 後亦簡名疏證 羅振玉謂癸即尚書顧命一人冕執戣之戣。鄭玄書注曰。戣瞿蓋今三鋒矛。癸作父己鼎癸字作癸。上象三鋒。下象箸地之柄。與鄭誼合。倫謂許錄癸為小篆。𥎆為籀文。此小篆猶近於初文者也。齊癸姜鼎作癸。與父己鼎小異。籀文蓋由癸而變。不然則是從癶矢聲。義生於癶。與癸異字。籀篇用為癸字。其音同也。

㳅　文曰。㳅迄湧湧。倫按此章行凡六字。流上一字安本亦滅。然是狀詞。屬於上文霝雨者也。㳅字石花與迄字相連。當屬迄字讀。說文曰。㳅水行也。從沝㐬。㐬突忽也。流篆文從水。倫謂㳅從沝㐬聲。今本說文㐬下奪聲字。或為不知音者所刪。因注㐬突忽也四字於㐬下。傳寫誤入正文耳。㐬為𠫓之古文。亦育之初文也。凡說字聲義與說文異者並詳疏證。後不復注 說文曰。育從𠫓肉聲。肉音日紐。流音來紐。古讀並歸泥紐。皆鼻音帶音次濁音也。故流得從㐬為聲。

迄　文曰。流迄湧湧。倫按迄字說文未錄。徐鉉新坿曰。迄至也。倫謂迄即迄字。為趌之異文。說文起下曰。起古文起從辵。沙木謂越與迆一字。是其例證。說文曰。趌直行也。

滂　文曰。流迄滂滂。倫按釋此為湧。昔人皆然。郭沫若謂此字右方之旁與汧沔石又鰟又鮊之鰟字右方相同。而以鰟為說文魴之重文。即鰟字。此當釋為滂。倫謂滂字右方作㫄。鰟字右方作旁。石文分明。㫄自從甬。旁自從甫。不可誣也。合如舊釋為長。說文曰。湧滕也。滕水超湧也。

渫　文曰。盈渫濟濟。倫按郭沫若謂渫字從水某聲。為涘之異文。水涯也。倫謂郭以為從水某聲是也。然乃湄之異文耳。詩言眉壽。儀禮少牢饋食禮古文作微壽。說文曰。媚說也。嫵媚也。媄色好也。三字轉注。轉注者。其義無殊而音轉變。乃一名而異字。由時或地之不同而隨順別造者也。詳疏證及倫別箸說文解字研究法媚嫵皆媄也。媄字周禮作媺。從女𢼸聲。而嫵從女無聲。無篆作𣞤。從大𣞤聲。𣞤古文某某音明紐。無音微紐。皆為鼻音帶音次濁音。眉音亦在微紐。古之造字。其得聲之由重在發音。故轉注假借雙聲為多。此以音證之。渫為湄之異文。於理為近。說文曰。湄水艸交為湄。詩蒹葭傳曰。湄水隒也。說文曰。隒厓也。字亦作堳。廣雅釋邱堳。厓也。

濟

文曰。盈渫濟。倫按阮本此字已漫。猶略可辨。安本則雖漫而為濟字極可辨也。
此章行凡六字。第一行曰。□□□癸霝雨。第二行曰。□＝流迄湧＝盈渫。第三行
曰。濟＝君子即涉＝馬。第四行曰。口流汧殹洎＝蒪＝。第五行曰。口口舫舟西逮。
皆四字為句。則濟字當有重文。安本濟字右方直筆下亦有二畫可辨。強運開以
為濟上有口字。非也。濟者。說文曰。濟水出常山房子贊皇山東入泜。凡水名之字
或本是專名。或别有本義。濟字如何。今未可定。經籍借濟為泲。亦借為越。濟渡字
當作越。說文曰。越。淺渡也。皆以聲通。此承上文流迄湧＝言。或謂所以形容盈渫。
當借為瀰。濟瀰聲同脂類。說文曰。瀰。水滿也。倫謂此下文曰。君子即涉。涉馬口流。
若水既滕。復滿涘涯。何以涉乎。竊謂濟＝乃狀水流之聲。為湝＝之借字。濟湝疊
韻。又濟音精紐。為破裂摩擦不帶音不吐氣舌尖前音。湝音見紐。為破裂不帶音
不吐氣舌根音。故得通借。發音機關同或相近及發音方法同或部分同者均得
相通例證甚多詳疏證說文曰。湝。水流湝＝也。字次湣下。湣訓水流聲。湝湣見紐
雙聲。則湝湣為轉注字甚明。說文引詩曰。風雨湝＝。今詩鄭風風雨作淒＝。說文
曰。齎等也。從齊妻聲。實齊之後起轉注字。則淒濟湝通借之證也。詩葛覃其鳴喈
＝。毛傳謂喈＝和聲之遠聞也。則湝＝當為水流緩和之聲。羅曰。壁汧陽縣志曰。

大石門在縣南里許雙峽對峙汧水奔流至此鎖束水勢頓殺此汧水下流和緩之證秦文公都於郿郿為汧渭之會此下文曰汧殹洎洎則明是自郿溯汧亦汧之下流入渭處也故叙在後水流和緩而以馬涉未為不可

君

文曰君子即涉倫按說文曰君尊也從尹發號故從口宋保曰從口尹聲倫謂宋說是也君是命之轉注異文尊也者以聲為訓其本義當曰發號也發號故從口君臣之字皆不可以象形指事會意冓造故皆借他字為之所謂本無其字依聲託事是也臣為稇縛之稇本字從人縛其身而借以為事人者之偁君本發號之義而借為發號者之名

殹

文曰汧殹洎洎倫按說文曰殹擊中聲也昔人釋此為也語詞倫謂殹音影紐為破裂不帶音不吐氣清喉音也音喻紐四等為摩擦不帶音次清喉音昔人所謂旁紐雙聲也自得通借然說文曰也女陰也亦非語詞本字實當為兮兮音匣紐為摩擦帶音次濁舌根音故得借也為兮而古之秦地讀殹殆與兮同故此作殹說文曰兮語所稽也

洎

文曰汧殹洎洎倫按說文曰洎灌釜也諸家讀本字非也洎為㶄省說文曰㶄新也從水𦤎聲𦤎從辛自聲故可以洎為㶄說文次㶄於瀞上瀞訓無垢薉也今作淨是㶄訓新也者亦謂無垢薉而鮮潔耳避水章避水既瀞與此相應

自 文曰。口口自鄜。倫按說文曰。自。鼻也。自為鼻之初文。此以雙聲借為從。說文曰。
從。隨行也。

鄜 文曰。口口自鄜。倫按此字於作石之時代關系極大。王國維以為從勇得聲。而讀為雍。雍。秦都也。馬衡據之。證石作於秦穆公。郭沫若以安本篆極可辨。從邑。⿸广虜聲。即汧水出於蒲谷鄉之蒲本字。蒲⿸广虜聲同魚類也。郭謂石乃秦襄公紀其以兵送周平王至洛。讖旋刻辭於西畤。而追敘其出師之地。故曰口口自鄜。鄜為汧源襄公故居也。倫謂郭說鄜字從邑⿸广虜聲。校王說為安。此字又見鑾車章。其篆作鄜甚明也。然郭以為即蒲谷鄉之蒲本字。則未是。其說詳倫所為跋郭沫若石鼓文研究及跋郭沫若再論石鼓文之年代中。均別行 倫以音以地證之。鄜即郿之異文。試先言其音。鄜從⿸广虜得聲。說文曰。⿸广虜。廡也。從广。虜聲。讀若鹵。虜。獲也。從毌從力。虍聲。倫謂虜從力。虍聲。乃勠之轉注異文。今字別作努者也。虜音來紐。故⿸广虜讀若鹵。鹵亦來紐。來紐古讀歸泥。來為邊音鼻加摩擦次濁舌尖前音 泥為鼻音次濁舌尖前音 郿音微紐。微泥同為鼻音次濁音。舌尖前與脣齒亦最近也。微為脣齒音 說文廡⿸广虜轉注。而娓嫵亦轉注。此為鄜可為郿轉注異文之例證。自詩嵩高箸郿字。而鄜字僅見於鼓辭。遂等於廢棄矣。次以地言之。詩嵩高傳曰。郿。地名。正義曰。於漢屬右扶風。在鎬京之西也。史記白起傳正義曰。郿。岐州縣。封禪書正義引括地志云。郿縣故城在岐州郿縣東北十五里。即此城也。帝王世紀。秦文公徙汧。今扶風郿縣是也。倫謂秦文公營邑於汧渭之會。見於秦本紀。秦遷於汧渭。見於竹書紀年。皆汧渭並言。明不離於汧而已及於渭也。羅曰。壁汧陽縣志曰。汧河發源汧山。至屈家灣入汧境。經桂家峽入鳳翔界。又東南至寶雞入渭。與楊守敬水經注圖相符。則汧渭之會。在今鳳翔縣南虢鎮之西。水經注曰。渭水出首陽縣渭谷亭南谷。東逕郁夷。逕平陽故城南。汧水入焉。又曰。汧水南歷慈山東南逕郁夷縣平陽故城南。汧水又東流注於渭。是則郁夷平陽故城南為汧渭所同經流。秦本紀。寧公六年。徙居平陽。集解引徐廣曰。郿之平陽亭。正義引括地志云。平陽故城在岐州岐山縣西四十六里。秦襄公徙都之處。李賢後漢書馮衍傳注曰。平陽故城在今岐州岐山縣西南。寧公為文公之孫。其徙平陽或在文公故都稍北。知者。郁夷與平陽故城相接壤。太平寰宇記曰。地道記。郁夷省併郿。蓋王莽之亂。郁夷之人權寄理郿界。因併于郿。然則在周東遷之初。平陽郁夷即郿地。故徐廣以平陽為郿地。而文公都於郿。郿在汧渭之間之汧水之上。故帝王世紀曰。秦文公徙都汧。今扶風郿縣是也。文公都於汧渭之間之汧水之上。故鼓辭止言汧而不及渭。惟文公居郿。自郿而至襄公故都之汧。必遵汧而西。故亦止言汧。而此上文所以曰舫舟西逮。遵汧而行。自西而北。故吳人章曰。觀西觀北。此皆徵諸地理而切合者矣。

㠯 文曰。佳舟㠯衎。倫按說文曰。㠯用也。從反巳。賈侍中說巳意巳實也。倫謂㠯為胎之最初文。色從巳可證也。胎生者。生則胎易向上者而向下。俗謂轉胎。㠯從巳巳。明胎已轉。故為已然之詞。

方 文曰。口于水一方。倫按說文曰。方併船也。此依傍本字也。此言水一方。謂水一邊也。以雙聲借為㝵。說文曰。㝵宀宀不見也。宀宀即㝵㝵之雙聲假借。宀宀不見即謂邊遠不見。此邊疆本字。從四冂自聲。說文曰。冂邑外謂之郊。郊外謂之林。林外謂之冂。古者樹木以表界。界之外即邊地。故林外謂之冂。㝵則冂之盡處。故從四冂。四冂則極㝵矣。以便書寫。變譌為㝵。

右第一鼓

洍 文曰。汧殹洍洍。倫按阮本作洍。辥尚功釋沔。楊慎釋泛。潘迪以為有重文。強運開以為似重文者乃石文。倫諭之石。實有重文。且辭與霝雨章汧殹洎洎同例。尤為當有重文之證。強運開以丞下有重文。故讀汧殹沔丞丞彼淖淵為句。謂汧沔二水皆出於陝。一在上流。一在下流。故曰汧殹沔丞。倫謂沔水入江。水經注沔水篇曰。昔昭王南征渡沔。此霝雨章曰。汧殹洎洎。避水章曰。避水既瀞。即謂汧殹洎洎也。吳人章曰。𣍘西𣍘北。正溯汧而上。不得兼言沔也。又水經注汧水篇曰東北流歷澗注以成淵。此下文曰丞彼淖淵。則不應中間以沔水。亦當有重文之證。沔泛篆文形近。說文曰。沔。從水丏聲。丏。不見也。象壅蔽之形。丏篆蓋本作𠂔。象二人相擁蔽之形。今沔篆中畫兩本皆直下與右筆丿相連。而右筆丿之上右向一筆。安本極柔。則與左筆乚之上右向一筆同為石文。原篆本是沔字。楊釋為長。泛借為氾。說文曰。氾。濫也。氾濫是水溢湪之義。氾泛音皆敷紐。故得通借。然使字塙為沔。亦借為氾。沔音心紐。心敷皆為摩擦不帶音次清音也。或曰。詩沔水。沔彼流水。毛傳曰。沔。水流滿也。此與詩同。倫謂沔是水名。其本有水流滿之義。以否無證。詩蓋借沔為濔。說文曰。濔。水滿也。或詩本是泛字。形近而譌。即是沔字。亦或借為氾也。此以泛韻淵。泛字是。

丞　文曰丞＝彼淖淵。倫按丞下有重文。於辭義不應重。馬衡謂重泛字。此復誤重也。倫謂丞為拯之初文。此為承之省文。承。從手丞省聲。說文曰。承。受也。

皮　文曰丞皮淖淵。楊慎釋皮為彼。以說文皮字籀文作㞺。此與之近似也。倫按說文曰。皮。剝取獸革者謂之皮。倫謂皮為剝取獸革之名。戰國策韓策。皮面抉眼。此皮之本義也。今訓皮肉義者。借為膚字。皮從又從革省。今說文篆籀二文皆譌。惟此與叔皮父敲作皮者不譌。此為彼省文。

淖　文曰。丞彼淖淵。倫按昔人釋淖是也。淖借為倬。說文曰。倬。箸大也。水經注淠水篇東流歷澗注以成淵。説文曰。淵回水也。丞彼大淵與水經注合。

漁　文曰。君子漁之。倫按説文曰。漁捕魚也。又𥨊禁苑也。䱷𥨊或從又魚聲。甲文漁字作𩵋。從又持繁以取魚。周禮漁人作䱷人。是知䱷與漁一字。或從水從魚。或從又從魚。皆會意。甲文則指事。周禮則會意兼聲。此從寸從魚從水。會捕魚於水中意。寸為肘之次初文。九是初文。並詳疏證。故此從寸而説文從又。

濿　文曰。濿有小魚。倫按昔人謂此即説文之濿是也。濿借為瀨。説文曰。瀨水流沙上也。辭義正合。左昭四年傳。滅瀨。公穀皆作滅厲。史記南越傳。為戈船下厲將軍。徐廣曰。厲一作瀨。淮南精神訓。冉伯牛為厲。論語正義引作癩。皆其例證。厲賴雙聲。

𩵋　文曰。濿有𩵋。倫按趙宧光楊慎吴廣霈皆釋此為鯊是也。詩魚麗于罶鱨鯊。鯊與鰋鯉並舉。此上文亦言鰋鯉處之。則𩵋即詩之鯊矣。尒疋釋魚。鯊鮀。注。鯊今吹沙也。陸機曰。鯊魚狹而小。此文濿有𩵋。濿借為瀨。瀨水流沙上也。尤可證𩵋之為鯊。小本沙之初文。從小即從沙也。然讀當曰。濿有小魚。與為世里之當讀為為三十里。𤰈𩐊𩐊之當讀為翌日𩐊𩐊。㚒具來之當讀為小大具來同也。鱨鯊

鰋鯉本是嘗魚沙魚晏魚里魚

帛　文曰。帛魚皪皪。倫按説文曰。白西方色也。𠁧古文白。而從白之皎。訓月之白。曉

訓日之白其實白之本義當如張文虎說日光也金文皇字皆從白而沇兒鐘作
𦤎王孫鐘作𦤎龐姞敦作皇其白字皆從日象有光芒皇即煌之初文詩烈文繼
序其皇之楚茨先祖是皇采芑朱芾斯皇皆光輝之義風俗通義皇霸篇曰皇光
也即皇之本義可證也皇霸對言喻光之大小說文曰霸月始生霸然也則皇為
日光其義更明日出而天下白故借以為黑白字至說文所載古文白作𠂒者乃
緍帛之帛初文象裹帛之形此文帛字上作白與盂鼎白字同甲文作白與說文
近作白與盂鼎及此上作白者近蓋皆借帛之初文為黑白之白原白黑之白本
無其字謂素色之音如白故帛音亦如白音轉為樸故木素為樸白為語原而白
帛皆可借為白黑字矣此自當讀為白黑之白

𤎖 文曰帛魚𤎖𤎖倫按𤎖字說文未錄從帛即從黑白之白倫謂即的之轉注異
文說文白部之皢俞先生樾以為即日部之曉是其例證也說文曰的明也明之
義皆本於日光之白說文曰玓瓅明珠色明珠色亦謂珠色之白也玓瓅旁紐雙
聲故的之轉注字可作𤎖𤎖即𤎖也

𥯤 文曰其𥯤氏鮮倫按錢大昕據說文次籀文作𣵱證知次即涎字以明𥯤即筵
字然說文曰筵竹席也於此辭義不通倫謂𥯤從竹盜聲為筵之轉注異文盜即
說文𧮪之轉注異文說文曰𧮪生肉醬醬醢也今本說文譌作鹽也周禮醢人筍

蒩魚䲗。此魚可為脡之證。此借為脡。以從盜得聲也。

𡉀　文曰。其鱻𡉀鮮。倫按說文曰。氐至也。从氏下箸一。一。地也。氏巴蜀名山岸脅之旁箸欲落墮者曰氏。氏崩聞數百里。象形。乀聲。倫謂氏從𠂤省。象墮形。氐從一氏聲。一為初文地字。氐為地之旁紐雙聲轉注字。至也者。借氐為至。即以至訓氐耳。氐音端紐。至音照紐。古讀照歸端也。

鮮　文曰。其鱻氐鮮。倫按說文曰。鮮魚也。從魚。羴省聲。此以雙聲借為鱻。說文曰。鱻魚精也。今本說文魚上有新字乃校者注以釋鱻音傳寫誤入正文從三魚下有不變魚三字亦古注誤入從三魚。魚精即魚鯖。鯖味美。故借為鮮美字。

孔　文曰。其胝孔庶。倫按詩汝墳父母孔邇。羔裘孔武有力。傳曰。孔。甚也。何人斯其心孔艱。小明。我事孔庶。箋亦訓孔為甚。說文曰。甚。尤安樂也。然尤安樂也乃媅字義也。甚之本義為貪食也。即饞之初文。以甚媅釋孔。辭義皆不可通。說文曰。孔。通也。從乙。從子。乙。請子之候。乙至而得子。嘉美之也。古人名嘉字子孔。倫謂通也者。空字之義。老子。孔德之容。淮南精神訓。夫孔竅者精神之戶牖也。皆借孔為空。是其證。孔為乳之省文。好從孔省聲。尔疋釋器。好倍肉謂之瑗。借好為空。與借孔為空同。是其證。詩言孔邇孔武孔艱孔庶。猶今言好近好勇好難好多也。此孔庶同

𢿋　文曰。䜌之𢿋。倫按昔人謂䜌即𤅩字。𢿋即𢿋字。說文𢿋字從攴。𥁋聲。象謠井季

㚇卣有𤔲字可謚然㚇為獸名則於辭不叶倫謂㚇借為膾說文膾細切肉也史
事一字古音史當如事事音禪紐會音匣紐禪匣皆摩擦帶音次濁音也說文作
𩯦從叏而噲讀若快公羊昭二十七年邾婁快來奔釋文快本作噲莊子齊物論
我欲伐宗膾胥敖人間世膾作枝奚侗謂枝為快譌然則從叏許必有本金文固
多可以正許之譌而金文亦多譌變也

𡍮 文曰𡍮=趫=倫按𡍮字說文未錄然為從土汗聲或從水從土干聲無疑也
汗亦從干得聲元干旁紐雙聲古書干聲元聲之字自相通說文睅之或體作睆
澣之或體作浣澣字詩葛覃作澣澣從水榦聲榦從赤倝聲乾亦從倝得聲莊子
田子方曰方將被髮而乾陸德明本乾作干音義曰本作乾則幹雖為俗榦字而
干完之聲固可通矣左昭四年傳注鄭渾字子寬說文完字下曰古文以為寬
字列子天瑞老韭之為莧也釋文莧一作莧莧當作莧即說文山羊細角之莧寬
字從之得聲者也此亦干聲可通元聲之證𡍮借為脘說文脘脯也膞脯一字說
文曰膞薄脯方言曰膞暴也燕之外郊朝鮮洌水之間凡暴肉發人之私披牛羊
之五臧謂之膞則脘是薄切肉而乾之者也禮記少儀野豕為軒注曰軒菹類也
菹類者非即菹也禮記內則肉腥細者為膾大者為軒是禮記之軒即脘而軒從
干得聲正與此合

𨔣

文曰。迂=𨔣=。倫按𨔣為遖之異文。從走。專聲。強運開謂鼓文有鱄有鯾鱄字作𩶱。與此右旁作𤰔者迥別。似當從昔人讀為遖字。倫謂上文有鱄有鯾。其腔孔庶。庶音審紐。魚類。𨔣從專得聲。專音敷紐。魚類。審敷皆摩擦次清音。是以𨔣韻庶也。毛公鼎𤰔命于外。專篆與此同。公孫班鎛鎛字作𨭃。專字偏旁亦同。但有又寸之殊耳。此又可證之形者也。𨔣借為膞。說文。脘。膞相次。此亦然。其為膞之借字無疑。而與上文之脡肞義亦相貫矣。

𣞤

文曰。可以𣞤之。倫按毛公鼎有𣞤字。散盤有𣞤字。與此皆即說文之櫜字。說文曰。櫜。囊張大皃。則與辭義不叶。郭沫若謂說文櫜部之字皆從𣞤。某聲。倫謂郭說是也。說文𡙇𣞤字而壼字實從𣞤得聲。𣞤從東而口之。即絪縛之絪。次初文也。或從東。圂聲。今訓櫜也者。櫜。囊也。詩公劉釋文引說文曰。無底曰櫜。是櫜與東同矣。櫜。從𣞤。缶聲。即韜圉之韜本字。缶匋聲同宵類也。可以櫜之。即何以束之矣。

𣐚

文曰。隹楊及𣐚。倫按說文曰。栁。小楊也。從木。丣聲。丣。古文酉。而此從卯。與散盤組子鼎及甲文中寅卯之卯同。王國維據甲文卯幾牛與𤉲幾牛、𤢚幾牛、沈幾牛同為用牲之名。而古音卯丣同部。栁畱等字篆文從丣者。古文皆從卯。謂卯幾牛之卯借為劉。郭沫若據甲文中卯有作丣者。謂古文酉作丣者。即卯之譌變。而桂馥謂初學記、太平御覽引說文丣聲皆作卯聲。然則徐堅所見說文栁字尚作𣐚。

與此合。

右第二鼓

乍

文曰。乍𨘓乍□。倫按上文□□□猷。强運開據尔疋釋詁。猷道也。釋猷為道。此承上文而言。乍𨘓乍□。蓋如詩之天作高山。說文曰乍。止也。一曰。亡也。從亡。從一。倫謂止也是乍本義。止為趾之初文。乍止也者。以異文為訓。乍本象形足字。齊侯敦作乍。末距作乍。叔宿敢作乍。足即乍之變也。足音精紐。乍作一字。作音亦精紐。此形聲義並同之證。足所以立。故說文曰。作。起也。起能立也。作即乍之後起字。由後人不知乍即足字。本有起義。故增人旁為作耳。乍𨘓乍□。猶今言起房起屋也。

我

文曰。導遄我𩩓。倫按此鼓淪為舂臼。向傳師求得之者也。故每行上各缺三字。今存十一行。行四字。末行僅存一字。作吾。位居原文第四。讀其每行所缺三字中。尚有重文。郭沫若讀為□□□猷。句 作𨘓作□。句 □＝□＝。句 導遄我𩩓。句 □□□除。句 帥彼阪□。句 □＝□萬。句 為卅三十里。句 □□□微。句 𢦔＝直罟。句 □□□[illegible]。句 柞棫其□。句 □□椶榕。句 [illegible]＝鳴□。句 □＝□＝。句 亞箬其華。句 □＝□□。句 為所斿𩍪。句 □＝□＝。句 □＝盩導。句 吾二日 封□。句 □□吾五日 句 以里字以上為之類韻。華字以上為魚類韻。道字以上為幽類韻。日字以上為至類韻。雖所定重文未必盡合。大致固然矣。此句導遄我𩩓。郭釋遄為延。舊釋遄皆未合。

亦未敢定為何字倫謂鼓文或本是□□□猷句𠯑遂𠯑□句□=□導句迮我
𪎟□句□=□除句帥彼阪□句□=□𦰩句為三十里句蓋猷本獲屬尒疋訓
道者即借為道猷音喻紐與由雙聲廣雅釋詁由行也行本道路之義故仲由字
子路戰國策許由漢書古今人表作許繇詩巧言秩秩大猷漢書叙傳注引作大
繇是猷道與由行其義一也喻紐之音每轉入透故迪從由聲而音在透紐道音
亦透紐故猷由並可借為道然則此文猷□導可為韻也除𦰩固旁轉疊韻然除
音澄紐𦰩音從紐澄為破裂帶音吐氣濁音從為破裂摩擦帶音吐氣濁音亦可
韻也為三十里或與下句𢼸字為韻惜文多缺不可遽必耳我者說文曰施身自
謂也或說我頃頓也從戈從𠂹𠂹或說古垂字一曰古殺字陳立謂垂當作𠂹𠂹
我古韻同部我從戈𠂹聲或曰𠂹古文殺字然不相似我從戈得義本義當與克
伐義近與余台等字皆雙聲故亦假為我身之我倫謂施身自謂也者吾字之義
吾我雙聲故古書皆借我為吾其本義實如陳說書泰誓我伐用張孟子引作殺
伐用張李賡芸謂我伐乃殺伐之誤即以說文𠂹古殺字為據也然古書傳寫奪
補例證固多使書本作𠂹讀者少見𠂹字因增戈旁理許得成倫則以為我從戈
𠂹聲其義本與殺同故書一本作我一本作殺孟子所引蓋一本作殺者耳殺音
審紐古讀歸透𠂹音禪紐古讀歸定透定旁紐雙聲說文𠂹之古文作𢻫而我之

古文作㦰。可證古文我從古文𠂹省。而手則㣺之譌變者也。毛公鼎我字作𢦓。師寰敦作𢦔。甲文作𢦕。皆可證其譌變之由。我蓋即莊子胠篋萇弘胣之胣。胣字韓非難言作胣。肔胣二字皆不見於說文。而也它二字古書多相亂。或是肔字而借為我。知者。莊子音義引崔譔曰。淮南子曰萇弘鈹裂而死。與韓非言萇弘分胣義合。鈹字說文訓大鍼也。一曰。劍而刀裝者。義亦難通。皮聲它聲我聲皆屬歌類。故淮南借鈹字。韓非莊子借它聲之字為之。韓非六微。乃誅萇弘而殺之。此殺字疑本作我。或亦如書之我伐或作殺伐耳。說文我下施字。亦疑讀者注之。以明我字之音者。傳寫譌入正文。若然。我即莊子之胣。韓非之胣。不愈塙邪。此借為吾。唯與避字遣出。金文前後異詞者多。其例固無嫌也。

𤔲

文曰。衛𨑢我𤔲。倫按𤔲即說文辭之籀文。檢說文曰。辤。不受也。辝。籀文辤從台。辭。訟也。𤔲。籀文辭從司。然金文有辝字。無辤字。倫謂辤即辭之省譌者耳。辭從𤔲省得聲。𤔲從𠭥司聲。辝從台得聲。司台聲同之類。台音喻紐四等。司音心紐。皆摩擦不帶音次清音。故辭之轉注字作辝。書舜典。舜讓于德弗嗣。史記五帝紀集解引徐廣曰。今文尚書作弗怡。是其例證也。𤔲與辭異義。籀篇或借𤔲為辭耳。𤔲從𠭥得義。𠭥𤕰一字。𠭥訓治也。𤔲即治亂之治本字。今借治為𤔲。猶弗怡或作弗嗣也。此承上文開治道塗言。蓋用本義。若如倫讀𨑢我𤔲□為句。亦當讀為治音。□

處當是土字。金文司徒字每作𤔲土。𤔲土正謂治土也。於上文辭義既合。與下文除字亦韻。

除　文曰。口=口除。倫按廣雅釋宮曰。除道也。以除為道。猶以塗為道。皆徒字之借。說文曰。徒步行也。步行即步道也。此道塗本字。老子生之徒十有三。死之徒亦十有三。即生之道死之道也。然說文曰。除。陛也。陛。升高也。陛為升高之道。義亦可通。此下文曰。帥彼阪口。是用本義。

帥　文曰。帥彼阪口。倫按說文曰。帥。從巾。𠂤聲。帨。帥或從巾。兌聲。而毛公鼎作𠂤史頌敨作帥。虢叔鐘作帥。檢𠂤音端紐。兌音定紐。而帥音審紐。古讀歸透。與端定皆旁紐雙聲。固得以𠂤或兌為聲。然此及毛公鼎史頌敨皆從𠂤。虎敨帥井先王左旁作𠂤。邢人鐘畨生敨又作帥。𠂤之彡與丨不連。倫謂以此及諸金器文觀之。當從𠂤。𠂤即𠂤字。申音審紐。與帥雙聲。帥與紳當是一字。帥蓋本作帥。金甲文從彡之字每亦作彡。因譌為帥耳。此借為逹。說文曰。逹。先導也。帥逹雙聲。詩噫嘻。率時農夫。韓詩率作帥。采菽。亦是率從。左襄十一年傳率作帥。儀禮覲禮伯父帥乃初事。注。今文帥作率。皆其例證也。

阪　文曰。帥彼阪口。倫按說文曰。陂者曰阪。其實阪是阜之後起字。阪阜旁紐雙聲。今圖畫中作阪形。為𠂤篆。因作阜矣。說文曰。𠂤。大陸無石者也。

爲

文曰爲卅里。倫按說文爲母猴也。陳立謂母猴即沐猴。倫謂沐猴乃禺字義。說文曰。禺母猴屬。爲音喻紐喉音。禺音疑紐舌根音。舌根與喉最近。故古書借爲禺。左昭二十五年傳之公爲即公叔務人。禮記檀弓作公叔禺人。是其證。爲之本義當訓助也。詩鳧鷖福祿來爲。鄭箋爲猶助也。論語衛靈公夫子爲衛君乎。鄭注爲助也。此本義之僅存者。古者役象助人。呂氏春秋古樂商人服象爲虐於東夷。宋翔鳳據漢書司馬相如傳注引張揖說。商人作南人。南人即南蠻之人。倫謂象產南方。作南人是也。南人服象爲虐於東夷。東夷知象之爲用。孟子言舜東夷之人也。而舜以象耕。此以象助事之證。從爪象會意。爪即今之抓字也。今言作爲者。本是助爲。作助聲同魚類。說文殂從歺且聲。𣦸古文殂從歺從作。此作助可通之例證也。

世

文曰爲世里。倫按世說文作世。說解曰。三十年爲一世。朱駿聲謂卅之音讀亦卅之聲轉。容庚謂卅世一字。是也。六書故引商癸卣世字直作卅。今作世者。由金甲文卅作𠙹𠀍。少變其形。邵鐘世〻子孫作𠯑。政齊之遂爲世矣。此當讀爲三十。

𤕌

文曰𤕌〻鳴口。倫按昔人或釋𤕌爲萬。或釋爲庸。皆以其形似耳。強運開據齊侯鎛鐘師于淄陲。淄字作𠙦。證爲甾之古文。說文曰。甾東楚名缶曰甾。象形。倫謂高田忠周以𠙦爲𡿧之異文。是也。此亦𡿧之異文。從巛與從乚同。甲文從水之字。

或從乚。如淮作𣶒。洹作泹。潢為潢字是也。亦或從川。如濮為演。浥為灕。是也。說文雝從巛。而毛公鼎作𪆫。從水。是知乚川巛巛皆象水形。可以通用。甲文巛作𡿧。又作𡿧。從巛。才聲。此中作巛。亦巛之變。直畫貫於上下。乃篆勢取便耳。或從𣎳為水之變形。其與𠙹同。為巛之轉注字無疑。從甾得聲。重甾亦篆埶取茂密也。周禮媒氏注。古緇以才為聲。禮記玉藻注。古緇字或從糸旁才。論語麻冕禮也。今也純。孔安國以緇為純。純從屯得聲。屯才一字。可證此從甾聲。甲文從才聲。而皆為巛之轉注矣。說文甾之重文作甾疑本作𠙹即巛之異文與𠙹𠙹一字也甾音照紐。古讀歸端。端見皆舌音。又同為破裂不帶音不吐氣清音。故此借𠙹為嗜。說文曰。嗜。鳥鳴聲也。此連緜字。其為狀鳥聲之詞無疑。

亞

文曰。亞箬其華。倫按亞字以田車章口出各丙之丙字合之。當為亞字。亞箬為連緜詞。故王國維釋為阿難猗那是也。說文曰。亞。醜也。象人局背之形。賈侍中說以為次第也。許書此篆大徐本作亞。小徐本作亞。皆無局背之形。倫謂亞訓醜也者。謂局背也。局句一字局背謂曲背。曲背者固得以象形。圖之然當為𠃌𠃌之形。今失其字。說文。傴。僂也。僂。尪也。傴亞雙聲。是醜也乃傴字義。經籍言傴僂佝僂皆謂局背。是其證也。疑古有𠃌字。象人局背之形。其字形漸變。與亞篆作亞者捆因誤為一字。說文中如匕部勹部皆捆二字或三字為一字而亞字之本義遂昧。故以亞之形而合以凡之義。許書兼存賈逵之說。蓋亦疑之矣。凡字既亡。而形聲之傴字作矣。亞者。家之初文。詩緜。未有家室。傳曰。室内曰家。辛巳彝。王飲多亞。多蓋人名。王飲多亞。即王飲於多之家也。是其證。古言世室者。紛然莫定。俞先生樾嘗爲圖以明之。其圖正一亞字形也。見群經平議。亞象世室。高田忠周已發其說。見古籀篇。今北方居室結構率爲四合。亦古之遺制。而亞即象古代居室結構之形。吳其昌據周名夫鼎等之㝁。辛癸鼎等之㝁。謂㝁即古代四合院落之平剖面形。㝁或作✥或𠆢形。即象室之形。㝁則加一屋之記號。倫謂吳說✥爲四合院落是也。✥即說文之亞字。諸金器文有亞形者。亦✥之變。惟𠆢即說文之宀。亦即室之最初文。象古代穴居之穴形。宀穴一字。後起宮室。其外猶象穴形。故凡宮室字皆從宀也。亞本象家形。以家在室中。故復從𠆢爲㝁。此次初文也。家則後起之形聲字矣。此借爲旖。旖音同景紐。說文曰。施。旗皃。旖旗旖施也。旖施謂旗飄颻委曲之皃。引申爲柔和之義。此用柔和義也。

箬

文曰。亞䇓其箬。倫按說文曰。箬。楚謂竹皮曰箬。此借爲施。箬音日紐。爲鼻加摩擦次濁舌前音。施音審紐。爲摩擦不帶音次清舌面前音。箬從若得聲。若從叒得聲。叒音日紐。而桑從叒得聲入心紐。心紐爲摩擦不帶音次清舌尖前音。與審紐之發音方法全同。特部位之殊耳。叒音可轉入心紐。故箬得借爲施。施從也得聲也。

音喻紐四等。為摩擦不帶音。次清喉音。猗音影紐。為破裂不帶音不吐氣清喉音。
故猗施為連緜詞。阿難猗那。皆猗施之借也。

右第三鼓

[illegible] 文曰[illegible]水既瀞。倫按[illegible]字說文未錄。薛尚功以[illegible]車章[illegible]車既工。與詩車攻我車既攻。辭同。釋為我。嚴可均以為籀文吾字。倫謂說文悟之古文作𢘑。毛公鼎干吾王身。以干吾為敔敔。則吾為吾之異文無疑。然[illegible]字復從㐬從午。其非即吾字甚明。以六書之法言之。非從吾午聲。即從㐬啎聲。午啎二字說文亦未錄。午字見管子君臣上篇及莊子天道篇。使從吾午聲。自可以為吾之轉注字。然倫以為從㐬從啎。啎即說文之牾。此特易其方位耳。牾字呂氏春秋明理篇作啎。吾字在左。正與此同。但從干不從午。倫謂從干是也。說文牾在午部。而訓逆也。然午為杵之初文。舂臿皆從午可證也。牾從午。既無不順之義。許訓牾為逆。證以呂氏春秋高注訓啎為迎。則逆乃迎逆義也。迎逆雙聲轉注字。牾從午亦無逆義。甲文逆字作[illegible]諸形。其[illegible]之形為𡗜大。大象人形。而干亦為𡗜大。說文誤為從入一特從中之[illegible]。非干犯之干。乃象人由內向外匍匐形。迎逆一字。其最初文為卬。卬從傾匐之傾最初文作[illegible]者。今說文與匕叙字匕柶字混為一字。及匍匐之匐最初文作[illegible]者。今說文與勹裹字混為一字。會兩人相遇相傾伏之意。今日本舊俗

猶然今說文作從匕從尸譌也說文從尸之字多為㔾誤增辵為迎乃後起字說文曰迎逢也從辵卬聲由不知卬為迎之初文也卬為一人來一人迎之故甲文逆字有作𡴀者實即卬字𢆉由外向內會自外來者意𠙴由內向外會自內出者意後乃增彳作𨒪彳為行省金甲文行字作𠁥象四達之道路於意益明矣今說文作逆者辵即彳止之合文而非遠近等字所從之辵　辵從止從彳會行走意即走之本字玉篇訓走也是也說文作乍行乍止也乃躇字義走為趨之初文𢆉乃𢆉之譌大夫一字今說文譌以彳止合而為辵又譌從𢆉者為屰聲蓋從屮之𢆉與不順之干篆作𢆉者同形而𢆉又轉變為𦍌即羊字為屰即屰字干屰羊一字𢆉又譌為屰從𢆉會意之恉全晦故以為屰聲耳卬逆一字卬吾雙聲尒疋釋詁卬我也即卬吾也借卬為吾今陝西言我聲猶如卬故從辵省其彳而增吾聲為䢕此與省老而增丂聲轉注為考正同例也後復增辵遂成𨔶字但干譌為午耳說文逜下曰從㐅干所以臿之夫干從県大故訓為犯豈所以舂者楊桓謂干非干犯之干或午形之譌是也此午干篆文交譌之證然則說文啎之從午其譌不必始於許氏而𨔶之從午由來蓋亦久矣𨔶從吾得聲故此借為吾

𩛥

文曰避水𩛥瀞倫按說文曰既小食也從皀旡聲倫謂小食也者𩛥字義也說文曰𩛥小食也𩛥既雙聲既當訓食畢甲文即作𠨿散盤作𠨿均從乃向皀合皀一

字象人就食之形為即既從皀從旡即飽出息曰噫之噫初文明食飽則畢也
此與金甲文皆從旡旡即說文旡之古文作𠂆者也
嘉 文曰嘉尌則里倫按說文曰嘉美也從壴加聲壴陳樂立而上見也鼓字從壴
甲文鼓字所從之壴作壴父辛鼎鼓字作壴實即鼓之初文嘉從壴無美義爾雅
釋詁嘉美也又善也詩載馳既不我嘉東山其新孔嘉箋皆訓嘉為善周禮大宗
伯以嘉禮親萬民儀禮士冠禮嘉薦令芳鄭注亦皆訓嘉為善說文曰佳善也淮南
說林訓佳人不同體注佳美也嘉佳雙聲美也蓋佳字義古書借嘉為佳耳嘉賓
即佳客是其例證也此言嘉樹釋嘉為佳固亦可通然倫謂嘉本尌之雙聲轉注
耳尌從寸壴聲壴音知紐嘉音見紐見知皆破裂不帶音不吐氣清音又皆舌音
此足證其音轉之由金文嘉字多從爪作嘉從爪與從寸同意尌為樹立本字古
代植樹以表道此言嘉樹則里則者說文曰等畫物也里者管子度地曰百家為
里穀梁宣十五年傳古者三百步為里嘉樹則里謂植樹以畫分道里之遠近即
穆天子傳所謂乃里西土之數郭注謂里謂計其道里也
文曰日佳丙申倫按說文曰申神也七月侌气成體自申束從𦥑自持也
古文申籀文申倫謂為電之初文象形干支字乃借音耳
𤔲 文曰𤔲𤔲倫按文有爛鈌不可句讀然康康連文必是狀詞說文曰穅米之皮

也。糠穅或省。金文攸比鼎作康。頌敦作康。皆與此同。彡𠄞皆象米也。此以文缺不能定其詞義。尒疋釋訓。康。樂也。借康為愷。說文愷字豈心兩部皆收。豈部訓康也。以雙聲為訓。心部訓樂也。是本義。

母

文曰。母不口口。倫按說文曰。母。牧也。蓋以雙聲為訓。母實乳房之乳本字。從女。象乳房之形。乳則卵孚之孚本字。鳥生子也。故從乙。孚聲。孚為捕之本字。從爪。爪為抓之初文。呆省聲。此讀為毋不敬之毋。毋母一字。借為不。

台

文曰。台謂大口。倫按說文曰。公。平分也。從八厶。八。猶背也。韓非曰。背厶為公。倫檢金文公字最多。並與此同。無作公者。厶乃由隸書變譌。公從八口。八為分之初文。口即圜圍等字所從之口。即借為公私之私。口為自營。故八口為公。

謂

文曰。公謂大口。倫按謂即說文之謂字。說文曰。謂。報也。從言。胃聲。胃。穀府也。從肉。⊠象形。昔人以為⊠象胃中存有食物。然心象形。不加肉。為胏。胃既以⊠象形。何以復加肉字。或謂此後起字。如厶之作厷。又作肱耳。倫謂⊠乃⊕之政齊者也。⊕又⊕之變。甲文有⊕字。王國維以免盤錫免⊕百𩰫。證知⊕是說文西方鹹地之鹵。倫檢晉姜鼎易⊕責千兩。正與免盤錫免⊕百𩰫同。皆謂賜鹵也。說文鹵。西方鹹地也。從西省。象鹽形。倫謂鹵鹹鹽鹺皆一字。方言轉注。說文鹺鹽皆訓鹹也。鹵音來紐。為邊音鼻加摩擦次濁音。鹹音匣紐。為摩擦帶音次濁音。鹺音從紐。為破裂摩擦帶音吐氣濁音亦同為舌音也惟鹽音喻紐四等為摩擦不帶音次清喉音今江浙謂鹽音余廉切而謂物味鹽者則音如凾周禮伊耆氏共其杖咸注咸讀如凾說文鹹讀如戇史記田齊世家田常成子與監子集解監一作闞說文戇愚也尔疋釋鳥為鳥憨急群飛注憨愚也是憨即戇之轉注字憨聲如戇監聲如闞鹹聲如戇而鹽從監得聲可證鹽鹹實轉注字鹵轉為鹽音入喻紐而胃音亦喻紐其從鹵得聲明矣

𡛊

文曰余及𡛊口倫按說文曰如從隨也從女從口倫謂如為茹之初文從口女聲說文恕之重文作𢖻可證女為如所得之聲從隨也者委字義也委從禾徐鉉謂取禾穀垂穗委曲之貌是也女聲委音影紐㛂從女得聲而音在影紐可證也孟子涕泣而女於吴女即委者女於吴今人言委之吴也委為禾穗相從而猗施故有如義則如乃借為委也

余

文曰䍃不余口倫按說文曰余語之舒也從八舍省聲八者象气之下引故爾佘余詹必只平等字皆從之得義說文誤與分别之初文作八者混為一字余從八而此與令相連者篆埶取便耳上文余及如口之余雖漫滅尚可辨其篆作余正與說文同邵鐘余字與說文同而居後彝舍字作舍舍從余一相連一不相連亦可證也丁佛言據彝文謂舍字從余說文謂余從舍省聲說殊倒置不悟舍篆

蓋本作[illegible]象形不得從余使舍從余則當從口余省聲方合六書而余又從何字邪知其識許謬矣舍音審紐故余從之得聲而音入喻紐四等同為摩擦不帶音次清音也經籍借余為吾尔疋釋詁余我也聲皆魚類今浙江永嘉縣謂余音正如吾此借為吾

右第四鼓

吴 文曰吴人憐亟倫按昔人釋吴為虞是也虞人主山澤之官然虞為騶虞以虞名官義不可得或謂騶虞仁獸取義仁獸者明王者不妄殺也此說迂違不切事理騶虞食自死之肉而王者田獵以奉宗廟鄉賓客即明不然矣倫謂虞借為𢏚疑紐雙聲虞人即𢏚人故左傳謂招虞人以弓也書堯典舜以伯益為虞汪中謂伯益與羿是一人倫撿史記夏本紀禹乃遂與益后稷奉帝命命諸侯百姓與人徒以傅土行山表木定高山大川賈誼新書連語上主者堯舜是夏禹羿后稷與之為善則行禹羿后稷並舉羿即益也史記秦本紀以大費為伯益名大費調馴鳥獸鳥獸馴伏是謂伯翳則伯翳非人名猶伯禹后稷耳益翳並借為𢏚翳羿為轉注字借翳為𢏚猶借羿為𢏚也說文曰𢏚帝嚳射官此𢏚人即虞人之明證淮南子堯使羿射日史記五帝本紀謂益自堯時登用此亦足證伯益伯翳與羿為一當時為𢏚者秦之先大費也羿本是官名纂書者誤以為人名耳

𢼄 文曰𦎫夕𢼄口 倫按說文曰敬肅也從攴茍茍自急敕也從羊省從包省從口
倫檢師虎敦茍夙夜毛白彝佳茍德皆以茍為敬酉敦敬作茍僕兒鐘作茍則與
此近要之無從包省聲者倫謂敬從攴茍聲即警儆之初文茍從口羊聲甲文羊
字作𦍌師虎敦茍字從𦍌即𦍌毛白彝茍字從𦍌即𦍌其證也敬之本義為警
戒故從攴引申為恭敬

𩚬 文曰𩚬西𩚬北 倫按說文曰䬣設飪也從丮從食才聲讀若載倫謂䬣為𩚬之
轉注字此借為哉說文曰哉言之間也

竈 文曰勿竈勿伐 倫按強運開釋為造祭於祖也之造是也然禮造祭字皆䄊之
借說文曰䄊祭也竈䄊疊韻故此借為䄊

𢧜 文曰𢧜用口口 倫按𢧜字安本已如此舊釋獻強運開謂古獻字倫檢此字左
上似從虍然文缺不可定使固從虍作獻為獻異文則借為羞經籍訓獻為進奉
者皆羞之借字羞音心紐獻音曉紐同為摩擦不帶音次清音也說文曰羞進獻
也羞羑一字說文曰羑進膳也然獻從犬鬳聲鬳從鬲虍聲此作獻將從獻省古
聲為獻之轉注字邪此連用字疑借為敢說文曰叙從受古聲𣪘籀文叙又疑獻
為𤢊之異文說文曰𤢊從犬敢聲敢為籀文叙則𤢊亦得從叙為聲此或省叙之
又而增犬旁耳𤢊亦借為敢敢用連文經籍每見此下有太祝口口則與書言敢

用玄牡昭告於皇天上帝者義相類。或即上文𥛱祭也。

甫 文曰㪉甫口口。倫按用為墉之初文。作用字當作𠅘。說文曰𠅘用也。自知香臭所食也。讀若庸。

寓 文曰口執寓逢。倫按强運開以寓逢中囿為句。謂借寓為遇。倫以口執寓逢為句。寓逢屬執言。蓋形容林木之盛。下文曰中囿孔口口鹿口〻。可證也。逢借為丰。說文曰丰艸盛也。寓從禺得聲。顒喁鰅亦從禺得聲。顒喁鰅皆音魚容切。由禺聲矦類對轉入東也。此寓字亦當讀魚容切。與丰為疊韻連緜詞。

䡅 文曰䡅〻大口。倫按强運開據段玉裁謂𨆷踵一字。證知䡅𨆷疃一字。是也。倫謂䡅從𤱩得聲。𤱩即疃之異文。童從重得聲。重從東得聲。可證也。䡅為疃之轉注字。疃音禪紐。為摩擦帶音次濁舌面前音。𨆷音來紐。為邊音鼻加摩擦次濁舌尖前音。故疃可轉注為䡅。𨆷從𤱩聲皆元類。故或作𨆷從足。以明其踐。從田以著踐處。毛公鼎余隹䡅先王命。吳大澂從許瀚說。釋䡅為纘。蓋𨆷纘聲皆元類。亦可證也。此䡅〻連文。惜上下文泐。不得定其用本義否耳。

右第五鼓

帣 文曰帣𨊠旨口。倫按帣上為口口鑾車一句。今僅存鑾車二字。而缺上二字矣。以意逆之。所缺二字當是連緜字狀詞。而非重文。此承口口鑾車言。當是說鑾車之行動。說文曰。𠦪疾也。從夲。卉聲。⿰扌𠦪從此。⿰扌𠦪從手。𠦪聲。⿰食𠦪從食。𠦪聲。或從賁作饙。或從奔作餴。賁從貝。卉聲。倫謂屮艸芔一字。芔音曉紐。為摩擦不帶音次清音。卉音清紐。為破裂摩擦不帶音吐气次清音。而賁音封紐。為破裂不帶音不吐气清音。則賁自得從卉得聲。然⿰扌𠦪⿰食𠦪並從𠦪得聲。⿰扌𠦪音封紐。⿰食𠦪音非紐。古讀歸封。⿰食𠦪或作饙。賁音亦封紐。或作餴。奔音亦封紐。杜伯盨用𣎵壽匄永命。以頌鼎拜字作⿰𠦪手證之。𣎵即𠦪字。𠦪壽連文。必非疾義。蓋𣎵為禱省。壽為禱省也。彔伯敢金車𠦪𠷎較。與毛公鼎金車𠦪⿰糸辟較同。皆借𠦪為賁。車飾之義也。是𠦪賁音同。𠦪從夲。夲為奔跑之跑本字。轉注字為暴。從夲。暴省聲。奔暴旁紐雙聲。奔跑亦旁紐雙聲。則奔本實一字。本為蹶之轉注字。𠦪從芔得聲。芔艸一字。夲艸疊韻。是𠦪亦夲之轉注字。故訓疾也。

⿰木次 文曰。𠦪⿰木次旨口。倫按⿰木次字說文未錄。而說文⿱非⿰次巿字從非。次巿皆聲。或謂說文九千三百餘文從二字得聲者。僅竊與⿱非⿰次巿二字。竊不從廿禼。皆聲。⿱非⿰次巿蓋從欶聲。倫謂論語造次字。說文作趑。儀禮聘禮問歲月之齎。鄭司農曰。齎或為資。說文餈或作⿰食齊。鉥讀若齊。書禹貢。達于濟。漢書地里志作達于泲。而說文⿱非⿰次巿之重文作⿱齊皿。疑本是⿰米次⿱次皿齍三字。漢時已誤合⿰米次⿱次皿為一字矣。或說亦可從。然疑⿰木次從夲。次聲。即造次之次。而趑之異文也。𠦪⿰木次連文。於義始合。若如今篆從訓止也之𣥂。不精不前也之次。將從朿而次聲乎。或從次而朿聲乎。將從朿次會意乎。會意之法。皆從象形指事之文會意。次從欠二聲。實㳄之初文。為形聲字。則非會意字明矣。使從次朿聲。為次之轉注字。或即嗟之異文。則義生於欠。辭義不合。從朿次聲。則為朿之轉注字。則義生於朿。朿為朮盛。而一止之。來㵀連文。義為疾止而下文㞢字雖泐然可辨為眞字。第四字雖闕。亦可測為與眞字雙聲或疊韻之連緜詞。或與眞義相聯之字。且與上下文為韻者也。眞蓋輴之省。說文。輴。車輴釧聲也。廣雅釋訓。闐闐。聲也。尒疋釋天。振旅闐闐。注。闐闐。群行聲。此承來㵀言。當為車行疾之聲。則或奔或止。義似不叶。說文師之古文作𠂔。其本即說文𣏐字所從之𣎵。𣎵為𠂔之省。虢季子白盤玁狁字作𤞷。子田盤𤞷字作𤞷。皆可證也。古文師從𣎵得聲。甲文有𠂤𠂤𠂤諸形。子田盤作𠂤。南宮中鼎作𠂤。羅振玉釋為師。所止為次之次。倫謂師次于某者。次謂止也。止。住之本字為此。次乃借字。𠂤即師字。師從本得聲。師音審紐。古讀歸透。本音透紐也。故古文作𠂔耳。然則朿即朿之變譌。子田盤𠂤字其明證也。

四

文曰。四馬其寫。倫按說文四。侌數也。象四分之形。𠔁古文四。亖籀文四。金甲文四字數名之四。多作亖。與一二三之象示籌者同。此數名之本字也。四者。曹籀以為涕泗字。與𠔁同。象鼻中有泗。郭沫若謂四為呬之初文。從口。從八。倫謂曹說是。

也。說文餕下曰。馬食穀多气流四下也。是其證。從白。從八。白亦聲。八即余佘只兮
所從之八。象氣下引之形。今說文與分別之初文作八者棍為一字。白即說文此
亦自字之白。說文疐下曰。疐者。如疐牛之鼻。今作疐牛譌。王筠謂疐中之口。乃牛
鼻。倫謂未開化民族有穿鼻者。則口不必定為牛鼻。而疐從此。亦自字之白。固甚
塙也。疐從白得義。四從白從八會意。白亦聲。四自聲同脂類。又旁紐雙聲也。郘鐘
四字作亖。其口形與疐中之口正同。而大梁鼎四字作四。從自。皆其明證也。此借
為三。蓋音同也。

㝋 文曰。宮車其㝋。倫按說文。寫。置物也。卸。舍車解馬也。讀如汝南人寫書之寫。倫
謂卸從卩從止午聲。即迎御之御。御省文。舍車解馬。即置物義。寫是本字。詩泉水以
寫我憂。傳。寫。除也。即寫本義。除借為捨也。

六 文曰。六轡驖驖。倫按昔人釋六。是也。說文曰。六。易之陰數。變於六。正於八。從入
從八。郭沫若丁山並據金文六字或作介。或作∧。與出入字同。疑即入字而借為
數名。倫謂是也。克鐘隹十又六年。六字同此。保子達敵作∧。效父彝作∧。與說文
入字同。師奎父鼎作介。甲文六作介∩∧∩介∩諸形。互出。與金器文六字之形同。六
與入一字。皆屋之初文。室屋一字。此借為數名。

章 文曰。口徒如章。倫按徒上一字殘泐。不能塙辨。然上文曰。𢦏車𣪠衍。則此指戎

徒而言。口徒如章者。章為障省。說文曰。障隔也。如障猶今言如堵耳。明戎徒之衆也。

𩣡

文曰。𩣡=口馬。倫按郭沫若謂口處為𢾺字。趍=𢾺馬即詩小雅四牡之嘽=駱馬。而說文瘏下引作瘏=駱馬者也。趍乃正字。瘏以同從多得聲借字。多聲歌部。嘽聲元部。歌元對轉。故或借嘽為趍。倫謂郭說趍字甚是。說文曰。趍。趨趙久也。

𢍜=

文曰。躲之𢍜=。倫按昔人釋𢍜為族。然毛公鼎族字作𢍜。使族敢作𢍜。番生敢作𢍜。王命明公敢作𢍜。甲文作𢍜𢍜。無與此同者。惟不易戈有𢍜字。與此畧近。倫謂此與上文衍章陽為韻。必非族字。蓋從矢㞷聲。說文㞷從之在土上。徐鍇本有古文作𡉚。金文父兄字往往作𡉚。王孫鐘用樂嘉賓父兄。而㞷旁與鍇本古文同。此㞷旁與㞷亦近。㞷上右之一乃石花可證也。𢍜當是𥏃之異文。㞷易聲同部也。說文𥏃傷也。以疊韻為訓耳。當有本義。此曰躲之𢍜=。蓋用其本義也。

禽

文曰。𨒪禽口口。倫按連禽下闕二字。舊說為奉雉。未知所本。禽者。說文曰。走獸總名。從厹象形。今聲。禽禼兕相似。倫謂厹從九從厶。九為肘之最初文。厶為肱之最初文。肘肱相交。故義為蹂。然不足是獸。而禽禼皆從厹。無義。章炳麟據服虔左傳注如淳漢書注證禼螭為一字。羅振玉謂古羅離一字。甲文羅作𦊐𦊐。禼即𦊐之變。倫謂羅說是也。羅禼來紐雙聲。禽為禼之轉注字。來為邊音。𨑓加摩擦次濁

舌尖前音。古讀歸泥。禽音群紐。為破裂帶音吐氣濁舌根音。而吟在疑紐。念在泥
紐。並從今聲。疑泥皆鼻音帶音次濁音也。群疑旁紐雙聲。疑泥並為鼻音帶音次
濁音。則禽可轉為禽矣。禽字太祝禽鼎作□。禽彝作□。不𡢁敢作□。鄭伯萬作□。
敔敔作□。其□□□之形。皆與甲文□□之□同。然則禽者。擒之本字。本為捕鳥
之名。故尔疋釋鳥曰。二足而羽謂之禽。四足而毛謂之獸。此上文獸麀如口。羅振
玉謂獸狩一字。四足而毛為獸。乃後起之義。禽亦然也。禽以取飛者。獸以取走者。
因名二足而羽為禽。四足而毛為獸耳。此禽字惜上下辭義不完。不能定為何義。

□

文曰。吾獲允□。倫按說文。異。分也。從𠬞畀。畀予也。倫謂金甲文異字皆同此從
大戴甶而手奉之。即戴負之戴。初文。分也者。謂異同之義。乃冀字義。典籍並省作
異。此亦然也。

右第六鼓

田

文曰。田車孔安。倫按田為畋省。說文。畋。平田也。朱駿聲以為平田者佃字之義。
畋當訓獵也。韓詩內傳。春曰畋。文選畋獵賦注引禮記王制馬注。取獸曰畋。呂氏
春秋以畋於雲夢。注。獵也。倫謂畋從攴田聲。慧琳一切經音義四十一及八十三
九十二引說文從攴田聲。攴與攵一字。攵即打之本字。今人謂畋曰打獵。則朱說
是。田車即周禮田僕掌馭田路以田以鄙之田路。

䩭　文曰鋚䩭馵＝倫按昔人釋鋚䩭為鋚勒是也說文勒馬頭絡銜也從革力聲此右作𠂇與甲文男字作𤰔加爵加字作𠮙所從之力字形相同

馵　文曰鋚勒馵＝倫按此字全不全然從馬而有乚且有重文可辨也又與上文安下文簡𤢻騝遂叶韻強運開據字彙補有馵字米普切音姥玉篇云馬行皃辭雖可通然鋚勒馵＝與詩蓼蕭鞗革忡忡詞例相同毛傳以垂飾皃釋忡＝則忡＝當為沖＝說文沖涌䌛也讀若動毛以忡忡屬鋚勒言辭義亦安倫謂馵即說文之馵說文馬馬一歲也從馬一絆其足讀若弦一曰若環段玉裁疑絆其足三字衍文嚴章福疑絆字衍文蓋皆以一歲馬絆其足無義也倫以為此篆從馬而乚於馬首下蓋施覊縻而已馬已一歲可供馭故施覊縻因名一歲馬曰馬說文作馵移縻於足疑篆譌也詳疏證馬讀若弦又若環聲皆元類與安簡𤢻騝遂叶矣承鋚勒言於義亦安

䮞　文曰口衆既簡倫按口處強運開定為徒字徒衆既簡簡謂簡擇說文簡牘也此為瀾省說文瀾淅也淅汏米也

𩦺　文曰左驂𩦺＝倫按𤢻＝狀馬之壯也蓋借為騯騯音並紐𤢻音敷紐古讀歸滂旁紐雙聲說文騯馬盛也騯為駫之轉注字說文駫馬盛肥也左驂騯＝與詩車攻四牡龐＝同毛傳龐＝充實也龐亦借為騯

𩢍 文曰右驂𩢍𩢍倫按𩢍字說文不收蓋從馬建聲說文建從聿從廴此從乚者廴篆當作乚本象直道之旁橫道多故訓長行也此蓋從乚說文乚匿也讀若隱然以乚為徯之初文而從乚知乚為直道之名故直字亦從乚而廴乚旁紐雙聲蓋一字異文耳說文廷字亦從廴而毛公鼎廷字作㢟頌鼎秦公敦廷字皆從乚則此為從馬從建無疑蓋駮之轉注字駮音照紐古讀歸端建音見紐見端皆破裂不帶音不吐氣清音又同為舌音也說文駮馬彊也或借為健說文健伉也伉為倞之轉注字今說文作人名非本義倞彊也此以馬彊故從馬

隮 文曰吾以隮于邍倫按昔人釋隮為隮是也安本左側下似有一字羅振玉以為是片字強運開謂從棲省似片者乃木字倫審其形非片非木蓋是𠤎字而石泐耳從阜從止齎聲說文躋登也從足齊聲商書曰予顛躋今書顧命由賓階隮周禮眡祲九曰隮詩蝃蝀朝隮于西儀禮士虞禮記隮附爾于爾皇祖某甫字皆作隮許所據商書古文作躋今書微子亦作隮也然則古自有隮字為躋之異文說文陟登也散盤作𨸏甲文作𨸏象兩足躡阜而上躋陟旁紐雙聲轉注則此從阜從止與陟同意轉注為齎聲耳

邍 文曰吾以隮于邍倫按邍即說文之邍邍丁山謂從夂從田彖聲彖蓋為道之異文是也說文邍高平之野人所登

趺　文曰。吾戎止趺。倫按趺字諸本皆作趺。右旁作𡗝。故或釋為㚔。倫論鼓並近拓
本。右旁第二畫並非橫直。仍有曲勢。與第一畫同。實從阜從夫。上文田車孔安。鋚
勒𩣑𩣑。徒𡴀既簡。為一段。左驂旛旛。右驂騝騝。吾以隮于𠁁。為一段。下文宮車其
寫。秀弓寺射。與此為一段。首段安𩣑簡叶韻。次段旛騝𠁁叶韻。下文寫射叶韻。則
此亦必與寫射叶韻也。吾戎止趺。戎謂徒衆。止趺謂止于趺地。此承上文吾以隮
于𠁁。𠁁言則必𠁁上之可庵者耳。夫聲魚類。正與寫射同部叶韻。說文。瑦。石之似玉
者。從玉。烏聲。山海經南山經。會稽之山。其下多砆石。郭注。砆。武夫石。似玉。砆亦通
作玞。是砆即說文之瑦也。夫烏聲同魚類。趺蓋即隖之異文。說文。隖。小障也。一曰。
卑城也。一切經音義十一引通俗文。營居曰塢。於義亦合。又古夫矢二字篆形易
掍。亞中𥺝尊中所從之夫。即夫字也。𪏴鼎𪏴字所從之夫亦同。而大夫始鼎𪏴字
實與𪏴一字。而夫旁從夫。則與矢篆同。說文。巨或從木矢作榘。而伯矩敦作𣏟。伯
矩鼎作𥎞。周禮樂師。師射夫以弓矢。注。故書射夫為射矢。皆其證。是篆即為趺。亦
是趺字。

宮　文曰。宮車其寫。倫按說文。宮。室也。從宀。躳省聲。其實躳從身宮省聲。宮從宀從
邕之古文作𡆧者省聲。宰父敦之辟宮即辟雍。可證也。甲文作𠊧宮。史懋壺作𠊧。
君父敦作宮。皆不從呂。倫論鼓篆實作宮。今各本作宮。雖與說文合。實誤拓石花

也。宮不從脊骨之呂。或從宀。從呂。呂重口。象宮室之墉。宮為營之初文。史記五帝紀。以師兵為營衛。營衛。宮衛也。古以車戰。即舍於車。故曰宮車。亦即戎車也。

秀　文曰。秀弓寺射。倫按秀為搒省。說文曰。揺。引也。搒。或從秀。秀弓謂引弓也。

寺　文曰。秀弓寺射。倫按寺為侍之初文。周禮寺人。鄭注。寺之言侍也。蓋以今字釋古字。詩之婦寺。易之閽寺。春秋傳之寺人。其字並作寺。蓋古字止如此耳。說文以漢九寺之制說寺字。非寺本義。然官名寺。本取侍義。或借為序。與丞相御史之所治曰府同。白馬寺是也。第八鼓弓茲以寺。吳大澂釋寺為持。以弓茲並為名詞。辭尚可通。然何不曰角弓以寺。校雅飭乎。由不悟秀是搒之省文。秀弓已是持弓而引之。不得更曰持射矣。控弦以寺。搒弓寺躲。寺皆侍義。侍侍一字。寺躲即待躲也。吳廣霈說寺射亦如此而釋弓茲以寺之寺字為峙由不解弓茲為控弦也

⿱走⿰走走　文曰。其口⿱走⿰走走夭。鄭樵釋⿱走⿰走走為奔。強運開釋赴。強謂與上文麋豕孔庶麀鹿雉兔為韻。⿱走⿰走走字當有重文。倫按下文口出各亞。口口吳口。執而勿射。口庶趚趚。君子逌樂。皆為四字句。⿱走⿰走走字不應有重文。各本並無。羅振玉據顧從義刻硯文補重文。非也。⿱走⿰走走字鄭釋是也。羅振玉從鄭釋。謂⿱走⿰走走從三走。盂鼎奔作⿱夭⿰止止。即省⿱走⿰走走之三夭為夭。又由三止變為三屮。古文屮屮形最近。易致掍也。倫謂金文走字皆作⿱夭止。從夭。從止。其實夭象人疾趨揚手之形。即趨之初文。後乃增止為走耳。趨赴趣皆夭之雙

聲疊韻轉注字。𧺆從三走會奔意也。

犬

文曰。其口𧺆犬。諸家並釋犬為大。倫按此亦犬之異文。說文。奔。進趣也。然從大從十。無進趣義。倫謂夲即今奔趵之趵本字。從犬十聲。故𡕩從夲而訓疾也。暴從夲而訓疾有所趣也。𣓏從夲而訓進也。奏從夲而訓奏進也。皆受義於夲。夲從犬而今作夲。是犬為犬之異文無疑。此𧺆犬連文。即奔走也。走聲侯類。魚與侯叶韻。故以走韻兔。猶下文以𧺆樂與上文亞射叶韻矣。

各

文曰。口出各亞。倫按口處字雖泐。然安本左下有止字可辨。則必為從足或從辵或從彳之字也。上文其口奔走。非指人。即指禽獸言。此曰口出各亞。蓋指人也。各為格之省。說文。格。擊也。

丙

文曰。口出各丙。倫按此亞字爛文也。各亞連文。亞借為丙。說文。丙。覆也。讀若晉。丙謂以网覆之。說文。罿。捕鳥覆車也。罬。兔罟也。罝。兔网也。甲文有网下作兔豕等形者。則罟罝不定覆兔矣。上文曰。麋豕孔庶。麀鹿雉兔。下文曰。口口吳口。執而勿躲。其為格覆明矣。

右第七鼓

同

文曰。吾馬既同。倫按此與詩車攻我馬既同辭同。則同即同字。車攻傳曰。同。齊也。釋鼓文者大氐皆從詩傳。倫謂上文吾車既工。詩車攻作我車既攻。傳訓攻為堅是也。車堅馬齊。辭義似通。然車堅。車之堅也。一車亦具其堅。馬齊。必待異馬而齊。是於義為不倫矣。下文曰。吾車既好。吾馬既駂。駂即說文之騊。騊駼北野之良馬。引申得訓為良。則吾馬既駂。亦不必指群馬。而同之非齊義益明。說文同。合會也。從冃。從口。然甲文作同。同不㲉敢同。敢同字亦與甲文同。此作同。與金甲文合。則䓯䲨謂同從凡得聲。是也。凡為帆之初文。散盤作凡。鬲比簋作凡。凡卣作凡。頌鼎佩字所從之凡作凡。皆象凡受風之形。帆古音如蓬。今江浙猶謂帆曰風蓬。故或從蟲省聲。轉注為風。風雨字本借凡字。詳疏證。而同則讀徒紅切也。說文凡篆既譌為凡。而同篆又譌為同。故不知同之從凡得聲矣。此同字或為侗省。說文侗。大也。或為駧省。說文駧。馳馬洞去也。洞。疾流也。是駧為馬疾行義。說文颿。馬疾步也。蓋駧即颿之轉注字。吾馬既同。言馬之壯大或迅走也。車堅馬壯。或車堅馬疌。庶為相對矣。

駂

文曰。吾馬既駂。強運開謂詩車攻作我馬既阜。阜以同音借為駂。駂即騊字。倫按說文騊。騊駼北野之良馬。於辭固可通。然倫疑駂或借為飽。說文缶。瓦器也。匋。瓦器也。從缶。包省聲。勹聲。詳疏證。史篇讀與缶同。匋為缶之雙聲轉注字。說文詢。或從色作詑。此駂可借為飽之證。又或借為駜。駜音封紐。駂從缶得聲。缶音非紐。古讀歸封。亦雙聲也。說文駜。馬飽也。上文曰。吾車既好。車好馬飽。辭義相叶。或謂駂好叶音駜好則不叶矣此局於同部叶韻之說者耳不知古多同紐叶韻上文吾馬既同同從凡得聲凡音奉紐古讀歸並與駜旁紐雙聲亦得叶也同音今在透紐透為破裂不帶音吐氣次清音駜音封紐封為破裂不帶音不吐氣清音發音方法微異且好從孔省聲孔為乳之省文乳從孚得聲並詳䟽證孚音敷紐古讀歸滂是好之本音為脣音與駜旁紐雙聲亦得叶也車攻作阜阜音奉紐亦可證也車攻傳於阜字無說駟驖傳曰阜大也說文阜大陸無石者也是毛以四牡孔阜為馬大馬䏻與馬大義相成

鼎 文曰君子鼎𩍆倫按文本作君子鼎𩍆鼎斿今從楊慎讀說文員物數也從貝口聲籀文從鼎作鼎與此同倫謂鼎非鼎鬲之鼎仍為貝之異文鼎鬲本一字詳䟽證由象形之□卣文□父已鼎變而為□□甲文□盂鼎乃與貝形相混貝為海介蟲甲文作□象死貝之介古以為貨今猶有存者矣君鼎作□䝨卣作□象生貝也鼎即□之譌變者也說文則字從刀從貝而籀文亦從鼎作鼎齊侯壺則字作□召伯𣪘作□段𣪘作□皆可證明從貝不從鼎員為物數義生於以貝為貨則訓等畫物也實為俞之雙聲轉注字俞訓齊斷也二字從鼎將何取義益知鼎非鼎鬲之鼎矣鼎讀為詩葛覃言告言歸之言

斿 文曰鼎𩍆鼎斿倫按斿即游之省文或異文也說文游旌旗之流也從㫃汓聲

遊。古文游。然遊從辵。無旌旗之流義。蓋遊為斿游本字。從辵。從古文子得聲。子音精紐。遊音邪紐。旁紐雙聲。故汓斿遊並從子得聲。古文經傳借遊為游。而非游之初造字為遊也。

求 文曰。君子之求。倫按求為裘之初文。從又持裘。請求字以雙聲借為祈。尋求字當作逑。說文逑訓斂聚也。乃勼字義。說文勼。聚也。書堯典。方鳩僝功。今文作逑。詩關雎。君子好求。釋文求本亦作仇。並其例證。此為逑省。

⿰牛辛 文曰。⿰牛辛⿰牛辛角弓。倫按此與詩角弓文同。彼作騂騂。說文觲用角低仰便也。從牛羊角。詩曰。觲觲角弓。許於詩用毛氏。則今作騂非故書矣。詩釋文騂騂。說文作弲。邵瑛疑唐本說文或引詩。又疑陸以弲有角弓之解而誤憶。王筠疑弲為三家詩文。倫謂陸謂騂非本字。說文作弲乃本字。釋文此例甚多。然毛傳騂騂。調利也。與許書觲義合。當以觲字為正。但字從牛羊角。羅振玉據金甲文皆有𢆉字。證𢆉為騂本字。倫謂詩騂字從馬。小尒疋。⿰牛辛朱也。與此同。則從牛。蓋自有辛聲之字或從馬。或從牛。而金甲文𢆉字。蓋從牛。羴省聲。或羊聲。實與⿰牛辛一字。騂⿰牛辛並從辛得聲。辛音心紐。羴音審紐。羊音喻紐四等。皆摩擦不帶音次清音。其義以甲文每言用𢆉。禮家言周尚赤。故尚騂剛。蓋為牲赤色。故或從馬或從牛也。此借為觲。

𢇇 文曰。弓𢇇以寺。上文自吾車既工至君子之求。皆四字為句。此上文為口角弓口處一字石泐。強運開據安氏十鼓齋本辨為⿰牛辛字，且有重文，又辨弓字亦有重文是也。第二弓字連茲以寺為句。倫按強運開謂𢆶即說文茲黑也從二玄之茲。段玉裁以為胡消切者也。茲與玄音義皆同。而說文弦篆作𢎘。蓋從古文玄。茲即借為弦。其說是也。茲實玄之重文。如余之籀文作𠎨耳。弓𢆶以寺者。弓本是器名。此作動詞。蓋借為控。說文。控。引也。匈奴名引弓曰控弦。此據文選羽獵賦注引。弓控旁紐雙聲。詩白駒在彼空谷。韓詩作穹谷。穹從弓得聲。此弓空通借之證。

⿱辝炎

文曰。口〻⿱辝炎〻。倫按昔人據說文。枲籀文作𣑟。枱籀文作𨐨。證知⿱辝炎為枲之籀文是也。倫謂⿱辝炎從炎辞聲。辞為籀文辭字。從辛台聲。說文。枲從朩台聲。隸。及也。從隶枲聲。詩曰。隸天之未陰雨。今詩作迨。說文無迨。蓋從辵台聲。此借為隸。隸〻連緜詞。與唐逮雙聲連緜詞者同。說文。逮。唐逮。及也。隸逮皆隶之後起字或轉注字。上文其來趩〻。說文。趩。行聲也。此曰口〻⿱辝炎〻。上二字為重文。惜石泐不能定為何字。然皆承上文而狀行皃。隸〻謂其行之相及也。

⿺辶戠

文曰。即⿺辶戠即時。辥尚功釋⿺辶戠為我。鄭樵謂即敔字。楊慎釋御。強運開曰。此篆與譈固不同。作敔亦非。第五鼓其𡔷其敔。方是敔字。此從辵從敔省。當即遻字。說文無遻字。午部。啎。逆也。與遻音義同。或即啎之籀文。倫按說文。御。使馬也。從彳從卸。馭。古文御。邵瑛謂經傳御馭截然兩字。御字之為用甚多。而馭則專歸使馬義。倫謂御馭疑非一字。御從彳。從止。從卩。會迎逆義。午聲。為從辵之雙聲轉注字。於六書為會意兼聲。蓋尤先於形聲之馭字。古書午五二聲相通。周禮壺涿氏午貫象齒。注。故書午為五。左成十七年傳夷羊五。國語晉語五作午。是其證。又左桓十四年經。鄭伯使其弟語來盟。穀梁語作御。說文鋤或作鋙。以此相證。御馭之為一字甚明。是楊以為御強以為馭。其釋一也。然楊之意。蓋以御為射御之御。以使馬義釋馭。是也。特楊不知馭御字乃馭之借耳。倫檢齊侯壺有□字。頌敢有□字。即御字也。御尊蓋有□字。適敢作□。甲文作□□□□者。即此馭字。□即□□之形變。□□□□諸形。商承祚以為象馬策。是也。蓋字不從馬。故以策會意。亦以所馭不必皆馬也。此馭御之御本字。以□□形聲皆近。故經傳通段。而說文遂捏為一字矣。或曰。甲文午字作□□□□諸形。則御中之午即□□。□□仍為一字。要之馭非馭字。而義為使馬也。

敺

文曰。吾敺其特。倫按說文。敺古文驅。此古文經傳以敺為驅也。敺為毆之異文。說文從殳之字。金甲文多從攴。說文從攴之字。金甲文亦作殳。殳攴實一字。

右第八鼓

滔

文曰。右驂滔滔。倫按此鼓今僅存數字。阮本存第一行第五字為□。據安本甲秀堂法帖本及顧硯本丙下有□字。阮本第二行存弓矢矢字。原作□。安本作□

是也。孔庶四字。下缺二字。第三行第一字汧。以舊拓別本審之。似為既字。第六字為左。安本第三行左上有一𠃊字。而顧硯亦有𠃊字在左字上。甲帖左上有一字似庶。阮本第四行存滔〻。是謂連重文四字。上缺三字。然安本滔〻上有駿字及汧文僅存之日字。則駿字當在行首。連上行左字。而駿下日字當有重文。辭為左駿日〻日〻。下當為右字。右下當為駿字或騑字。辭為右駿滔〻。或右騑滔〻。若然。則第四行為駿□〻右駿滔〻。是謂不數重文。已有七字。而阮本此鼓行僅六字。阮本第三行已汧之既字。位較第二行弓字高半字。阮本係參用他本行式。未必悉如原本。其第五行今存不具雈三字。上缺三字。第六行首字為䍐。而安本䍐上有㶣字。上半已泐。辭尚功本無具下雈字。䍐字作後。而後上有𦐇字。蓋即安本之㶣字。㶣䍐二字原石是否相連。檢考安拓石花不能定。似䍐字在第三位。亦可證原文每行不止六字。倫謂蓋本七字一行。其第四行是謂以上。其辭曰□□□□□□。帀𠂤辭本作師。□弓矢孔庶。□□既□□□□□𠃊。左驂日〻。□□滔〻。四字一句。正當七字一行也。若然。則左驂日〻。右驂滔〻。辭亦可以決定。滔借為本說文本進趣也。讀若滔。

𣥠　文曰𣥠。謂□□。倫按說文是直也。從日正。倫謂說文正訓是也。而正即周禮司裘鄭司農注方十尺曰侯。四尺曰鵠。二尺曰正之正。是從正。即司裘注四寸曰質之質。⊙其象也。非日月之日字。易未濟上九有孚失是。虞翻曰。是猶正也。位不正。故失是也。此是正義同之證。禮記檀弓。是月禫。徙月樂。注。是月實月也。戰國策西周策。是攻用兵。注。是實也。大戴禮記衛將軍文子。子貢以其質告。注。質實也。是質同訓為實。是質同為舌音。是本字。質借字也。毛公鼎是字作𣅀。陳公子甗作𣅀。皆象有矢箸之。是為正之異文。是正旁紐雙聲。日為正中之幖幟。射者所以取中者也。目論。清代武試射時所立侯中以朱為規識者。蓋即是中之⊙也。

𢓊 文曰。不具□𢓊得口口。倫按上下文缺。不可讀解。此字鍇本作𢓊。疑有譌。蓋即說文之僻字。說文。僻。避也。王筠謂僻避一字。此連得字。得當是徂之異文。說文。徂。往也。徂退或從彳。此從屮屮即㞢字。𢓊得謂避往也。

嗣 文曰。嗣王。倫按嗣上文缺二字。下為王𠂤二字。𠂤下缺一字。不可讀。書無逸。繼自今嗣王。又曰。嗣王其監于茲。說文。嗣。諸侯嗣國也。從冊從口司聲。段玉裁以為從口。不從口舌之口。口。國象也。倫謂盂鼎嗣字作𤔲。此文作嗣。並從口。則段說非也。倫以為諸侯嗣國也者。非嗣字本義。說文。冊。符命也。諸侯進受於王也。然冊象編簡之形。篆本作𠕋。故金文作𠕁𠕁𠕁諸形。目論。漢簡正如此。冊止是簡冊之義。當訓編簡也。以諸侯受冊命于王。故有符命之義。而嗣因有諸侯嗣國之訓。其實嗣是冊之轉注字。冊音穿紐。古讀歸透。嗣音邪紐。透邪皆舌尖前音也。嗣從冊。詞省聲。說文。孠。古文嗣。從子。其實孠從古文言。司聲。詞之古文。古文經傳借詞為嗣耳。嗣王者。凡人君受命而立。命必以冊。雖天子必受命。故天子偁嗣王也。

王　文曰。嗣王。倫按吳大澂以金文王字作玊。證王從火。謂火盛曰王。顧實謂火上復加橫畫。以指火之炎上而大放光明也。倫謂禮記祭法王宮。俞先生樾謂王宮即旺宮。古字旺止作王。後以為日之光。故從旺。倫謂王即今江浙謂火盛曰旺之旺。古以火旺作王字。從火。從古文上。會火炎上之意。詳疏證。後以日光盛作旺字從日。王聲。又作皇字。從皇聲。比君於日。因偁曰皇。省之曰王。

古　文曰。口古我來。倫按說文。古。故也。從十口。識前言者也。倫謂十口為古義不剴切。謝彥華謂從十。口聲。亦於識前言之義不合。古部所屬僅嘏字。訓大遠也。桂馥錢坫以為當是大也。遠也。尒疋釋詁。嘏。大。遐。遠也。錢桂均謂遐即嘏之俗字是也。倫謂大訓遠者。大讀如杜。今江浙方言猶有謂大如杜者。則聲入魚類。淮南子宋康王世有雀生鸇。占曰。小而生大。必霸天下。以大韻下。其證也。然則大即借為嘏。故釋詁與嘏並訓遠也。嘏為古之轉注字。雙聲兼疊韻也。遠也者。古之本訓。從千陌之陌初文作十者。詳疏證。口聲。此古字或用本義。或為祜省。詩言天錫純嘏。借嘏為祜。是其例證。惜此第一字泐。不能證明耳。

右第九鼓

騎 文曰走騎〻。倫按此鼓今已盡泐。安本阮本如此。然文缺不可讀。此字說文未收。連走為文。并有重文。則走上疑是奔字。奔走騎〻。騎疑借為擠。說文。擠。排也。此以屬馬言。故從馬。猶驋之從馬也。

歭 文曰𦬊〻歭〻。倫按說文。𢼸。妙也。從人。從攴。豈省聲。徐鉉以為豈從微省。𢼸不應從豈省。疑從耑省。耑者。物生之題也。王煦以為𢼸從人。敳省聲。倫謂妙也者。當為杪也。此耑字義也。歭為敳之轉注字。從攴。斤聲。斤字耑生敱作斤。昔人釋斤為耑。是也。耑生。疑即微生。敳之轉注字為歭者。敳音疑紐。𢼸音微紐。微疑皆鼻音。帶音次濁音也。敳從豈得聲。豈古音如幾。史記黥布傳。而王幾是乎。徐廣曰。幾一作豈。說文。豈。還師振旅樂也。鐖。訖事之樂也。訖事之樂。即還師振旅樂也。鐖為豈之轉注字。從豈。幾聲。並其證。幾音見紐。耑音端紐。見耑皆舌音。又同為破裂不帶音不吐氣清音。故敳或從耑聲作歭。禮記樂記。端如貫珠。史記樂書引端作般。般端形聲稍遠。般歭形近。端歭音近。則般為歭之譌。亦可為歭從斤聲之證。斤為耑之異文。耑為物生之題。即微杪之微本字。特音轉耳。

右第十鼓

石鼓為秦文公時物考

故國子監所存十碣。世所謂石鼓者也。昔人據左昭四年傳成王狩於岐陽。而定為周成王時作。或目其文字同籀書。而世傳籀書為周宣王太史所作。以為周宣王時物。或又以為元魏宇文周時所作者。要皆不能塙證。鄭樵謂為秦物。作於惠文王之後。始皇之前。鞏豐以為獻公之前。襄公之後。近有震鈞羅振玉定為文公時物。余友馬衡從鞏說。而意主穆公。以鼓出雍城故地。岐山在其東。汧水在其西。而鼓有汧殹泊泊。及舫舟西逮之辭。明自雍至汧為西逮。而秦自德公始居雍。鼓之文字與秦公敢同。敢為穆公作。鼓當與之同時。可謂持之有故。言之成理者矣。余以為即鼓辭而證之。可以為周物者。獨第七鼓有樂天子來之辭。似為民所以頌王者。然第九鼓有公謂大口之辭。諸金器偁公者。率為諸侯國物。諸侯於國中偁公也。此亦當然。則非周物之一證。荀子大畧篇言天子彫弓。諸侯彤弓。而第四鼓有口弓孔碩。彤矢口口。則非周物之二證也。左莊十八年傳虢公晉侯朝王。皆賜馬三匹。賜馬三者。說文驂駕三馬也。鼓辭多言左驂右驂。詩小雅彤弓序曰。彤弓天子錫有功諸侯也。而鼓辭亦言口弓彤矢。是左驂右驂彤弓彤矢皆諸侯受之於王者。史記秦本紀西戎犬戎與申侯伐周。殺幽王驪山下。而秦襄公將兵救周。戰甚力。有功。周避犬戎難。東徙雒邑。襄公以兵送周平王。平王封襄公為諸侯。賜之岐以西之地。則襄公宜受三馬之賜彤弓之錫周制然矣此可證為秦物者一也詩四載美襄公始命有田狩之事囿囿之樂詩言遊於北園傳箋不詳其地然襄公雖受岐西之賜實未嘗有其地史記秦本紀言賜之岐以西之地曰戎無道侵奪我岐豐之地秦能攻逐戎即有其地而襄公十二年伐戎而至岐卒矣此終襄公之世未得岐豐之證本紀又言文公十六年以兵伐戎戎敗走於是文公遂收周餘民有之地至岐岐以東獻之周蓋至文公十六年始盡得岐豐之地故秦本紀正義曰括地志故汧城在汧源縣東南三里帝王世紀秦襄公二年徙都汧即此城也檢秦本紀非子居犬丘漢書地理志槐里周曰犬丘懿王都之懿王為孝王父本紀言非子畜馬蕃息犬丘人言之孝王孝王召使主馬汧渭之間是時孝王仍都犬丘水經注渭水自雍來東逕槐里縣故城南漢書地理志雍及槐里並屬右扶風左僖十三年傳正義雍臨渭則槐里亦臨渭而在雍東犬戎殺幽王則犬丘為戎據而襄公居汧不徒始立國都蓋亦無所居矣然則北園者當在汧也本紀言文公三年以兵七百人東獵四年至汧渭之會曰昔周邑我先秦嬴於此後卒獲為諸侯乃卜居之占曰吉即營邑之正義引括地志謂文公所營邑即郿縣故城然本紀言孝王賜非子姓嬴分土為附庸邑之秦號曰秦嬴是秦嬴即非子而周邑之於秦漢書地理志秦今隴西秦亭秦谷也秦谷固在渭北而與汧渭之會相去遠矣水經注渭水自郁夷來合汧水磻溪水東逕積石原又逕五丈

原北又逕鄠縣故城南則括地志以爲鄠縣故城者近之蓋是時畿京近地即本紀
所謂使主馬于汧渭之間者也地在汧東文公初居西垂宮故本紀言東獵至汧渭
之會也鄠雍相近是時皆爲秦有鼓辭汧殹洎〻蔞〻□□舫舟西逮□□自鄜余
以爲鄜即鄜之異文鼓辭所記田漁二事而漁不於渭而於汧又鼓辭言西逮又言
𩖪西𩖪北則其溯汧水而至襄公故都也鼓又有汧殹泛〻烝彼淖淵及帥彼阪□
□〻□萬爲卅里之辭檢水經注汧水有二源一水出縣西山世謂之小隴山其水
東北流歷澗注以成淵而酈道元謂小隴山巖嶂高險不通軌轍故張衡四愁詩曰
我所思兮在漢陽欲往從之隴坂長後漢書郡國志隴有大阪而鼓辭□□□猷乍
邍乍□□〻□衛迣我嗣□□□□除帥彼阪□□〻□萬爲卅里及吾水既瀞吾
衛既平吾□既止嘉尌則里皆爲開治道路之意皆可爲其田漁直至汧都之謚而
𩖪西𩖪北之後有曰中囿孔□□鹿□〻則囿蓋即四載所謂北園者也古之田狩
所以共承宗廟教習兵行之義而易明夷明夷于南狩注狩者征伐之類余意文公
將以兵伐戎故大狩以習兵鼓辭極陳車徒之盛文言𩖪西𩖪北勿竈勿伐竈借爲
祰周禮太祝大師造于祖司馬法將用師乃造于先王造亦祰之借鼓辭復有□□
太祝尤足證爲文公將伐戎而歸祰于祖廟蓋雖已營居汧渭之會岐酆未復猶逼
於戎未嘗立宗廟耳由此言之鼓爲秦物而作於文公明矣或謂穆公伐西戎此皆

穆公事耳。不悟鼓辭先言⿰卓凡西⿰卓凡北。而後言勿竈勿伐。明祰在雝汧渭之會後也。穆公之時。宗廟社稷具於雍久矣。故知不然也。若其文字類秦公敦。則由此本周世通行文字。秦居周故地。襲其文化。故諸秦刻遺文皆類之。知鼓作於文公。則秦公敦之文字同於鼓。益無所致疑耳。二十二年四月十一日。馬叙倫在北平。

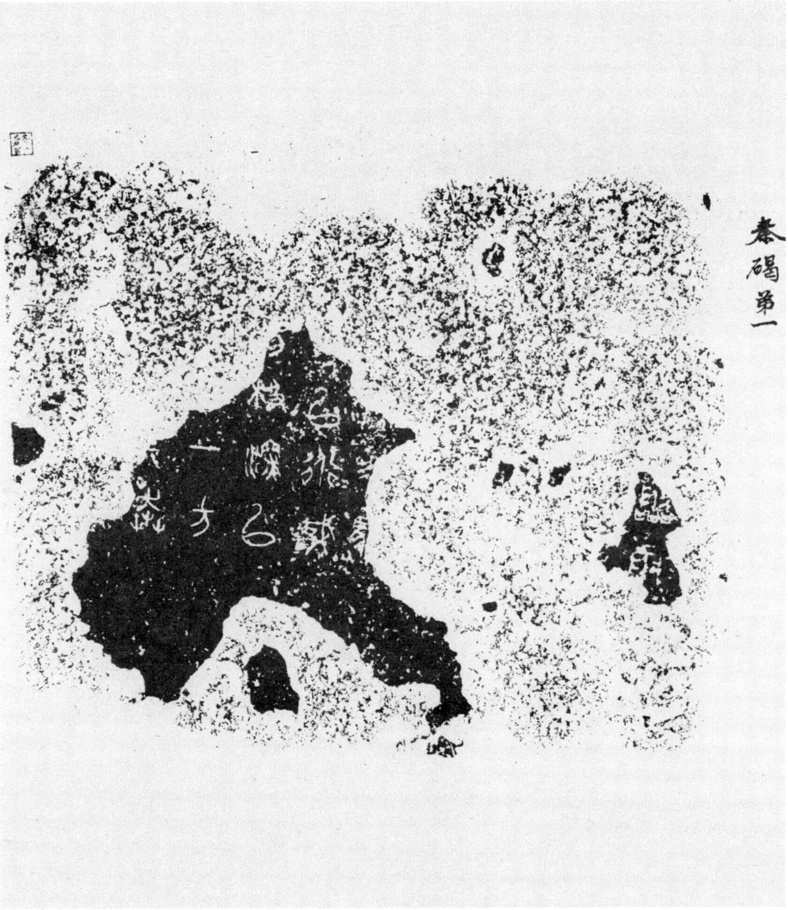
秦碣第一

秦碣第二

秦碣第四

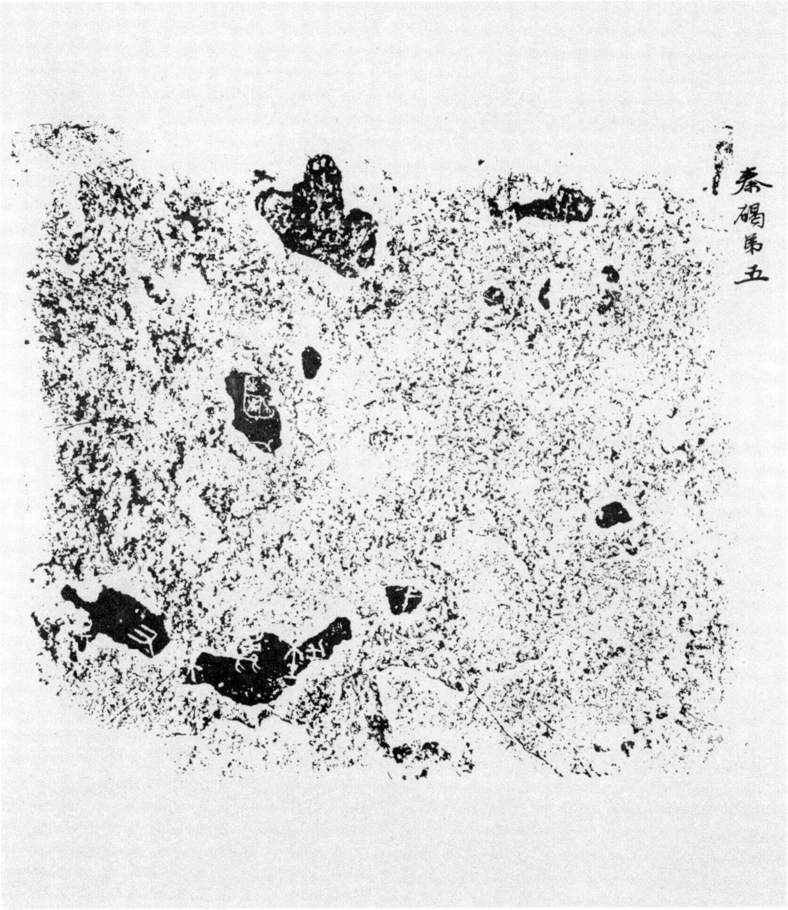
秦碣第五

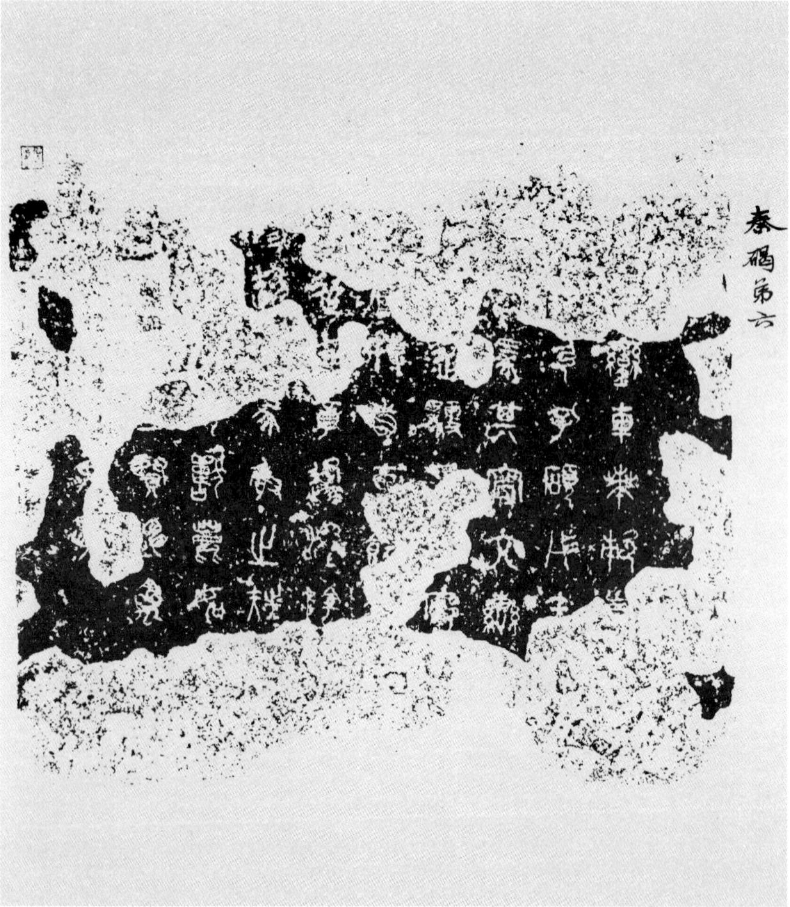
秦碣弟六

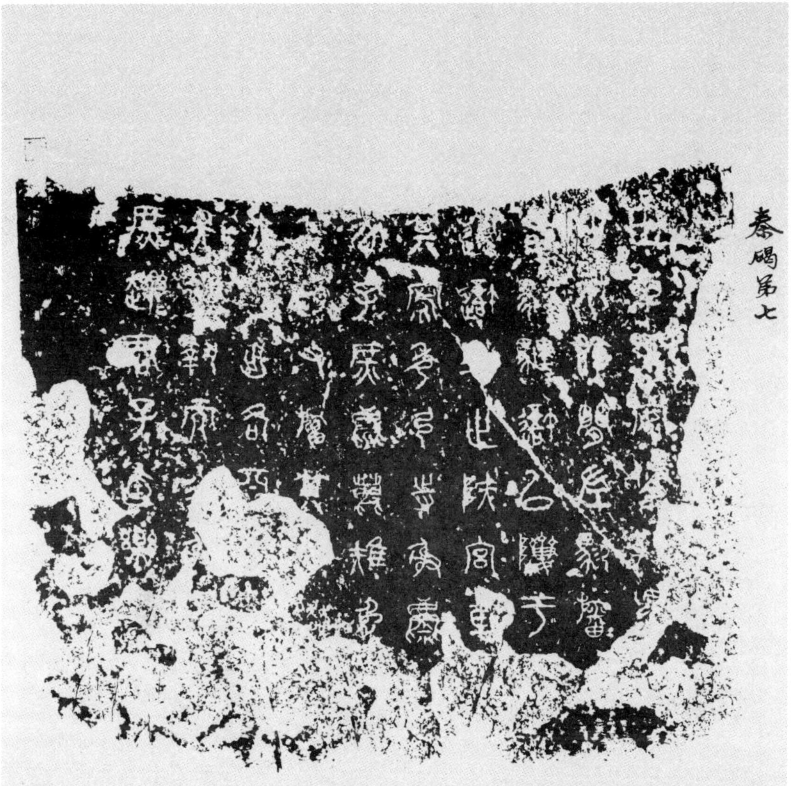
秦碣第七

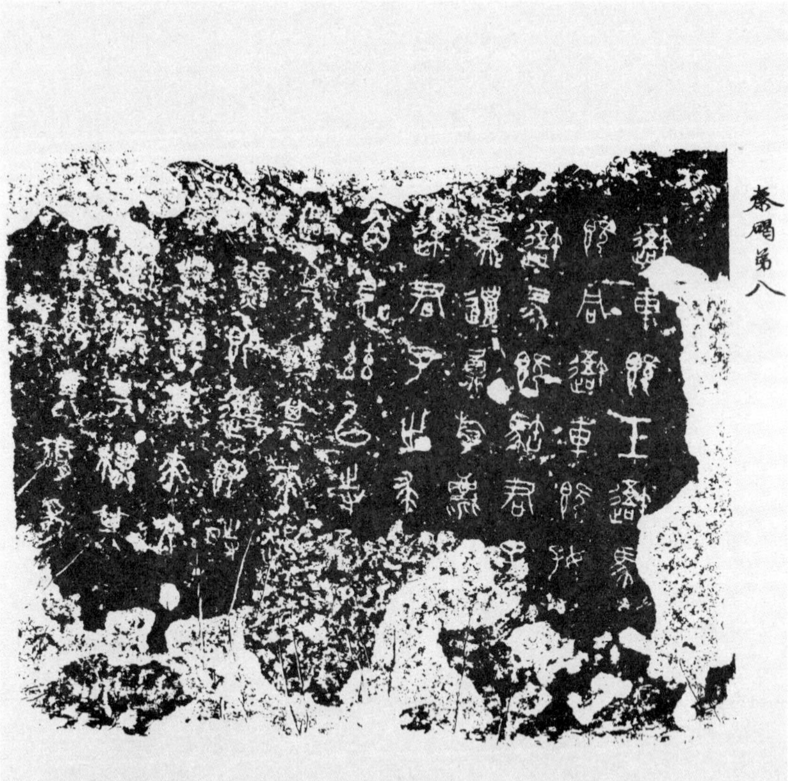
秦碣第八

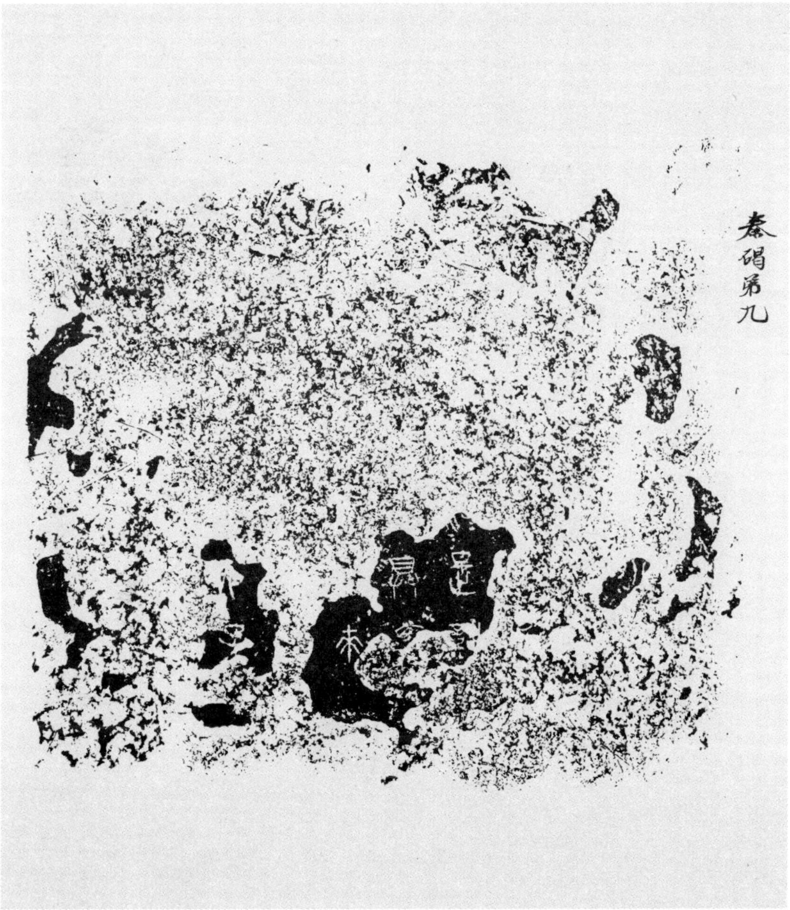
秦碣第九

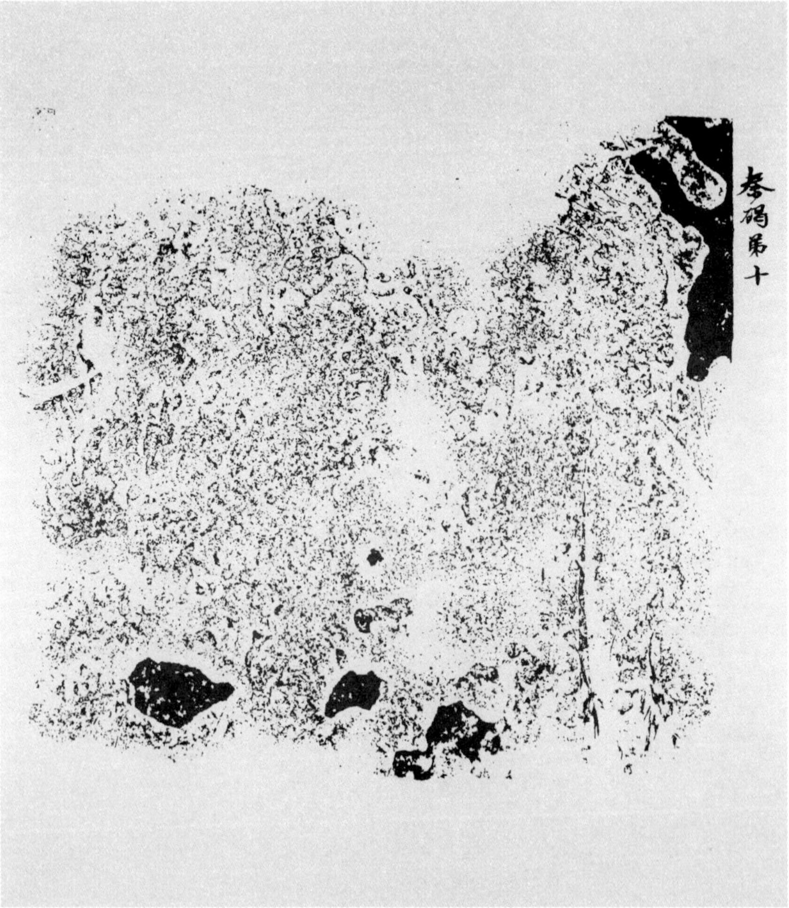
癸碣第十

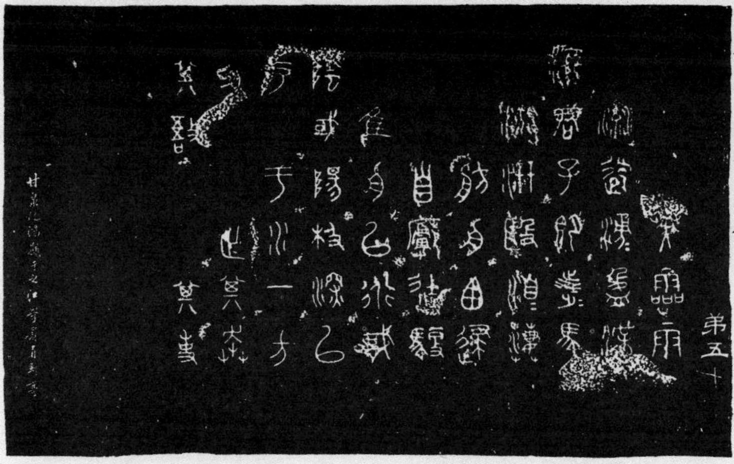

阮氏摹刊天一閣本秦文公獵碣第一

阮本獵碣第二

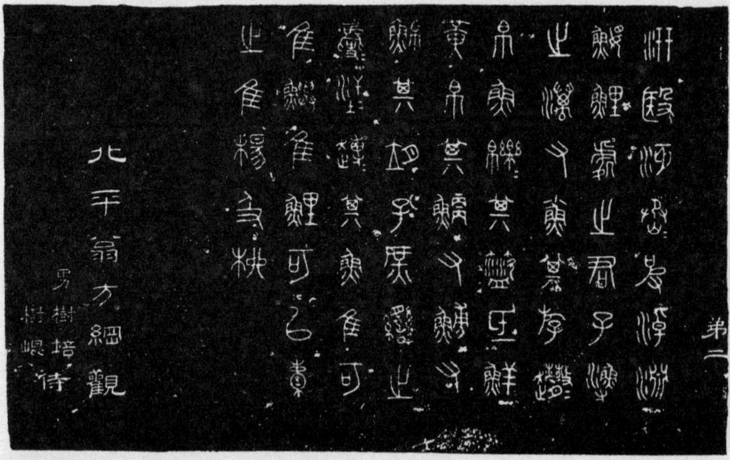

阮本獵碣第三

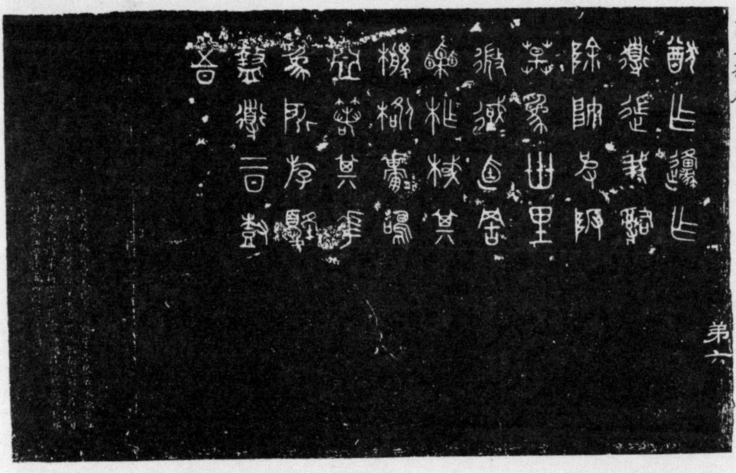

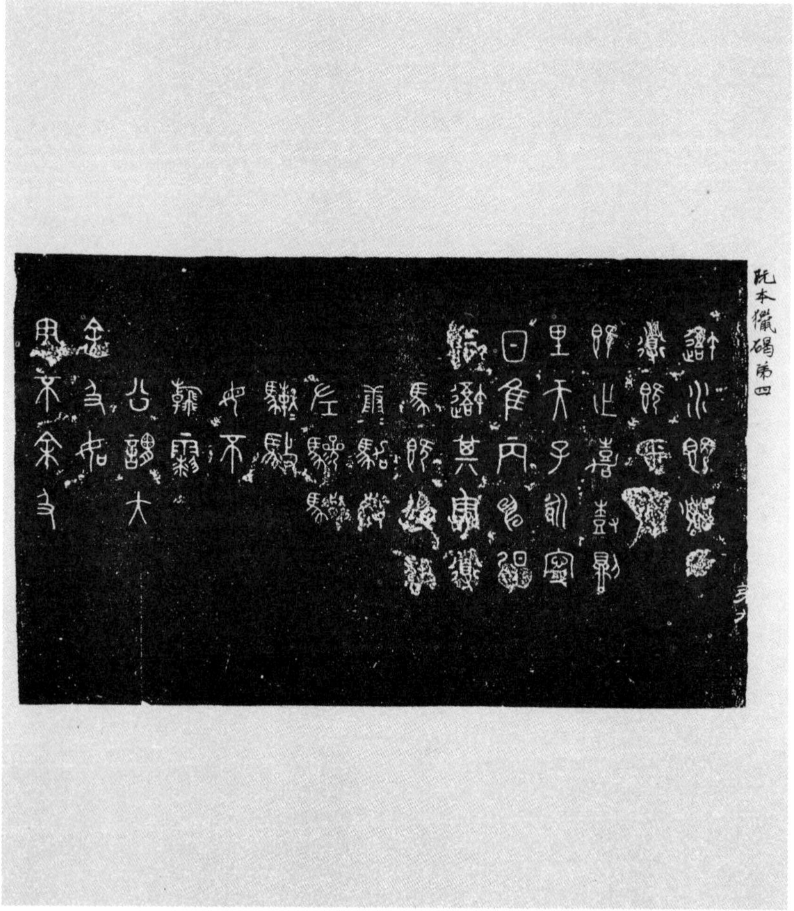
阮本獵碣第四

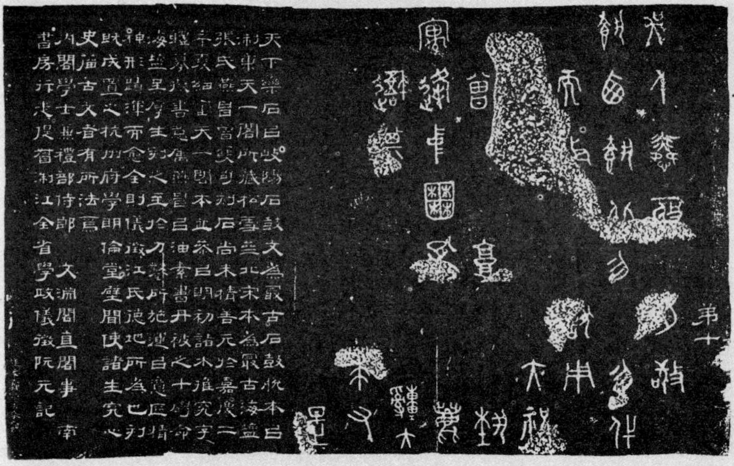

阮本獵碣第五

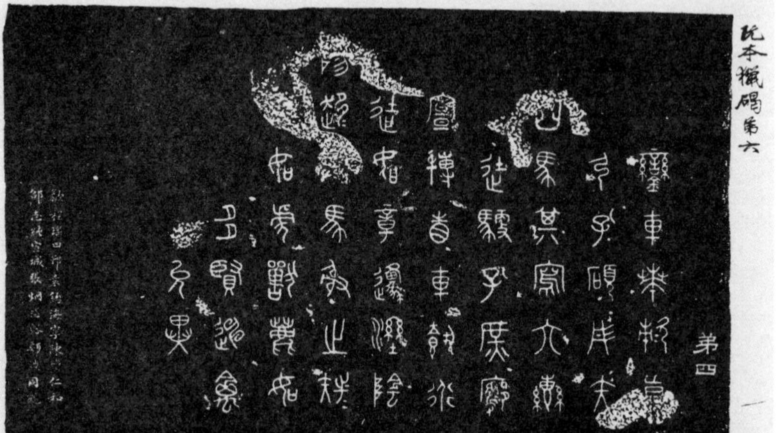

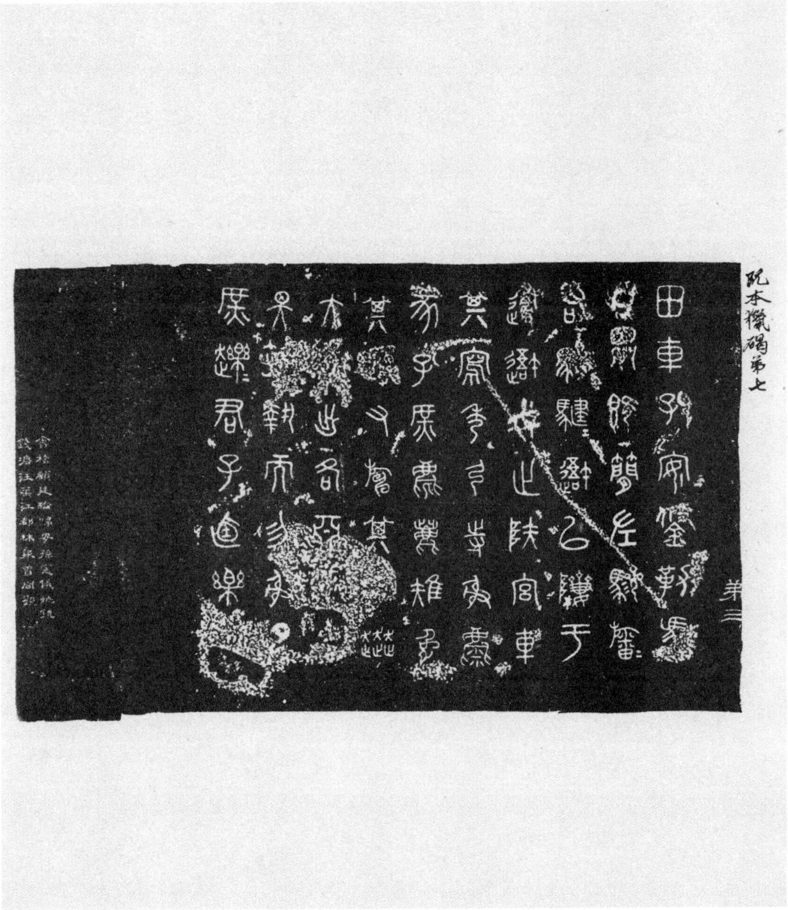
阮本獵碣第七

阮本攤碣第八

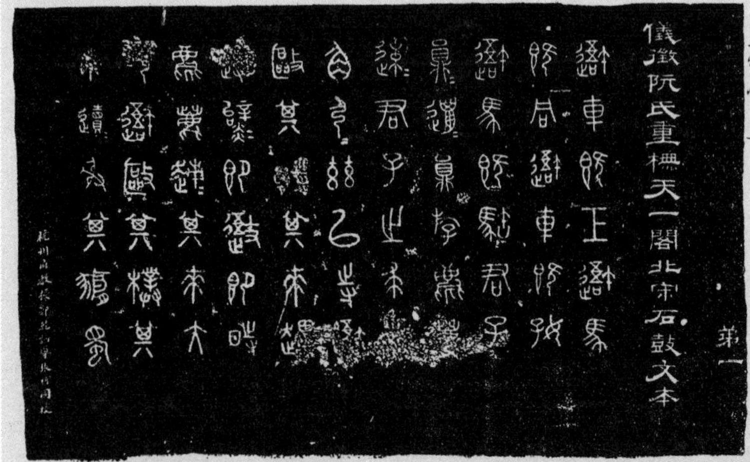

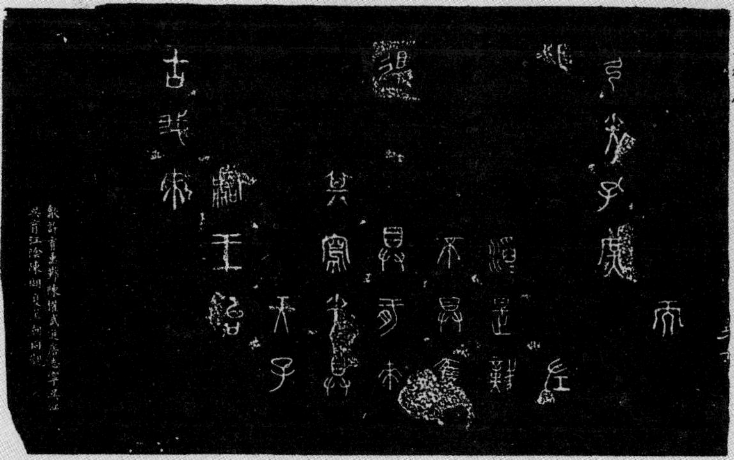

阮本獵碣第九

阮本獵碣第十

秦文公獵碣第一

秦碣弟一釋文

□□□癸.靁雨
□=.流迄滂.盈湈
濟=.君子即涉=馬
□流.汧殹洎=.萋=
□□.舫舟西逮.
□□自鄘.徒馭
湯=.隹舟以衍.或
陰或陽.极深以
□.□于水一方.
勿□□止.其奔
其敔.□□其事.

馭同馭.隹為維省.衍同行.极借為楫.

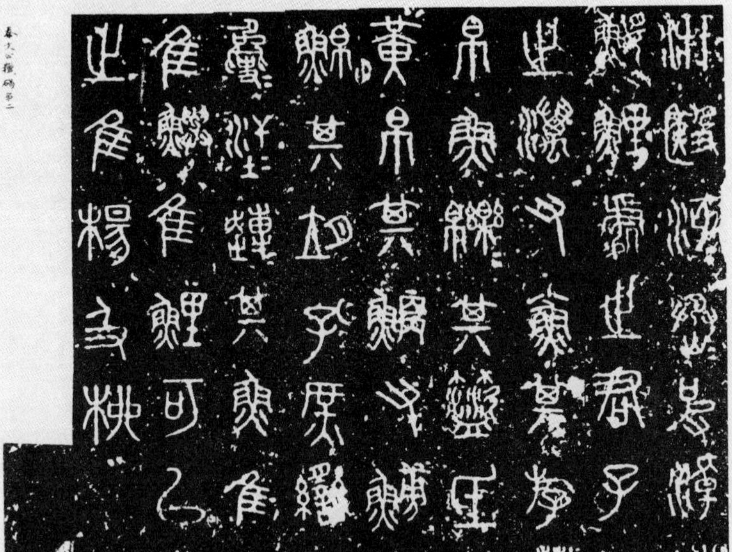

秦碣弟二釋文

汧殹沔=丞皮淖淵.

鰋鯉處之.君子漁

之.濿又鯊.其斿趣=.

帛魚鱳=.其藍氏鮮.

黃帛其鯾.又鱄又

鯑.其肬孔庶.臠之

毚=.逕=趣=.其魚隹可.

隹鱮隹鯉.可以橐

之.隹楊及柳.

隹讀為惟.可讀為何.

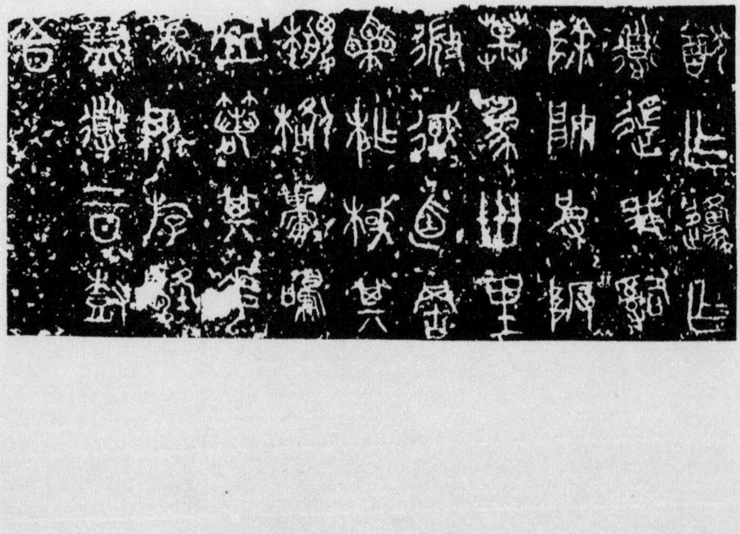

秦文公獵碣第三

秦屬第三釋文

□□□猷．乍邍乍
□□=□衛．迶我𨙶
□．□=□除．帥皮阪
□．□=□草．為世里．
□□□微．𢧑=直罟．
□□□𩵦．㮘棫其
□．□□𢷎．栝．𦓹=鳴
□．□=□=亞．箬其𨺅．
□□□為所斿𩣡
□□□盩衛．一音敹
□．□□吾．
衛同道．

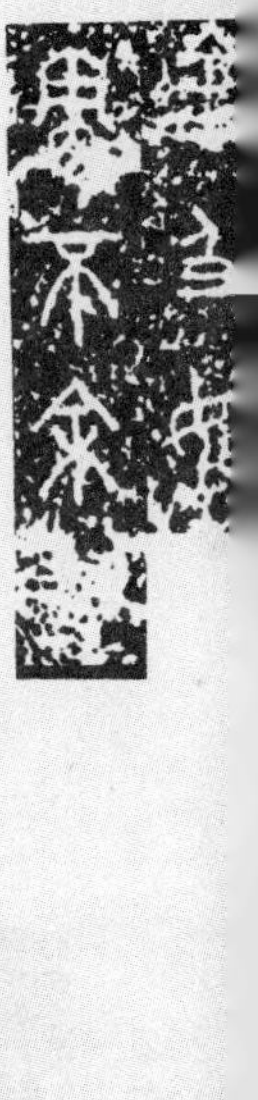

奉屬第四釋文

避水既瀞．避
衛既平．避口
既止．嘉敨則
里．天子永盜
日隹丙申．肅
口二避其口衛．
馬既迪．焚
口康二駱口口
口左驂馬二口
口驩二不馸口
口．毋不口口
口．韛霚口口．
口．公謂大口
余及如口．口
害不余昚．

秦碣第五釋文

吳人憐亟朝夕敬口.
朝西朝北.勿竈勿伐.
㞢而出口.口獻用口
口口口口口口大祝
口旨受其寳口口執
寓逢.中囿孔口.口鹿
口=.避其口口口鸓大
口口口口口口朩又
口口口口口口ㄐ是

秦文公獵碣第六

秦碣第六釋文

口口鑾車。桒敊肖
口。口弓孔碩。彤矢
口〻。四馬其寫。六轡
口驖。徒驂孔庶。廓
口宣搏。莽車軓衖。
口徒如章。邍溼陰
陽。趍〻口馬。射之[illegible]〻。
口逆如虎。獸鹿如
口。口口多賢。迪禽
口口。避叓允異。

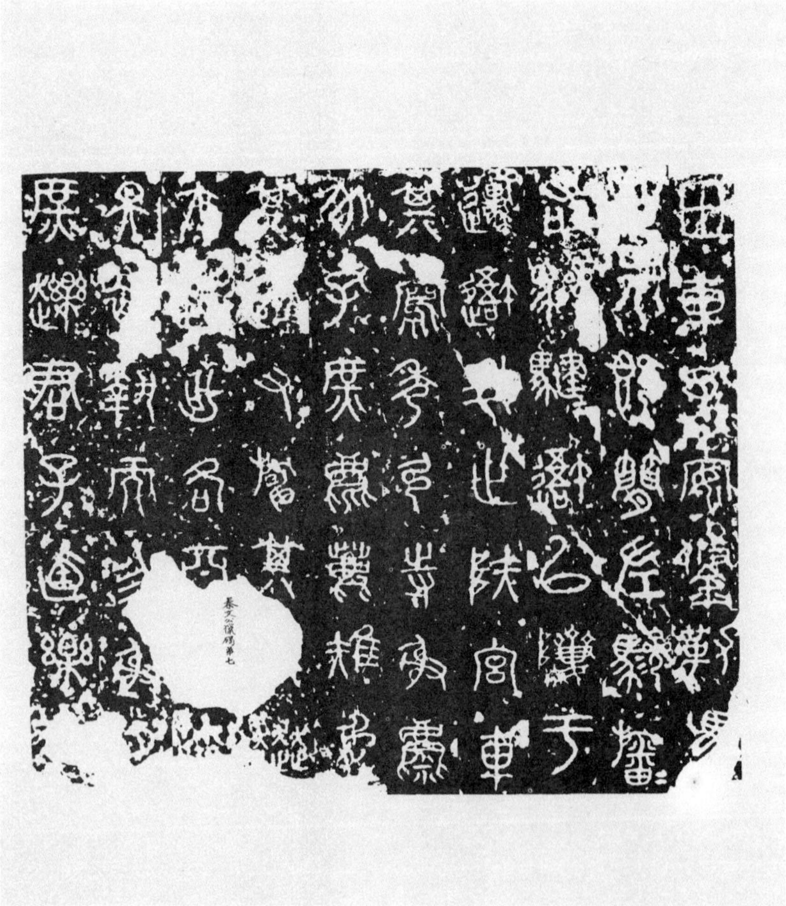
秦文公獵碣第七

春碣第七釋文

田車孔安。鋚勒馬〻。
口口既簡。左驂旛〻。
右驂騝〻。避以隮于
邍。避口止陕。宮車
其寫。秀弓寺射。麋
豕孔庶。麀鹿雉兔。
其䢜又旃。其口𨕭
大。口出各亞。口口
昊夊。執而勿射。多
庶趯〻。君子迺樂。

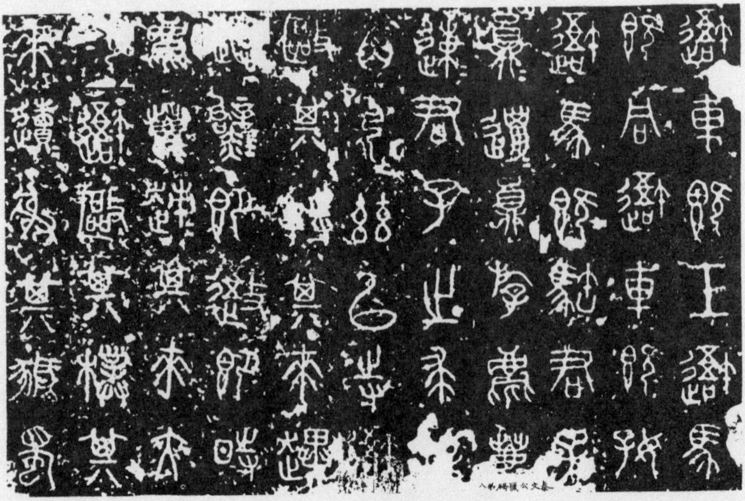

秦碣第八釋文

避車既工．避馬既同．避車既孜．避馬既駘．君子鼎=邋=鼎斿．麀鹿速=君子之求．特=角弓=兹以寺．避敺其特．其来趩=趬=雙=即遨即時．麀鹿迍=．其來大=之．避敺其樸．其來遺=．射其豜蜀．

時借為特．

秦文公獵碣第九

秦碣第九釋文

□□□□□而帥
□弓矢孔庶□□
□□□□□以左
驂日=□□滔=是戴
□□□□不具雀
徲□𢓊□具肝來
□=□□其寫尖具
來□□□樂天子
來□□嗣王台□
古我來

秦文公獵碣弟十

秦𦊓第十釋文

□□□□天

工□皮□□

□走驕〻馬薦

𦶞〻芃〻敉〻雉止

□□其一□

辶心□□□

□□□□□

□之

讀金器刻詞

讀金器刻詞自序

余治吾國文字形義之學三十年。始奉許慎說文解字爲律令，遵服弗敢違。於金石甲骨之文字，以爲僞物多而摹拓不精，不敢信也。及壬子癸丑之間，草創說文解字六書疏證，稍稍引援金甲文字，并及吳大澂羅振玉之說，以質於章太炎先生。先生戒以彝器僞物不可信，語王之與玉，篆同而王字中畫近上者，勢使然也。然余是時已以悟六書中指事之義例，且見吳羅之說，不徒彰彰可喜，亦足愜心貴當者。故於先生之戒不能從也。近二十年來，董理許書，益勤而專，於多梗塞致疑思而不得其解者，取近人類聚金石甲骨文字之書參校比詳，每有會心。雖吳羅諸家不能免於附會穿鑿之敝，要之其所見有足多者。余則以許書篆籀古文合之金石甲骨之銘詞，而以六書爲規矩，平準其適度與否。而於六書之義，亦未嘗苟立同異。遵許書自敘舊文，剖析疑難，正其封略，然自形聲一類以外，五書皆立新詮。然不敢以主觀自誤，而取鹵莽滅裂之報。故規矩既立，而文字之形義填然無所遁焉。既於許書本業，率於其所列九千餘文，冰解凍釋，自非愚闇不能說者，皆無牴齬。然不得金石甲骨之文字爲之徵驗，不能綜遍而無遺也。是則金石甲骨之文字，亦爲研究吾國文字者所不可忽焉者也。昔李少君識柏寢之器，張敞釋美陽之鼎，少君之學未闡其秘。敵圍通蒼頡遺者。則其相需自古已然。顧簿錄金石之書，宋世方有傳本。而彼時諸家特為好古而已。其所訓釋，往往不債矣。蓋當小學荒落之際。吾是致慨清代乾嘉諸人，朋奮於經術。皆以文字不明，無以通經。故卑勉于文字之學。然以段玉裁之精治許書，而其所注說文解字，乃類於疏釋經證之作，於文字殊無發明。則以徒據許書，而又惑於元明人之餘，取金石文字以說許書者，皆等鑿空向壁。可資劇談而不足登大雅之堂。此所謂因噎而廢食者矣。錢大昕、阮元皆兼治金石。而又惜其未專文字之業。故阮元所為積古齋鐘鼎款識，考釋多沿宋人之舊。其所訂正與自立詮說者，亦不足以無憾。則桂馥、王筠既研許書，又窮金石。王筠乃能參證金文，欲明文字之形絡。顧亦惜其於書未盡理解。小醇而大疵。此後能兼斯二者，殆無備焉。其號為專治金石者，吳榮光、吳式芬皆有成書。其采錄諸家亦無兼備。近時乃有吳大澂、劉心源、羅振玉、孫詒讓、王國維，皆以金石名家。羅氏以降，又兼明近出甲骨文字。孫於經術最勝，王亦淹貫，能立言。其所造視往哲為深邃矣。皆能據許書以釋金石甲骨之銘詞，亦多引金石甲骨文字以訂許書。然亦蔽而不返，皆中蓋審殊有所未周，而於六書大齊無見焉。則規矩不陳，方圓無取。茲世學者欲以文字為本位，請書及金石甲骨之所錄，皆為材料，而以所得科學方法者，皆治之。識嘗於矣。乃視其覆徹之由。同於前獻。則因既同而果不能異也。夫六書者。非造文字之始先縣此以為範模。乃討論文字。歸納而得其楷法。有斯六類。余既持此以印證許書及金石甲骨之文字可識別者。而無違其軌。故確之之說。不敢棄規矩而信心。至若其不可識別之文字。方今地不愛寶。發掘所得。資賴日出。未嘗無後可識別之宜。余尤以為中國文字實本於圖語。觀其指事會意之文。瞭然而明矣。六書之中。象形指事會意諸文。形聲謂之字。文屬於形符。字屬於聲符。由文而字。亦循途而進化。然其基本猶在於形。形則未離乎圖語。特有即以圖語為一文者。有以圖語為隱而難明。改造而自為一文者。故不得謂吾國之文字。即純為古代之圖語也。惟其出於圖語也。故見於金石甲骨之銘者。猶有不可得而識別者。蓋圖語與民族社會皆有密切之關係。古之風俗。今不能盡明。則圖語猶存而不易遽得其解矣。抑尚有其故焉。吾國今日承學之士。作書皆已依據於而流俗之字。猶未能盡絕於筆下。何況所依據者既非矣。若市井所書。則馬頭人為長人持十為斗。於漢已有。今之尺二為畫。父已為爸。自古皆然。即若說文之烏。從鳥而減其眼謂之金文。直從鳥而古聲。是知無目為烏。古之俗字。金石甲骨銘詞之中。今於所可別識之中。猶時發見其有妄增妄改。其不可別識者。安知無是類者與。是故治金石甲骨文字。非貴其能援而與之同於許書也。非貴其能隨字分析，以意定其義而已。要使左右逢原，不待彌縫。而得舉一一相諦，若甲持此而乙覆之。張施之而李應之。則甚遠字之聯於地下。安能不啞然失笑乎。余向以從事許書。更得嫻雅。諸討金石甲骨之書。雖所見殊迥。而熹舊業。既為石鼓文疏記。實奉於致興。愧於粗疏。比以假得孫文詒讓手校攈古錄金文九卷。不覺神往。以吳式芬所引舊釋多誤。孫文誅正。亦有可商。遂擇余之能讀者詮而出之。名曰讀金器刻詞。意非止於此耳。余既本於吾國文字出於圖語之信念。又略以今之民族社會之情狀。及所知古之民族社會之情狀。推之金石刻詞中之詞簡而似圖語者。以意識釋。不信古之鐘鼎彝物必出於貴族而為所勤定貴之作。然自比於[illegible][illegible]鄭書而並說。歟以引珠玉之來援。非敢修金以待國內之削也。一九四〇年十二月馬叙倫。

讀金器刻詞卷上

敔鼎　舊作對鼎見攈古錄金文一之二。

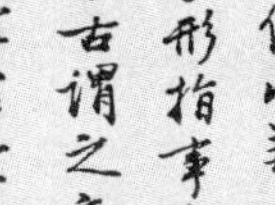

吳式芬曰。此從䜌氏父乙鼎釋。案彼作𢿋與上文對揚字迥異。釋本未塙。或釋養鼎。古文養見說文。又或釋敔。倫按孫詒讓釋羞。見手校攈古錄後同。倫謂說文解字後簡偁說文。中重文為呂忱及校者所增。詳倫所著說文解字六書疏證。後簡偁疏證。敔字在重文中。敔美羞實一字也。敔養則非一字。養從食羊聲。為養之同次清摩擦音轉注字。敔則牧養之養本字也。詳疏證 然金甲文皆從又作。甲文或從丑作。蓋猶馭為使馬義當從攴。而字乃從又也。今說文羞訓進獻也者。當作進食也。獻也其本字為養或為饈。養從羊得聲。饈從算得聲。算音心紐。羊音喻紐四等。後簡偁喻四。同為次清摩擦音。而牧敔二字以攴牛攴羊會意。而聲亦即得於牛羊。敔養同得聲於羊。故古文經傳以敔為養。鼎文止作此字者。蓋此本所謂圖語也。昔人分析吾國文字之構造方法為象形指事會意假借轉注形聲六種。其實止是形與聲二系。象形指事會意原於形系。古謂之文。其實象形指事會意皆象形也。其原出於圖語。如金文屢見之

即僕字寀字之所從出。此𢦏尊之即㝴字之異形。詳後 其例證也。此文

從𠬝冄從羊。冄即丑字，甲文作𠬝。𢾰即今所謂趕羊者。說文牧下曰：養牛人也。則𢾰當訓養羊人也。古者以某事業職業者，蓋即圖其事物於門或壁，猶今之有招牌也。今北方之俗每如是，蓋遺風也。鼎者，古代烹食之器，其刻此文者，明此器為養羊人家具也。倫得宗瓷盤盌，其足內有墨書龔字周字者，明此龔家周家物也。其意猶此矣。後人以頌鼎毛公鼎之類，每刻故事，金器亦率多封錫某休之文，以為金器有文者必為貴族之器，其實非刻定者也。此文本為圖語，遞嬗而為今日之盉字。異文為𢾰，譌文為羨。父乙爵之[illegible]與此同。

倗鼎　舊作子荷貝鼎，見同上。

倫按：[illegible]即說文之大字。大人則正側之異形，非子字也。[illegible]之[illegible]即說文之玨。而玨田實一字。班從玨得聲而聲入元類，毌聲亦元類，可證也。[illegible]從[illegible]串得聲。串毌一字。串從兩貝，毌者其一。古代居山者以玉為貨，故玨從王。居河者以貝為貨，故串從貝。此作[illegible]從貝。甲文有[illegible]即倗字。金文如叔䟴簋作[illegible]，格伯簋作[illegible]從玉。其實一也。然可以知作者所居之地耳。此與[illegible][illegible]用一字。說文則譌為倗。其訓為輔，蓋以為朋友之朋本字也。尋友為交易之易本字，詳疏證。倗之初文當如倗父乙彝作[illegible]。從走之初文作大者，擔貝而走，明以貨易物也。貨物相易，社交之所由生。故借為五倫中朋友之倫。其實字不從鳳之初文作𠓜者也。正以𠓜朋形近而譌耳。易十朋之龜，即漢書食貨志注所謂兩貝為朋，詩青青者莪箋所謂五貝為朋之朋。朋皆當作玨，聲轉耳。說文𤤴讀與服同。王國維據齋侯壺璧二備即二玨，謂玨當與𤤴同讀，是也。蓋𤤴實從𤤴玨聲也。詳綜證。鼎文作此者，制器者為𤤴易者也。倗父乙彝、倗父丁鼎 註見攈古錄金文一之二，則更著其名耳。

弟鼎　見同上。

吳式芬曰：許印林說，字當是弔。弔，至也，猶善也，與淑通。說文作迅。倫按說文弔篆作𢎘，然實即頌鼎之𢎘、叔尊之𢎘，𠦪龜尊作𢎘，與篆文似矣。

金文此字，近人釋弔，謂借為𠦪。倫觀金文此字皆不從弓，說文雉之古文作𩿨，甲文有𩿨𩿨𩿨𩿨諸文，羅振玉釋雉。倫謂𩿨即雉字，餘三字皆從隹夷聲，夷弟則一字。夷為雉之初文，雉為弋不射宿弋人何篡之弋本字，夷音喻四，叔音審紐，同為次清摩擦音，故得與𠦪通用也。此即夷字，亦即弔字。唐棣弟音定紐，古讀喻歸定，明其音轉耳。皇侃論語義疏曰：鄭注周禮矢云：結繳於矢謂之矰。矰，高也。矰矢不在箙者，為其相繞亂，將用乃共之也。依案鄭意，則繳射是細繩系箭而射也。倫幼時見取鳥者，以繩繞竿，繩之一端有若矢鏃

者。正與此文形同。是𠦪乃取鳥之具。其音本與弋同。故後起字從隹弋聲作𨾴。弋聲之類
對轉蒸轉注為𦏣。鼎文作此者。蓋制器者以作取鳥之具為業。或以取鳥為業者也。
人執𠦪彝　舊作子執句兵彝。見同上。

倫按𠦪即𠦪字。舊釋子。非。當與此同也。故說文渻字當也。此與人執旂彝之𠦪。見下。人執戈觚之𠦪皆亦為
國語也。說文伐戍二字皆從人從戈。甲文則𢦏𢦏𢦏
為持戈。是伐字。而𢦏𢦏則為負戈。是戍字。又有𢦏𢦏二形。似負戈而實持戈。以擇
之象也。蓋亦伐之異文。金文伐商角作𢦏。畢仲毀作𢦏。為持戈。公伐郐鼎作𢦏。宗周鐘
作𢦏。貞毀作𢦏。則負戈也。是則伐戍之分不在持負。或昔人誤釋𢦏為伐。以甲國而往
成乙國。春秋傳中有之。不必為伐也。且字形相近者。金甲文用之每不別。則或本是戍字而為
以為伐字亦可也。此從𠦪持兵器。與伐商角之𢦏。畢仲毀之𢦏實同。彝作此文。蓋亦其嘗
列戎行。或此與立戈彝之𢦏同為造兵器之家所制器。此特增𠦪以明造者耶。其𠦪
乃初文尘字。或夷𧾷之夷本字。金文𠦪字屢見。即此異文。金文中即以為人字。
丹鼎　舊釋舉鼎。見同上。

倫按金器屢見。舊釋冓字。實一無依據。不徒無證而已。倫謂此與祖辛尊之冄父癸鬲之冄冓鼎之冄。蓋為一字。金文冓字多作𦉪。高田忠周據以為冄即冓字。尹桐陽以為冓即架字。倫謂冓為结構之構本字。詳疏證 冄乃今所謂支物之架。其語原蓋同。冓架音同見紐。故金文冄冓通用。篆形亦近。故冓亦作𦉪矣。其實冓冄各為象形之文。本不盡同也。大鼎有𦉪字。或據蘇妊鬲魯伯鬲鬲字作鬲。釋為鬲。倫謂𦉪乃說文之鬻字。從鬲從井。井即冄冄冄之異文。說文鬻字所從之冄亦異文或譌文。𦉪即𦉪字。𦉪蓋從井鬲聲。為冄之後起轉注字。鬲架音同見紐也。說文作鬻。從𢍏即鬲之異文。又加兩手。若持鬲置於冄上然。蓋即由誤鬲聲為從鬲會意者所為。不悟鬲國有之。無須以架支之也。說文訓所以支鬲者。亦後人不明本義者所為。此字蓋出字林。非說文本有也。鼎文作此者。蓋制器者以造冄為業者也。冄觶之𦉪。以父丙觶冄𦉪相證。則𦉪即𦉪之者乃動物之象形文。蓋其旗徽。所謂圖騰者也。冄已卣作𦉪冄已。則著其名也。

孚執中彝　見同上。

吳式芬曰。案此銘甚多。舊釋為史。倫按說文。史。記事者也。從又持中。其實史為書之初文。聿之異文。從又持丨。為聿。從又

持中為史。中中雖有晟正之殊。皆是筆之初文。古之書刀即筆也。故今之筆形猶似之。書刀之形盖為中。虛之則為中。形與中外之中近。故譌為中矣。此似非史字。中乃儀禮鄉射禮虎中兕中鹿中之中。從又持中。明是射時執中者制器以此為識也。此亦國語之明證也。

糸爵

見同上。

倫按糸字未見於金甲文。此實糸字。爵文作此。盖治絲為業者所作器。

皿萬爵

舊作虜爵。見同上。

倫按孫詒讓釋皿萬二字是也。爵文作此二字。盖以造皿萬為業者所作器也。皿凵實一字。[古文]與文。詳疏證。凵即器皿之器本字。萬即今所謂鍋也。今北方往往二物同貫也。

高爵

舊作重屋爵。見同上。

倫按以舊釋重屋彝之[古文]及弓形父丁方鼎之[古文]相證。則此非重屋形也。[古文]中之[古文]與[古文]實同。而舊釋善父戊解之[古文]亦即[古文]也。高父辛彝之[古文]又即[古文]也。舊釋重屋爵者[古文]之[古文]。在金甲文中皆可證其為高字矣。

式芬釋[glyph]為亯。說文亯之重文作[glyph]。正與[glyph]近。以此互證。則亼為亯之異文。亯即[glyph]調之亯本字。亦與[glyph]一字。詳疏證。爵文作[glyph]蓋作器者為善於調味者。即膳夫也。亼[glyph]即說文之[glyph]字。[glyph]字[glyph]之轉注字。[glyph]音曉紐。[glyph]從羊得聲。羊音喻四。同為次清摩擦音也。喻四古讀歸定。[glyph]音轉入禪紐。古讀禪亦歸定也。然則亼之為亯益明。

魚爵  見同上。

倫按爵文作[glyph]蓋作器者以市魚為業者也。魚父癸方鼎則更著其名。

車[glyph]爵  見同上。舊作車爵。

倫按舊釋車字。非也。此或亦亯之異文。然子[glyph]卣之[glyph]所從之[glyph]。實即說文桊之重文作[glyph]者之初文。兩手同械也。[glyph]為兩手同械。其義爲為有辠者。故甲文[glyph]字從之。[glyph]即說文之報也。甲文有[glyph][glyph]即[glyph]。說文之圉字。金文之[glyph]蓋為[glyph]之異文。以此相證。[glyph]為桎梏之初文也。今清代手梏及今嬉中所用之手械。猶似此形也。爵文作此蓋作器者遣此為[glyph]者也。

哭爵 舊作[glyph]爵。見同上。

倫按舊釋為於。孫詒讓謂不類。是也。此與舊釋於鐘之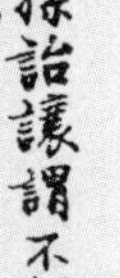

於方鼎之其。皆即說文睪字所從之睪。

睪字文伯禹作睪。以其排列之形狀及說文睪讀若易處羲氏證之。即左傳所謂伏甲之伏本字。說文睪下校語目令吏將目捕罪人也。蓋即清代捕役之所謂眼也。亦與伏甲之義同。爵此從大而側其首。象有所伺執戈以戒不虞。爵文作此。蓋遺器者有事於此者也。其作○於○者。○為亞省。亞為家之初文。明○為睪者之家也。睪與毛公鼎肆皇天亡睪之睪一字。亦即說文疑字肄字所從之矣。

鸛爵 舊作爵爵。見同上。

倫按舊釋爵字非也。爵以音借為雀。雀形當如是乎。此以其喙論之。蓋為說文之鸛字。莊子所謂魚不畏網而畏鵜胡者也。凡物名古初皆象物為形。及就簡便。鸛變為篆文。則易相混。故鳥類之字則取一鳥為形。而各以其聲傳之。故今作從鳥夷聲之鵜矣。爵文作此者。蓋鑄器者畜鵜以共漁者也。

羊爵 見同上。

倫按甲文羊字多作[illegible]。蓋從後見其角尾之形。此作[illegible]者。羊尾肥大掩其

後蔽。▼象其形也。爵文作此者。蓋制器者糴羊者也。

子爵  見同上。

倫按又有子觚作[glyph]。子爵作[glyph][glyph]。所從之[glyph]。亻即說文之[glyph]。圍之初文。亦垣之初文也。或為亞之異文。口中著子。疑是今所謂接生者之圖語。言接生者之家也。此但作子。則圖語皆適合其時代之習俗。見子而知其所業也。此接生者之所為器者。又疑此即宋人之族徽。宋子姓也。詩天命玄鳥。降而生商。而甲文有帚好即婦好也。好即宋姓之本字。與姬姜嬀嬴。而同其例。好從孔得聲。古書空孔通假。而爾雅之肉倍好即肉倍孔也。是其證。孔為乳之省文。乳聲侯類。對轉東。蒙變為孔。乳則從乙孚聲。為孚卵之本字。本是鳥產子為乳。借為人育子之偁。宋姓乳。蓋其始以接生為業。或以養鳥起其家。遂有簡狄吞玄鳥子而生契之神話。商頌蓋神其事矣。乳聲侯類。孔好則同舌根音。好聲幽類。侯幽聲類最近也。此但作子者省耳。（好則聲同幽類。且此盡與仲尼同姓。）舌根音也。孔子言竊比於我老彭。老彭即老聃。言於蓋親之之詞。老子亦宋人。則老亦好之聲借。今北方語接生者曰姥姥。疑語原即由於乳。然則余前說猶是。然倫又疑商為好姓。史言子姓者好之省。而子巳辰巳之巳一字。故甲文甲子多作甲巳。夏為巳姓。甲文作[glyph]。簠侯敦作[glyph]。

陳侯午敦作𡚸。皆即㚸言夏姒姓之姒。叔向父敦作姒。從子。即從ㄙ之㠯。㠯已一字也。評跋從、

酋口　舊作商飲。見同上。

吳式芬曰。阮云。不知何器。飲非器名。博古圖有飲爵作畲。從畲。都此

丫向上。不同。或釋尊酉。倫按此說文之酋字也。王筠據釋名以酋秋

酒。謂酋字之義與酒同。是也。甲文尊字作奠。從酋。說文遵之重文作蹲。蓋未造酒字時以酋

為酒。所謂叚借也。及造酒字。從水為義而仍以酉為聲。故尊猶可作奠。遵可作道也。呂氏春

秋。乃命大酋。注。掌酒官。則尊實酒之異文。甲文亦有酋酒二體。此作丫酉。說文作酋。蓋皆從

水。水之形固不必定作八也。器文作此。蓋造器者造酒為業者也。

鹵鹵　舊作卣卣。見同上。

倫按此說文之鹵字。舊釋為卣。非也。甲文有鹵字。王國維以免盤

錫免鹵百瞀。證知鹵是鹵字。倫檢晉姜鼎。易鹵責千兩。劉心源釋

鹵為旅。倫謂古書有借鹵為旅。而此則當讀本字。易鹵積千兩正與易鹵百瞀同。皆謂賜

鹽也。是鹵亦即鹵字。甲文之鹵與周穴殷王在魯之魯是一字。阮元孫詒讓並釋魯為魯。

倫以說文魯之或體作滷。樐之或體作櫓。證知魯為魯之異文。猶注字也。是鹵鹵塙為一

字。鹵為鹽之初文。鹽不可以象形造字。以其為水所成。故訓義於水。猶酒字之亦從水為義也。鹵所從之∴即水也。㊉㊀皆說文之宁字。宁即如今日之郵政信袋。鹵從水宁聲。宁聲魚類。故鹵聲亦在魚類。此從凵即⊘之異文。甲文鹵字有作㽘者。所從之井非井字。亦宁字也。鹵文作此。蓋造器者為造鹽或賣鹽者也。

奚觚　舊作孫觚。見同上。

倫按舊釋為孫。非也。倫疑為造或賣寠數者之圖語。漢書東方朔傳。盆下為寠數。顏師古曰。寠數。戴器也。以盆盛物戴於頭者則以寠數薦之。今賣白團餅人所用者是也。疑此上象編艸為寠數形也。

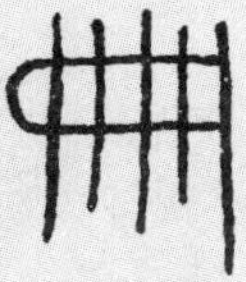

冊卣　見同上。

倫按冊蓋本作㎜。象編簡而卷之之形。觀今西北出土之編簡猶然。此略取冊為書籍之書本字。而書則史之轉注字。今所謂寫字之寫本字。史音審紐二等。冊音穿紐二等。後簡偏審二穿二、凡照穿牀審分二等三等者皆同。同為舌尖後音。古讀審蓋如疏。故漢人言上疏即上書也。疏音亦審二。故今通以書為冊矣。卣文作此。蓋製器者以編簡為業者也。

甲匈兵　舊作象形匈兵。見同上。

倫按疑此為說文之甲字也。說文干支字下之說解全非本義。從來說甲字者雖多。唯朱駿聲謂甲鎧也。象戴甲於首之形。周禮夏官司甲次於弁師。知古先有護首之甲。後製護身之甲。因後名甲為冑。易說卦傳。離為甲冑。禮記曲禮。獻甲者執冑。乃兼言護身者。考工記函人為甲。晉語殪以為大甲。乃專言護身者。於義為縟。然甲實為形聲字。甲為首鎧。有形可象。當有初文象形者。檢金文甲字有三形。一作十。甲寅角杠解頌鼎是也。一作田。兮甲盤甲鼎是也。一作[illegible]。虢敦是也。甲文亦作十田二形。魏石經古文作[illegible]。與虢敦盡同。從衣者。被於身者也。其作田者。口為[illegible]之省變。[illegible]即為說文冃字之圖畫性本字。從冃者。戴於首者也。而皆從十得聲。十甲聲同談類也。故金文亦以十為甲。此上所從者為甲之象形文。今嬉中將兵者所冠。形猶有同於此者。兜兜一字。詳說文兜字從儿。實後起字。其上之𠑹。則冃冃之論變。冃則象形文也。說文弁字作覍。籀文作[illegible]。篇以甲文有[illegible]。證為覍字。其上之[illegible]為弁之象形文。說文冑從由得聲。而虢彝作[illegible]。小盂鼎作[illegible]。則冑實[illegible]之論。[illegible]為象形文也。[illegible]與此上所從者是一字。形有餘簡耳。兜冑出度聲類估蓋相近。古蓋一字。胄音今在陸紐。弁音奉紐。古讀歸兹。兹陸同為齒濁破裂音。亦或本是一字。後以制作之形漸變。方土之音亦殊。遂為二物二字。而甲又其轉注字也。兜音轉為兜。入見紐。甲音今亦在見紐也。兵器作此字者。蓋紀𢧵也。

倗女鼎　舊作子女鼎。見同上。

倫按吳式芬從王楚阮元釋為子荷貝朋形。然□是倗字。說已見前。此作倗女者。蓋器為事貿易者之女所作。又女為奴之初文。與臣一字。字從人而縛其身。詳疏證。古以所俘於被征服者之子女為奴。浸

說文亞醜也。象人局背之形。倫謂醜爲局背也。此偃字義。偃亞音同影紐。古或借亞為偃。或古有象局背形之亞字。其形漸變而與□之或作□者相混。因誤為一字。而亞之本義轉亡矣。亞者家之初文。辛巳簋𤔲王飲多亞。亞蓋人名。王飲多亞即王飲於多家也。詩。未有家室。毛傳。室内曰家。室當作宀。說文以宀為家也。周□天鼎等之□即家之次初文。吳其昌據此□字及辛癸鼎等之□。謂□即古代四合院落。孟平面剖面形。□或作□。◆或作◆。即象居室之形。□則加一屋之記號是也。□即說文之亞字。金文率作□。□亦其變也。

使執事也。或此女字當讀其本義。古蓋貴族擁有資財。則令奴隸爲貿遷。故此又著女字。

亞艮觶　舊作亞服觶。見同上。

倫按服艮異字。服從舟艮聲。乃舟之兩服也。此文作艮。不得釋服。

舊說非也。艮報一字。報爲甲文作□者之譌文。□從又按□。故義爲履當罪人也。艮其省耳。報籀文爲一字。說文。籀。窮理罪人也。薛壽謂此即今以詞定爲供之供是也。字當以𠬝爲初文。今說𠬝爲重文。𠬝則𠬝之譌也。詳疏證。按治辠人爲𠬝。故說文𠬝下曰治也。解文作此者。蓋造器者如清代之衙役。亦其職業也。□艮謂艮家也。

禽鼎　舊作手執干鼎。見同上。

吳式芬曰。許印林說。搨本干上似鹿形。筍清脫。倫按孫詒讓謂干似畢。上爲小鳥張翼。當爲手執畢弋形。或當爲獸之觸。倫謂此說文之禽字也。從又持畢以取鳥。小篆譌屮爲今。譌□爲禸。甲文作□□有又取禽爲擒之初文。亦今作擒者之本字。爾雅二足而羽謂之禽。說文禽下曰。走獸總名。皆非本義。詳疏證鼎文作此者。蓋獵器者以取爲業者也。舊釋亞爵父丁彝之□與此同。

亞鼎　見同上。

倫按亞中之□。吳式芬無釋。吳榮光作右。然非也。倫疑此是□之初文。□即手也。匸亦手也。說文□字所從之□即兩手。金甲文□每每作□□。此作匸亦省變也。手連於手腎之廓。蓋會切脈之意。疑作此器者乃醫人也。

子孫角 見同上。

倫按孫從繩省得聲。故此作[illegible]。今說文作孫。從系。金甲文無系字。乃𦃃之省耶。器作此文。或作者之族徽。或以得孫為慶而造器耶。貞松堂集古遺文十有品仲僕作𩰫子爵。亦殆以育子而作器也。

天黿角 舊作𡚸子孫角。見同上。

倫按舊釋子孫。然孫從繩得聲。繩從黽得聲。諸[illegible]為黽而釋為孫。尚可通。若夨則非子也。郭沫若以為天黿。乃族徽。或謂即軒轅氏。說皆近理。於攈古錄金文一之二有天黿子辛彝。與此相類。倫謂夨是大字。大黿亦黿皆古氏族。大天二字形本相似。聲亦脂真對轉。故大邑商亦或作天邑商矣。真元聲類相近。故大黿又轉迻軒黿轅。作此器者蓋軒轅之族。故著其族徽於器。更有於大黿下書父巳父乙父癸等者。則具其名也。

丨庚爵 舊作主庚爵。見同上。

倫按舊釋主庚。吳榮光作父庚。檢說文主在丨部。此作丨而舊釋主

者，以今說文丨為有所絶止丶之義，而史記有主癸之名也。其實說文丨部乃混吐沫之涶初文與炷燭之燭初文為一字，其所屬主字乃燭丨字之後起字，以涶之初文與燭之初文篆文不别，乃於丨下加鐙以明之，主乃鐙之初文。承燭之器也。若否則從涶之初文作丨者也。此釋主釋火兩得，以火為據之轉注字，從火丨聲也。詳疏證。殷帝名主癸者，蓋以舉燭時生而名之也。此或亦族。或此癸為造燭者，故爵文作此也。

火丁爵　舊作山丁爵，見同上。

倫按舊釋山丁。倫疑是火非山。古有出火內火之事，必有司之者。作器者蓋有事於火者也。不然，則以丁日舉火時生因而為名也。或丁乃發明用火者之族，火為其族徽，蓋燧人之後與。

衣午爵　舊作丙午爵，見同上。

倫釋丙午。金甲文丙字無如此者。倫謂此說文之衣字。𡨋盤作仚，此政齋之者也。作此器者蓋製衣為業，故書此於器。午者其名也。又凡此類或係發明某事某物者之族徽也。

子雜爵　舊作子孫爵，見同上。

倫按舊釋子下之文為孫非也此明是正立張啄長鳴之鳥即說文之鳴字。甲文作□。鳴本從雞之象形文而張其口以指事。說文譌為口旁鳥則不得其象亦不得其意矣。爵文作此者。蓋子以雞鳴時生者也。即以為名。故書於所作之器。或此為燕之象形初文以燕所玄鳥也則此為孔姓之旗幟。餘見上子爵。

負橐爵　舊作子車爵。見同上。

倫按舊釋子負車形。以□為車。既譌象形。而亦非子也。此從人而右以手肘持東。東為橐之初文。東東則一字也。東非從口木也。毛公鼎䩜盤橐字作□。從□即東也。父乙尊□字亦東也。象裹物之器而束其外。兩耑緘之也。涑字从家文作□。陳字姚戊器作□。龔尊作□□。此東東一字之證。東聲侯類。東侯對轉。故聲轉為東。東音端紐。橐音透紐。同為舌尖前破裂音。故轉注為橐。橐聲魚類。囊聲陽類。魚陽對轉。故又轉注為囊。此從人持橐。蓋亦負販之象。爵文作此。豈製器者如今為旅客肩負行李者與。

子爵爵　舊作子爵爵。見同上。

倫按舊釋□為飛爵形。以爵為雀也。然此絕無鳥形。以天黿之□例之。此亦象水蟲之形也。乃□之壞爛耳。說文黿之籀文作𤔲。頗與此近。疑此即𪓕字。借為孫也。

白大爵　舊作白干爵。見同上。

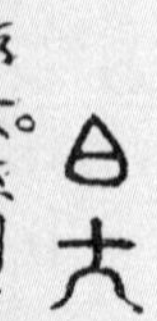

倫按舊釋白干。謂大為干到文。疑非是。歸父盤大字作大。邾公華鐘亦作大。然則大亦大字。白大猶伯大。蓋人名。然大人一字。盂鼎。易夷𤔲王臣十又二百人。白人鬲千又五十夫。倫以說文虩從虎𣪊聲讀若隔。虩從𧈡鬲聲讀若擊。擊為系之轉注字而從毄得聲。𡢁從女毄聲而訓難也。必非本義。疑𡢁從女即從奴。蓋奚之轉注字。猶系之轉注為繫也。奚則係之異文。然則鬲為𡢁之借字。白人𡢁猶白人奴。白人蓋族名。此豈即盂鼎之所謂白人與。

家爵　舊作豕形立戈爵。見同上。

吳式芬曰。許印林說。室廟形。廟也。豕形。牲也。立戈形。銘功也。或云。立戈。止戈也。飲不及亂。戒興戎也。倫按舊釋宀下豕形。孫詒讓疑家字。尋說文家字從宀豭省聲。昔人說家字者。如周伯琦段玉裁均以為豕居。則王紹蘭徐承慶崔適作之矣。嚴章福于是以為從宀從亥。蓋惑於[illegible]說文亥下語從二人一人男一人女從乚象裹子咳咳之形。不悟亥為豕之初文。而干支之字許說皆謬也。吳大徽以為祼亦從豕。凡祭。古文從豕。古者庶人無廟祭于寢。陳豕於屋下而祭也。不憭舊釋家說。庶士庶人無廟。西以大夫始有家也。家有廟也。周禮家人注。家謂大夫所食采邑。載師以家邑之田任稍地注。家邑。大夫之采地。故詩毛傳謂大夫曰家也。倫謂家必為形聲字。若是豕居。則此圖語亦不可釋矣。字當為亞廡之特注字。此作家戈。與[glyph]文之爵見攟古錄一之二之[glyph]同。或作器者為造戈之業者。或家中得立戈以表其為有武功之貴族與。

殺人爵　舊作橫戈子爵。見同上。

倫按舊釋橫戈形子。然金文戈字皆作[glyph]。論之實器亦然。此作[glyph]乃斧形。類於舊釋子荷戈彝之[glyph]。見攟古錄一之一。明是說文之戌字而非戈字也。戌為斧鉞之斧本字。戌刃大可以斬首。此[glyph]即人而無首者。金文大字亦作大。無作[glyph]者。而此在戌下。以刃置大上而無其首。明已斬其首也。爵作此文。必非泛以殺人書於器。疑作器者如清代所謂劊子手。乃司殺者也。

亞尊　見同上。

倫按舊釋亞丐。然金文丐字無如此作者。說文有䀹字。王國維謂即儀禮既夕禮有柲之柲本字。鄭注。柲弓檠。弛則縛之於弓裏。備損傷

蓋柲所以輔弓，形略如弓，故從二弓。其音當讀如弼。倫謂山謂初文當如亞文癸敢作㢶。倫謂此即弼之初文也。今說文音其兩切，在羣紐。彌音奉紐，古讀歸並。並羣同為濁破裂聲，故耳。其特注字為𢐀。其兩切，即𢐀之音讀。尊文作此，蓋置器者以造弼為業也。

賓尊　舊作亞此攜尊。見同上。

倫按舊釋亞此。倫謂此說文之宾字，乃賓客之賓本字。賓則頒賜之頒本字也。宾本作㝉。從宀從卜從人。會賓客至，主人跽地而迎之。止在宀中也。甲文多作㝉㝉㝉㝉㝉諸形。金文賓字所從之㝉，史頌敦作㝉，王孫鐘作㝉，盧鐘則徑作㝉。皆與甲文同。唯㝉㝉二字最為具體。蓋從止，表一人自外入室。㝉則宀內人伏而迎之也。今日本舊俗猶如此。甲文又有㝉字㝉字。從女即儐字。女為奴之初文。儐在主客之間，猶今以侍者介客入也。宾客實一字。甲文作㝉㝉，從口者，口為履之初文，非口舌之口也。從履與從止同意。古者客至，脫履在户外。特篆形似口。口均在內耳。此與㝉同形。器作此文，疑作儐者所造也。

子庚卣　見同上。

倫按此蓋文作子而器文作仄。舊釋仄為疾。蓋是也。疑器蓋二文合表一義。則為疾子。疾為侯之借字。侯為侯之初文。疾子亦今所謂族生也。若器蓋二文各表一義。則子為氏族。疾為射的。作器者蓋造疾者也。

伐木卣　舊作節鉞卣。見同上。

倫按舊釋節鉞卣。非也。倫謂卜為斧斤之斧。斧為斤之轉注字。或斧音非紐。古讀歸封。斤音見紐。封見同為清破裂音也。斤字金文率作斤。甲文則作卜个卜。此與甲文形同。蓋子斧斤以時入山林。則材木不可勝用矣。今木工所用斧皆作形。而浙東所用斫柴之具則作卜形。即此也。為木之初文。以斤向木。是伐木也。此蓋即說文之析字。卣文作此者。蓋製器者為伐木工也。

亞匜蓋　見同上。

倫按舊釋亞形中着。倫謂為之異文。從了戴甾。即僕字也。說文之僕。從人。菐聲。乃菐之後起字。菐則史僕壺僕字之異體。識甾為川耳。蓋辛為臯人。古代以被俘於異族之人為臯人。而使事賤役。故從辛戴甾。即以表執從。後更增艸。復後增人。於形益繁而義不增。唯亞尊之▢亞卣之▢增酉及其。於義爲增。蓋明僕之所事。莫言於洒埽且侍酒或造酒也。甲文作▢。從辛。從▢。從廾。從𡿺即說文之丮字。𡿺則土之異文。公伐郐鐘有▢從臣。臣爲被縛服而受執者。春秋傳所謂男爲人臣也。金器文多言賜臣若干人。蓋釋所俘以給事。故古之賜臣猶清代之給奴矣。金器文作此圖語者。或表貴族有家有臣。作器以記勳伐而示榮顯。或爲人僕者所製器也。

頣乙斝　舊作朋乙斝。見同上。

倫按舊釋朋乙。楊沂孫謂⌒象眉骨形。倫謂此說文之䀠字。⌒者吳善述以爲象月圍是也。說文曰。讀若書卷之卷。則此即今杭縣所謂眼圈者也。斝作此文。疑作器者乃眼醫。故以此爲圖語。今舊式眼醫猶畫眼爲招牌。

帚女鼎　舊作婦女彝鼎。見攈古錄金文一之二。

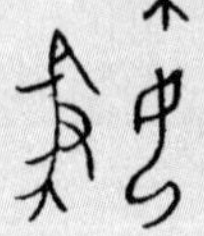

倫按舊釋婦女彝。孫詒讓謂彝疑叙。倫按甲文每以帚爲婦。如帚妌帚好是也。蓋婦從女帚聲也。此文作帚女。若釋爲婦女。不

如経釋為婦矣。倫謂帚為埽之初文，與彗一字。婦鼎有[illegible]字，從𠂤，從帚，帚之本字得聲。歸帚字所從得聲者也。[illegible]從帚，象埽具。彗字所從之𦥑即此變者。帚字所從之。從木持木亦此變者，非從𠂤中也。從又持木，明是埽事，而非埽具矣。詳疏證。今說文以帚為糞，以彗為埽竹，而音讀亦殊。由失埽竹象形之本字，而方土音異，遂生歧說。抑古每以有本字之名詞為動詞，本有之名詞失，而轉以後造之動詞為名詞者。彗為埽竹，知𣏟與小篆之帚似同而實異，蓋𣏟以𠂇象埽飾，而以所以束之。今杭縣所用之蔓帚，西有竹管之形，與此近。木則如木下之个。蓋用後剉置於地，有鏄以承之也。鼎文帚女當讀為婦奴，以此名詞為動詞也。叙則其名矣。

孟姬鼎　見同上。

倫按此當讀孟姬作，謂孟姬所作器也。古今語法之異耳。

尚鼎　見同上。

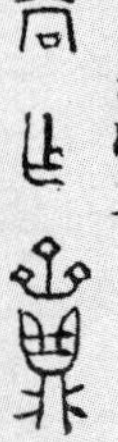

倫按齋即說文之齋字。從鼎從皿。鼎皿皆盛器也。

隣尊鼎　舊作尊鼎。見同上。

倫按舊釋作尊彝，然[illegible]從𠂤從[illegible]。說文雖無此字，而[illegible]為從[illegible]得聲，可證[illegible]字也。[illegible]即說文之[illegible]，亦即尊也。倫以古尊章

二字通假。說隣盖陳之轉注字。此則借為奠也。尊奠聲同真類，實屬一字。詳疏證。而酒尊之本字乃鐏也。古以尊音精紐，鐏音亦紐同為破裂摩擦音。借尊為鐏耳。此當讀本義奠從収從雞之初文作𡗜者從𡗜。盖從収𡗜聲。𡗜盖即今𢍰之異文。其義正矣。今說文訓彝為宗廟常器。此本非許慎原說。吕忱或校者據金器每有此字。而廣雅釋彝為器。乃加此訓。金文借彝為器。甲文彝字作𢍰。盖從収從雞之初文得聲。為奠之轉注字。奠音明紐，雞音見紐，同為舌根音也。器之本字當為凵，音在溪紐，亦舌根音。且與雞同為舌根破裂音。故得借彝為凵。

父乙鼎

見同上。

倫按大者，父乙之族氏也。

父辛鼎

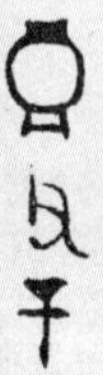

見同上。

倫按舊釋𣪕為鼎形。孫詒讓疑豆。倫疑此鼓之本字。即說文之壴字也。父辛鼎有壴字。甲文鼓字所從之壴。皆與此一字。鼎文作此。盖作器者業造鼓也。

龜父丙鼎

見同上。

倫按龜是父丙之族徽也。商人以干支字為名。而商代以龜卜。則此器為商代業龜之族所製。

秝父乙鼎　見同上。

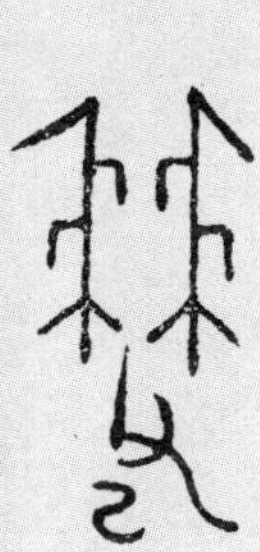

倫按說文。秝，稀疏適秝也。然非本義。亦非許慎本訓。秝實禾之異文。說文㯃之籀文作𥟑。甲文有[illegible]。即說文之稱字。蓋從人稱聲也。兼秉亦一字。詳疏證。暇時其證也。鼎文作此。蓋禾為農作物。此農事之圖語。作器者蓋神農氏之族。後世有禾姓者出於此。

仌虎鼎　舊作𤔲禾鼎。見同上。

倫按舊釋亞中𤔲禾形。非也。乃仌虎形。是虎字。彔伯𣪕作[illegible]。師寰𣪕作[illegible]。甲文作[illegible]。可相證也。𤔲為說文之仌字。仌非爭甲。乃祖之初文也。甲文有[illegible]。與此同。尤可證也。此即說文之虐字。從仌虎者捕虎也。說文訓為殘也。非本義。亦非本訓也。古書虐字蓋借為報殺。書五虐之刑曰法。墨子作五殺之刑。殺是本字。虐是借字。虐即得聲於虍。虎音曉紐。殺音審紐。同為次清摩擦音也。此虐以借為殺之證。虐之本義止為捕虎。引申則為按止之義。鼎文作此。蓋製器者業捕虎也。

虎父丁鼎　亞中作[illegible]形。則以虎為族徽者也。

太保鼎　見同上。

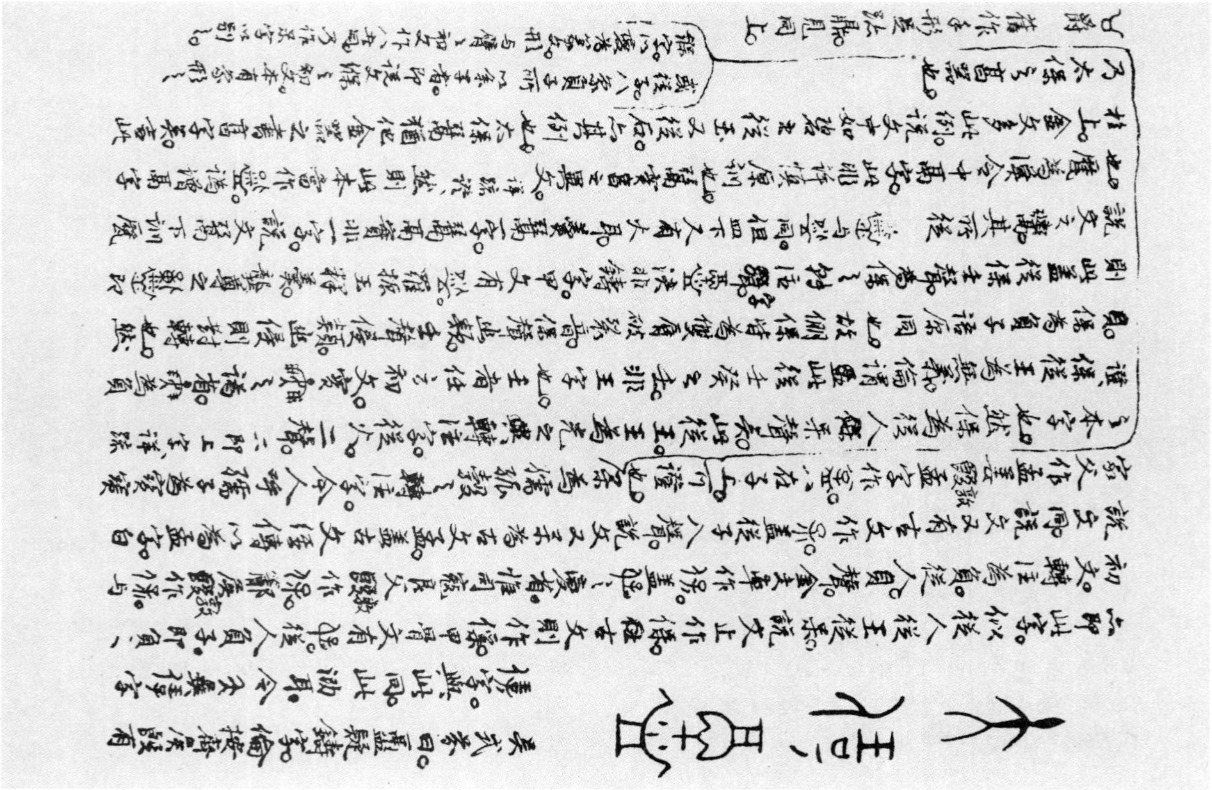

倫按舊釋主形。羣是跋形。吳武芬引許印林說是跋形未確。吳縣曹氏爵釋古文主。鼎下用火是也。孫詒讓以朱華規於主字之旁。蓋取此釋也。倫謂是說文之字。是說文之皿字。亦即說文之凵字。凵無足耳。凵止象中陷而可容物之器。有足無足非刻定也。亦決非足跋形。然亦非主字。主為之後起字。為燭之初文。說見庚爵。因畫已然之燭形為火形有如是者。燭則不能得為曲而上細下大形也。故倫以為火之異文。置火於器下而手在器上作相物狀。亦有本於烹飪之意也。豈亦棊者所為器也歟。

揚齍方鼎　見同上。

孫詒讓曰。說文皿部。齍等也。從齊。妻聲。皿疑別為一字。吳大澂釋為揚妻皿鼎。倫按揚字說文所無。以音推之。蓋狂獷之轉注字也。齍皿當為齍盛字。此說文齍之異文。揚齍者齍為器名。揚是作器者之名。鼎者字本款作齍鼎。而書為齍盧。因復加鼎也。金文諸書多有其例。齍鼎與尚鼎齋鼎字同例。彼從皿聲。此從齍聲耳。

旅彝　見同上。

倫按金文多言作旅彝。說文旅下曰。軍之五百人為旅。然非本義。亦非本訓。說文說解中類此者皆呂忱或校者之詞。固多其證矣。旅從㫃。而聲。詳疏證。㫃為旗竿。義當屬於旗。倫猶未得其義也。今所謂伴侶者。本字為丽。後起字為儷。侶亦其異文。轉注字也。伴侶之義施於此為不當論語。季氏旅於泰山。賓以聲同魚類借為𥙊字。𥙊。祀也。見說文。而禮有祭祀祭器。則此是祭祀之器。帛女鬲。帛女作齋鬲。鬲或是齋字。為齋之異文。亦或齋為齋。齋鬲則齋鬲猶𥙊彝矣。又疑旅讀為旅行之旅。今所謂旅行者。皆古之使命。其字即使。使從吏得聲。吏旅則音同來紐。是旅得借為使也。說文使下次以伶。儷傳倌諸文。伶儷音皆來紐。與吏音亦同紐。或詩寺人之令。韓詩作伶。云。使伶也。是使伶為轉注字。說文訓弄也者非本義。亦非本訓也。說文儷下訓棽儷也。亦非許慎原語。儷自當為丽之後起字。然以字次言之。或儷亦使伶之轉注字。則此旅字借為伶為儷。而義皆如今所謂旅行。旅彝如今所謂行檢與。

從彝　見同上。

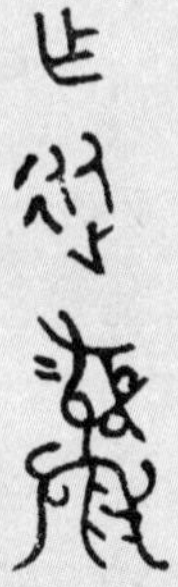

倫按𡢁姬彝文曰。作姬彝。語姬好所作彝也。此與彼詞例相同。廣韻漢有將軍從㠯。則從為氏族之名。此豈從

氏所作器與

丙父癸彝　見同上。

倫按丙兩一字。丁山謂丙象權形，出於古之泉幣是也。計重起於兩，古幣半兩皆作□。合二□為兩。故兩字象其形作□。為計重器之一種。秦權作□形者，蓋擴其形而為之。鄦侯敦毁丙字作□，正似古幣形。而㝬鼎易貞馬□與此正同。丙兩移同四陽類。其丙兩同字之證也。此文□在父癸之上。蓋作器者以造權為業。而此為其圖語也。

父癸彝　見同上。

倫按舊釋手持爵形。說文爵字所從之𦥑。實由此而譌。彼所從之□為有柱者。故多□形。□乃兩柱對峙，平面正視，故僅作一□。取然爵為飲器，有形可象，因象製文，不勞增乎。況爵乃釀酒之釀本字。釀則酒無之名。詳辨證。豈得復增爵於□旁。而以為飲器之名。蓋說文之爵，實是圖語，而非器名也。持所爵於□，則是奇人進酒之義。作器者其有事於此乎。此省爵者。蓋以足已見意矣。

父癸彝　見同上。

倫按此蓋文也。器文亦然。舊釋手執勺形。□為四鈇其右者，非勺也。從手著四邊，而四復鈇其右。未精詳也。

單彝　舊作單子彝。見同上。

倫按舊釋𠭯為子。實二人耳。金甲文向背固不拘也。單字舊釋為單。嚴可均謂單當從車省。亞詩。其軍三單。亦以車起算。王筠據穆天子傳。天子乃周姑繇之水。以圜喪車。是曰囧單。疑單有車義。其他說者多家。均無足取。宋人釋單為車。倫從其說。單之形由𨏥車且丁爵、車卣、中父尊、而有變。說文之嚚。亦與車為一字。知者。邵鐘之嚚。師寰毀之嚚。前人皆釋為嚚。邵鐘之文曰。余嚚甚武。此與公伐郘鼎之攻戰無敵詞例相同。攻戰即攻戰。公伐郘鐘作單。說文戰字從戈從單。則嚚為單之異文可證。散盤作𨊠𨊠二形。猶可見其為尚未盡失圖畫性之車形。蓋𨊠須對面視之。若車向我而立者。其即𨏥之。之長。之長。乃轅與衡軏輗也。形有變耳。日為車箱。即輿也。一即軸也。丷者伏兔。即轐也。〇〇者兩輪。𨊠則其形為輈者更簡。而輿後之軸直者而曲之矣。由𨊠之變。則為支毀之嚚。內而反之。遂似於口。故孟鼎作嚚。口而圓之。則為說文之嚚。而輪由〇者而∨之。∨而㕯之。譌而為四矣。若王母鬲之嚚。孟鼎之嚚。則為連字。從辵之字金甲文亦或作止。凡口舌字。乃展之初文也。車音穿三。古讀如舍。則在審三。嚚音曉紐。審曉同為次清摩擦音。單讀或如善。或如蟬。音皆禪紐。禪與穿三審三。同為舌面前音。其聲轉之跡。亦可證東單音之為一字矣。今單音入端紐者。蓋由穿特知而入端也。此作（者為）之者變。單伯編鐘單子伯盨揚𣪘皆作單也。此與義史尊之𣪘車白貞甗之𣪘車。蓋屬一事。則此非即𣪘也。此或旅行之旅。行本字興。或此為乘之異文。若如前說。則器作此文。與旅彝史義尊白貞甗皆同意。

父辛觶　見同上。

吳式芬曰。許印林說。非疑即行字。倫按許說是也。行字楊桓謂象古道兩崖之形。羅振玉謂象四達之衢。說文訓宮中道之壼字正從此。倫尋爾雅。行。道也。詩行有死人。謂道有死人也。呂氏春秋。桃李之垂於行者與錐道之遺於道者對文。亦行為道路之證。皆街衢之字皆從行。父癸鼎作之𢓊。石鼓作𢓊。著人或止於行中。其意更明。行與阡陌之陌本字作十者是一字。非虛而十實耳。阡陌謂田中之道。故田畝字皆從之。行音匣紐。十音禪紐。同為次濁摩擦音。音由舌根轉為舌面前也。器作此文。蓋作者之業在治道也。

父乙觶　見同上。

孫詒讓曰。父乙舉文略同。彼釋為舉字。倫按父乙舉文作𣪘。

犨與此一字。然亦非犨字。倫疑此為說文之雈字。鳥有毛角。甲文作[illegible]。乃側視形。此為從後正視之形。蓋父乙之族以雈為其族徽者與。父甲鼎亞中之

為側視形。

父乙解

見同上。

且盾足自蔽之器。戈為擊人之具。但從訓盾之戟。特從戈與。

倫按舊釋子執戈形。倫謂從大右執戈而左執盾。◗即盾之初文也。父辛爵之[illegible]與此同。倫疑說文之戟即此之譌變。彼訓為盾。方言。盾。自關而東或謂之瞂。或謂之干。干為戰之借字。戰音匣紐。瞂音奉紐。同為次濁摩擦音。是盾音從紐。古讀禪歸定。古讀奉歸並。並定則同為濁破裂音。蓋盾由瞂而轉為戰。猶盾之為文。可以象形。今之盾字從凡持目。目非耳目字。即盾之初文也。蓋由盾之初文與目形近。故增凡以别之。亦或盾字本是圖語。則此亦非盾之轉注字。若為盾之轉注字。而遂於盾字之偏。增戈益於盾之本義無涉。若益於盾字之前。則其為圖語更明。山海經。羿與鑿齒戰於壽華之野。羿持弓矢。鑿齒持盾戰。戈戰古實一器。此蓋持盾戰。為戰士之圖語。

八子解

舊作八子孫解。見同上。

倫按舊釋八子孫。

非孫字可决定也。古以跀者守门。見於莊子韓非書。跀者或生而殘其足。或病而廢其足。或

或以刑受刖。此[illegible]似象跀者之刖形。其兩手向上盡其姓也。而張其指者。跀者以手行。此乃從後正視之形。子蓋其姓也。八若為說文之八字。則是臂之初文。詳綜說。於此無義。疑為說文之彳字。說文之彳亍。實乃行之省文。然跀者在道上。亦未能詳其何指。或謂此如今之行乞者

非解　舊作析子孫解。見同上。

倫按舊釋此為析子孫。而以子[illegible]為子抱孫形。附會於禮抱孫不抱子。（盧[illegible]謂有析[illegible]器之文。解作為[illegible]。）然[illegible]字。圖無不解為[illegible]之說也。張鳳釋[illegible]為俘。[illegible]為獻俘之人。非即林字。在此當釋為凡。凡者。或為祭時尸或神所凭依者。或為牲俎形。古代殺人以祭之俗然也。倫謂金器凡有非子[illegible]形者。或但著此文。或并著祖辛父乙等文。最為習見。或更著某作且辛或父乙等彝字。其若祖辛觶則作非[illegible]林[illegible]作且辛彝。旅僕鼎作隹八月初吉辰在乙卯。公易旅僕旅。用作文父日乙寶隩彝。非子[illegible]。乙未敔作乙未易小子[illegible]貝二百。用作父丁隩敔。非[illegible]。父甲鼎。唯四月既望癸酉。王獸于盂敝。王令口執[illegible]伐[illegible]。因作父甲鬻彝。非子[illegible]。小子射鼎。乙亥。子易小子[illegible]。王賞貝十朋。餗[illegible]用作父己寶隩。非子[illegible]。唯父甲鼎有獸伐之義。可為張說附會。然亦未能極成也。且以後舉諸器文論之。非子[illegible]實為作器者之族徽。特不易詳其意義。林義光曰。古彝

器多作非子大之文。舊釋為析子孫。大象人形。伸手上抱子。其孫字甚明。析古作𣏟。格伯𣪘非亦非析字。又作丬于丸。析子鼎作𣏟。實皆為牀上抱子形。古以為銘器吉語。與詩乃生男子載寢之牀同意。非丬皆象牀形。自上視之為非。旁四柱象其四足。旁視之為丬。形見牀字之兩足也。非亦變作𣏟。向尊彝、倫謂牀從丬聲。故以為牀上抱子形。古以為銘器吉語。未可從也。以上為國語比之。非如林說為牀之初文。子者大之姓也。大者作器者之名也。大疑為說文之𠀁字。說文𠀁卝諸文初文。本是具體指事。如𠀁金文作㠯。從手而象其有所攝形。丑甲文作𠂇。從手而象其足所扭形。父本從又丨而以兩掌向上承物。又丨一字。詳疏證。今杭縣語持物而向上舉曰肆上去。即此字也。𠀁則本從兩手向上或向前屈指有所攀援。即攀之初文。不誤。豈已兩手相反而可扼持者乎。最初文直是如此大。與几子觶之大。皆從大而象形也。然則牀為子大之族徽。蓋作器者以造牀為業也。其後以此為小宗之氏。則非子大文為一族徽。故又公甲鼎析子射鼎銘文時出歟。代貴賜之事而猶書此族徽也。

𡗞父癸角　舊作象形父癸角。見同上。

倫按舊釋𠃬為象角形。孫詒讓語疑匜省是也。然此蓋𠃬之壞文。𠃬之初文蓋本作𠃬象匜形。後變為篆文。移論為𠃬。後以

典也。篆形近乃加匸耳。今匜篆亦從也。其實也為女子生殖器之名。本象其形，作□。簡作□。形與匜加匚之匜字作□為最近。故篆文漸訛而為也。為也，甲文有□，即肯之初文。王國維說也即也，亦可證其變訛之由矣。而高田忠周容庚執以為也即它字，孔廣居、王筠、朱駿聲、王樹枏、吳錦章皆以也為匜之古字，均失之矣。此蓋造匜為業者所作器也。又疑此器

害夫角　舊作召夫角，見國上。

倫按：亞形中召夫。孫詒讓疑□為害。倫謂孫說是也。嘯堂集古錄有商召夫鼎作□□，與此同。此夫字壞耳。說文憲字從害

（□之壞文。乃市幅之初文。市之初文蓋作□或作□也。詳疏證。此以鬻市為業者之族徽也。）

得聲，而說文無害字。今本說文固多後增之字，亦有遺失之文。然倫考定說文本於漢之倉頡篇及揚雄所作訓纂篇、班固訓纂順續倉頡。二篇時教學童之書，說文亦為教學童而作，本二篇而變其體例。二篇所無之字，說文不為之增，故雖經傳常字，說文每不錄也。其無害字，蓋亦由此。害者，今語曰無所曰瞎之本字。瞎從害得聲，此從目害省聲者為害之異文。舍本象形，作□□，上象屋字，下象基也。害字外家父敦作□，毛公鼎作□。害叔敦作□□。師害段作□，從圍省聲，當作□□，知與舍一字。瞎從害得聲而音入曉紐，舍音審紐，審曉同為次清摩擦音，又其音可證者也。今害音入匣紐，曉匣同為舌根摩擦音，音又

射取。散盤浩濡訖出。實一字異體。亦可證也。大人夫皆一字。大定組。夫古蓋讀為挾。故記

記。夫者。扶也。扶音平組。古讀歸訖。訖定同為濁破裂音。古讀大如氣為杜。故淮南子記宋

諜大與下。韻。留鼎[illegible]五夫用百寽。即購此五人用百鍰也。大鼎之善夫即膳夫。[illegible]作

（說文三千并夷一字。千并則大夫之鼎文也。詳繇證。）

中善壺肤肤。皆即說文之矩。[illegible]證也。蓋由初文大天作天。天其形相似。逕与之淆。乃讀

為夫耶。富夫即富人。古修言稽誦詩。周禮召上稽中稽下稽。則稽人為古職業之一。猶今

巫命卜謀之瞽子矣。此[illegible]稽者所作也。

亞薤爵　舊作亞舟爵。見同上。

倫按舊釋[illegible]為兇觥形。[illegible]為舟形。孫詒讓疑[illegible]字。皆非

[illegible]即廣雅有角曰薤之薤。為說文[illegible]之初文。此人名也。

與非卜一字。蓋[illegible]亦以[illegible]為業者也。

亞乙爵　見同上。

倫按舊釋[illegible]為儀。倫謂此從羊從糸。與[illegible]同字。故甲文作[illegible]。

女壬爵　見同上。

亦用為羊。此言牧羊乙家也。

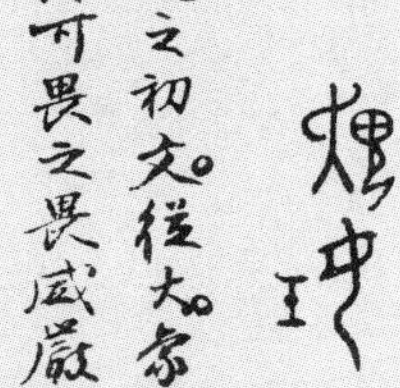

吳式芬曰。徐籀莊釋人持由形。蓋古吏字。爵酒之象。女。母者。倫按

舊釋㚍爲媿。孫詒讓謂疑㚍左形竊是從犬。非從女也。倫謂犬爲走之初文。從犬。象走時揚手形。走其後起字也。畏爲鬼怪之鬼本字。亦本而畏其。有古將即可畏之畏。威嚴之威本字。古所謂鬼怪。乃山都木客。狌狒之類。人形而有異者也。人形故字從人。而復與人異。故義爲怪異。甲文作畏、𢀛、𤰈、𤰈。從人。由聲。孟鼎鬼方字作䰠。從戈由聲。由即說文部首之由。於說文訓爲鬼頭。則以鬼字從之。而不悟其爲由字也。然爲之說。蓋非本義。或非本訓也。由與說文甾字所從之甾是一字。乃由之異文。由音以紐。古讀歸端。東楚謂缶曰由。蓋缶爲由之聲借。缶音非紐。古讀歸封。封與端見同爲清破裂音。故鬼音入見紐。缶聲幽類。故從鬼得聲之蒐在幽類。由聲之類。故鬼聲入脂類。𩲡鬼畏則一字。乃鬼神之鬼。從乚。畏聲。乚爲鼎人。實與尸爲一字。詳疏證。㚍從犬。畏聲。其義亡矣。此蓋女壬之姓氏也。疑即左傳叔隗季隗廧之隗。古書姓氏之字多譯音。故陳字古作田字。荀卿子作孫。媿從隗之從鬼得聲。故借作隗。媿字耳。於說文之媿乃隗姓之本字。

父丁爵　舊作舉父丁爵。見同上。

倫按舊釋丫爲舉。必非也。舊釋舉祖丙觶文作𠓛。父乙舉作𠓛。倫

疑此戚畢之異文。

父丁爵 見同上。

倫按舊釋饗父丁。倫謂𩐁非饗也。字從說文之爪爪。從㚔以兩手執㚔。乃說文之𩐁字。此為初文耳。甲文有𩐁。高田忠周釋執。是也。亦亦㚔字。說文。執。下曰。食飪也。食飪也者作設食也。飪也。飪也者飪字之義。飪聲侵類。執聲幽侵對轉。古書或借執為飪。其實生執字當為㚔。飪則㚔之轉注字。㚔則㚔之轉注字也。㚔為執物之義。亦煮之初文。說文㚔下曰。一曰鬻也。此因校語也。然必有所因。而鬻非其義。鬻敬觀謂鬻從米得聲。米聲脂類。㚔聲真類。脂真對轉。以聲訓也。孫詒讓謂鬻為煮。詒孫說為長。煮音照三。㚔音禪紐。同為舌面前音也。㚔從亯即說文之亯字。釜之初文也。釜中有一。象所煮之物也。物既煮則熟。古俗即就釜而食。故此從㚔。以兩手執㚔。置於當食之所。謂之設食。說文。𩐁。設食也。者即金文𣪘師虎𣪘之𣪘字。從食。才聲。食㚔則一字。詳綜證。此從𩐁。才聲。𩐁即甲文之𩐁字也。才屯一字。詳綜證。𣪘說文㚔讀若屯。則𩐁為𩐁之轉注字也。以此知孰義為設食。此器作𩐁者。與亯爵作𣪘亦同意。

戉爵 舊作立戈中𦅫。見同上。

倫按舊釋中爲中於甲無釋。孫詒讓據無妊劍妊字與此相似。疑此是妊字。倫檢說文。妊、婦官也。然羅振玉據叔高父匜妹高作妊。

中女匜。語妊乃女姓。即詩美孟弋矣之弋。倫謂孫羅二說是也。甲甲疑爲甲之壞文。甲爲羽翼之翼初文。於枝葉之葉初文形亦相似。今見於金甲文者作甲甲。孟鼎。越若翊乙亥。詞例與書越若來三月。漢書王莽傳越若翊辛丑相同。則翊字所從乃羽翼之翼。從日翊聲與說文之昱從日立聲同。翊即翊之異文也。此文作於妊下。蓋妊其姓。甲其名也。

父丁爵　原作橫戈父丁爵。見同上。

倫按舊釋⿴宁戈爲戈在櫝形。倫謂宁是說文之宁字。宁即今所謂袋之本字。此爲作戈宁之閫語。戈宁者。非（必）將全戈韜之也。以宁冒其鋒刃耳。此作⿴宁戈似并鏄而貯之。蓋圖勢使然耳。其實亦非但爲戈宁。乃（以）作（兵）宁爲業者之圖語。H疑亦兵器。或即說文斨之初文。斨即今之槍字。初文作爿。

父辛爵　舊作畚父辛爵。見同上。

倫按舊釋畐爲畚。然說文作甾。金甲文作畐甾。實乃反口之缶。[illegible]即今南方通用之鉢頭。其形作⊖者也。鉢爲缶之聲轉。缶爲甾之轉注字。故東楚語缶曰由。此非由也。倫疑為說文之畗字。羅振玉所引父辛爵畗字與此同。羅釋為福。其實爵文當讀本字。父辛蓋以造畗為業者。故作器書此文也。

父辛爵　舊作拱井父辛爵。見同上。

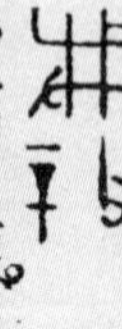

倫按舊釋𦦙為兩手拱井形。非也。此即說文之與字。甲文作𢦏。羅振玉謂從般。象二人相授受形。知從般者。以般從月或作凡也。知與字從般者。以受字從舟知之。般亦舟也。所以盛物。鄭司農謂舟若承槃。是般與舟一物。蓋倫謂說文訓與為黨與。非本義。與為舉之初文。亦舁之異文也。說文。舁。共舉也。實當作共也舉也。舁共一字。共為杠之初文。杠者。一人不足舉之。必兩人而後舉。故舁從𦥑從廾。與舁聲魚類。共若讀如杠聲。入陽類。与魚為對轉。蓋與說文共之古文作𢀜。是形亦与舁音不別也。舁與別音同喻四。與從舁從月。小篆作𦦙。由金文作𦦙而譌。𦦙者。高田忠周以為從牙得聲。倫謂𦦙子仲姜鎛作𦦙。蓋從𦦙牙聲。為與之轉注字。或𦦙乃譌并𦦙𦦙而一之。𦦙為𦦙之譌也。月為槃之初文。非舟車之舟。說文。槃。承槃也。古文作鎜。籀文作盤。承槃即儀禮命弟子設豐之豐。鄭玄注。設豐所以承其爵也。豐形蓋似豆而卑。今杭縣良渚鎮出土黑陶之

即其物也。古始定角為酒器，而後製酉形猶鈗其底。故父丁爵作

。父丁方鼎作。甲文酉字亦多鈗底。酉即金器名卣者之本字。鈗底

不可立，故必以豐承之。山西蒿原縣出土之。正其遺制也。豐詳張從、豐

之象形文變為篆文，並與舟混，即[...]棜禁者。豐之形大者，并盛飲食之器。

如陝西寶雞縣出土之斯禁。其所盛尊卣壺勺等器都十餘事。其形爲長

方，與良渚鈗之豐大小相距甚遠。於其製文飾相類。其器以金。檢從文槃亦之古文作鎜。從

金。而禮記引湯之盤銘，銘者錄之，銘借字。錄為刻鏤之鏤本字。盤有銘文，其器為金製可

知。周禮凌人共夷盤冰。鄭玄注，漢禮器大槃廣八尺，長丈二尺，深三尺。於此所共乃所以

冰尸。其製形亦不小矣。寶雞之禁，形亦長周且尺四尺餘，廣半之，深尺餘。一禁亦猶非一人所

能舉，並以所盛。其必共舉可知也。故與盤從之。此乃與之壞文，審之可明。爵文作此字，義

作器者有事於此。如不從般者，般從槃之初文得聲。（今種州）若人言板楯之板本字也。

豕形父辛爵　見同上。

倫按戊辰毀敦豕字作[...]。函皇父敦作[...]。甲文作[...]。

證以上錄家爵之象形家文。則此似非家字。而為長耳之獸。其為騾或驢與。父辛之族徽也。」

父癸爵　見上同上。

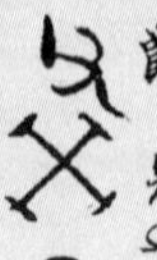

倫按舊於冂無釋。倫疑為說文之几字。或象橋梁之形。或為斧櫝之櫝。初知作器者蓋業此者與。或為說文之冂字。古文冂作冋。冂形正與此同。

貝父已爵　見同上。

倫按此蓋取貝者所作器。貝氏之族徽也。

父已爵　見同上。

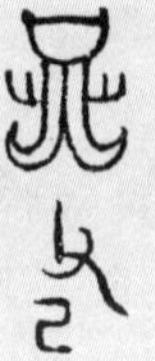

倫按舊釋兒為孫。非。倫謂是兒之異文。傳卣甲子字作㒵。宗周鐘有㒵。容庚釋兒。實說文孳字之異文。甲文作兇兇兇兇兇兒兇兇兒皆為兒字。又有㒵㒵二字。唐蘭以為到書者。傳卣之㒵。宗周鐘所稱之㒵。或其兒㒵與甲文同。而其下乃作丫形者。蓋㒵即㒵之變。此亦其變體。兒從囟得聲。[redacted]囟音心紐。子音精紐。同為舌尖前音。兒為子之轉注字。干支字本皆假借。故金甲文或作甲兒。此蓋倪姓之族徽。

庚寅本切韵殘卷止支兒說文作此兒兒即甲文之兒可證也甲文

辛父爵　舊作器形辛父爵。見同上。

倫按舊釋𠔿為器形。實即說文𠙴字之異文。作器者以盧山為業也。

辛父當讀為父辛。

木父壬爵　見同上。

倫按器文作木者。蓋以植樹為業者所作器。木樹為轉注字也。或與伐木自同意。木工所為器也。木姓蓋出此。父丁

爵同此。

丁酉爵　舊作冊丁爵。見同上。

倫按舊釋𠕁為冊。倫謂此柵之初文。即說文之侖字。今說文之侖訓思也。乃倫字義。侖從亼。亼為極之初文。詳疏證。則義必與屋宇事有類聯。而從書冊字不得會意。甲文有𣛧。葉玉森以為柵字是也。說文。柵。編樹木也。𣛧正象其形。蓋初作柵者止編生木為之。故從三木立之。而一象所以編之也。今字作柵。而係錯本作從木冊聲。唐寫本木部殘卷則作刪省聲。冊音穿二。刪音審二。同為舌尖後音。柵固可從冊得聲。侖或從亼冊聲。於說乾一考古音侖在文部。說文古陂為偏小陂為諭。實音同來紐轉注字。則從說是。說文。侖。門遮也。蓋侖實為𣛧之轉注字。古書侖刪連文。亦可證也。𣛧冊同為編木。其語原

當同刈冊古音蓋如刪。故古時借書為刪。音同爾組也。至栅變為篆文。與冊相混。故刪姍栅柵等字皆從冊得聲。其實皆從栅得聲也。栅闌刪姍等皆元類也。轉入真類則讀力屯切矣。倫蓋栅之後起字。以篆文相混。乃增人以寫之。亦或為栅之論也。器文作此者。葉造栅者所為器也。丁酉乃作者之名。

祖癸爵　見同上。

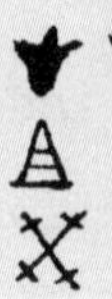

倫按舊釋[illegible]為足跡形。實乃說文之止字。止為足之異文。足連趾為形耳。爵文作此者。蓋作器者之姓也。戰國策有足強。其以足為姓者。疑以善走得也。日本有足利氏。日本氏族多出於中國。或足氏之後也。

[illegible]虜爵　舊作垂屋形爵。見同上。

倫按舊釋為垂屋形。籀廎館題為元冢。孫詒讓非之。蓋吳榮光說記吳式芬說。釋尹為元也。倫謂尹是說文之虍字。[illegible]為畐之異文。蓋本作[illegible]也。畐鬲一物。此從[illegible]虍聲。即說文之虜字也。[illegible]即說文之亯字。器文作此。蓋作器者葉貴釜者也。釜所以烹飪。故後著高字於下。或[illegible]一字。[illegible]亯之茂文。從高猶從畐也。

父壬尊 舊作山形父壬尊。見同上。

倫按舊釋□為山。倫謂此亦火之異文。甲文火字異形最多。有作□形者。此其類也。有作□□形。則與大丁鼎同。或謂此舟之異文。□象帆也。則造舟者之族徽矣。

且乙尊 舊作己祖乙尊。見同上。

倫按且乙為作器者之名。己亦干支中字。何以書於且乙之上。倫疑己是且乙之姓。即杞之省文。杞為夏後。以國為氏。後世有杞姓。又或此為說文妃字之省。詩商頌箋顧昆吾皆己姓。史記殷本紀紂愛妲己。玉篇。妲己。晉語殷伐辛有蘇。蘇氏以妲己女焉。金器有番改甗。鄦衛改鼎。旅鼎。然則顧昆吾為己姓。蓋夏為姒姓。昆吾為夏同姓。當為己姓。箋作己者。傳寫之譌。改則蘇姓也。此殆非以國為氏之己姓。而種族之姓有也。舟己卣之己或為名。或為姓。未可定矣。舊釋己戍卣之己則與此同。

□尊 舊釋作子執弓形尊。見同上。

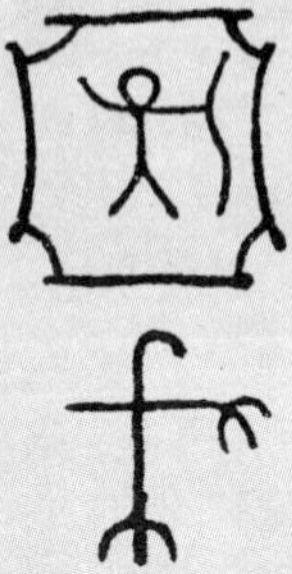

倫按舊釋亞形中子執弛弓形。倫謂[glyph]從人執弓。即說文之殃字。殃乃矤之譌。說文臣之或體作矤。從矢而毛公鼎、矢伯戎毁(敦)、矤字皆從夫。周禮枼師注。故書射矢為射夫。此夫矢變互之證也。殃為射(引之初)之異文。殃音審紐，引音喻四，同為次清摩擦音也。亦射之異文。射古讀如亦。穀梁桓九年世子射姑，東觀釋文，摩射作亦。文六年夜姑，左氏(夜)作射。史之僕射即僕掩，夜亦從亦得聲也。亦音(亦)喻四，喻四(與)邪同為次清摩擦音。然音非紐，即射之轉注字。蓋此以善射名而以此為族徽者也。作此器者，則此族之以造弓箭者與。且此卣之[glyph]與此[glyph]同。

畢卣 單卣

舊作旗單卣。見同上。

倫按旗爵單皆非也。此[glyph]非單字，乃畢之異文。其上之[glyph]亦畢字。今說文之畢字乃合[glyph][glyph]而也。[glyph]又譌為華耳。為鳥形(蓋文)作[glyph]可證也。[glyph]蓋[glyph]之異文。此亦取鳥者之

吳式芬曰。爵舊釋雛。阮從吳保林釋。

族徽
圖騰上下以畢掩鳥而以手取之也。

圖卣 舊作子廟卣。見同上。

倫按舊釋子廟，然□決非廟字。倫以其從□從ㄏ，ㄏ即說文之广。為廣之初文。亦今房屋以軒名者之本字。

詳疏證說文之家為亞之後起特注字。而毛公鼎作□。祖巳觶云口為亞之異文。子爵□字所從之口亦亞字。說文寓或作庽，而爵為械人所□。則□與說文之圍是一字。圍者說文盡計雜也。然非本義亦非本訓。蓋古書圖謀字皆借為慮也。圖（為啚）鄙之後起字。故衛恆古文官書謂圖啚二形同。而啚實為亩之後起字。詳疏證。亩者藏穀之所也。此言圍圖，疑即國語注廩御廩一名神倉之御廩。古書稟敦字或作圍或作禀。可證也。春秋桓十四年傳御廩災。公羊傳。御廩者何。粢盛委之所藏也。何休曰。御者，謂御用於宗廟。然則御廩蓋為司之名。此器作者蓋子姓而司委積者也。御廩猶御史矣。

子父庚卣 見同上。

倫按此實為說文之弦字。從弦射於弓。故金文以為弓字。卣文作此者。為此器者以造弓為業者與。父庚其名也。

父爵 見同上。

倫按口為亞之異文而鼎者也。

癸父乙卣　見同上。

倫按𠂇為戣之初文。戴侗以為即書一人冕執戣之戣。是。鄭玄書注。戣。三鋒矛也。此正象三鋒而下有鐏。

說文作[illegible]者由金甲文變作[illegible]。其體衺者器卧於地與立於地之異也。作此器者蓋業造戣此器者與。

寶𣪘　舊作寶敦。見同上。

倫按舊釋𣪘為敦。非也。嚴可均錢坫以金文或作𣪘。註釋為簋。以𣪘為即說文之𣪘。音居又切也。說文𣪘字莊述祖以為從殳𠂤聲。是也。𠂤為𠁁之論。𠁁音照紐。古讀歸端。端見同為清破裂音。故𣪘得之以聲音入見紐。而所借為簋字。於金器中之簋簠乃盛器。如今盤食器中之盤。不可用以執物。而凡以執物之器。其銘文作𣪘𣪘者。不可釋為簋也。且如函皇父敦作𩛥。從食。食㐭一字。則𣪘𣪘皆從㐭而非從𠁁矣。故倫從舊釋。蓋𣪘即敦之省。猶𩛥之本止作𣪘也。於𣪘從殳㐭聲。殳攴一字。詳疏證。乃打之初文。而敦即莊子試使士敦劍之敦。從攴則有聲義。金文實借為𣪘𣪘之特注字為𩛥。故齊侯敦作𩛥。寶字說文訓珍也。從宀從玉從貝缶聲。於玉篇引聲類。據古文寶字。卒盅敦作[illegible]。[illegible]敦作[illegible]。或止從玉。或止從貝。所見本有珍

說文寶之古文作[illegible]。

甲文作[illegible]。

寶字。或從玉宝聲。或從貝宝聲。由古者以玉為寶。後以貝為貨。故或作
寚或作𡧖也。宝蓋寚之異文。周𡨄鼎作㝢。仲盤作㝢。止借宝字。虢叔鼎作㝢。則省缶。
缶作寶者字形後起。知字者入玉部或貝部。故訓珍也。珍為珠之假借字。說文誤入宀部。

父乙甗　見同上。

吳式芬曰。許印林說上疑卿字。卿從皀。△疑即皀省。卿饗
通。他器有享父辛。正同也。倫按許說是也。舊釋為非。
從卩皀卿為饗之初文。甲文作𩙿或作𦢊。象兩人相向而食。玉
篇。饗。設盛禮以飯賓也。則此二人合一主一賓之意。非說文之𠨍字。器作此文。明為飯賓
而作器。故書此文。蓋仍與作𠎝者同意。或卿有食義。此語食器耶。

且未觚　見同上。

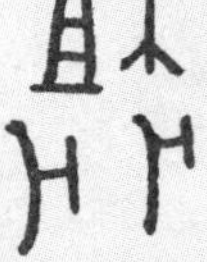

倫按舊釋𣎵為木。是也。然木未實一字。甲文十二支之未或作
木。又見昔字即妹字。亦從木。未音明紐。未音微紐。古讀微歸
明也。木象枝葉為未。而周者性之木。本非兩作木也。故知木未實一字。此當讀為未。且未作
器之人名也。卅為二卜。卜為月之異文。為說文之初文。蓋且未以造此器者也。

或為戊之異文。父戊爵作戌可證也。

祖丁斝　見同上。

倫按舊稱爻無釋。倫謂此說文爻之異文。甲文學字或止作爻作㸚[illegible]。而說文之爻㸚實一字。詳疏證。

爻為極之初文。器作此文者。製器者以造極為業者也。

寶夫鼎　舊作宕夫忌鼎。見同上。

倫按亞中復書宕字者。此寶人為宕氏也。詳見寶夫角祖癸爵下。舊釋寶爲宕之異形同此。

父丁鼎　見同上。

倫按舊釋父舟父丁。倫謂𠬪為說文之攴字。攴攵一字。今字作扑。𠬪亞謂刺舟也。說文般之古文作䑶。甲文亦作服。蓋般即𠬪亞之合文也。作此器者蓋以刺舟為業。所謂榜人也。

父甲鼎　舊作立鉞父甲鼎。見同上。

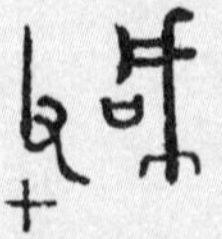

吳式芬曰。舊釋立鉞形器形。未確。畫人持戟。或疑[illegible]即咸字。孫詒讓曰。咸字是。倫按姓苑有咸姓。巫咸之後。但得姓之由來難詳也。

父癸鼎　見同上。

倫按舊釋兕形子執𢦏形。按爾雅兕似牛。則兕有角者也。金文已觥有[illegible]。唐蘭釋兕。或作[illegible]。見高田忠周學古發凡引。皆有角。甲文作[illegible]。說文之[illegible]所由來也。則此非兕也。要之為野獸。此大旁

作此獸。蓋父癸為獵人。或其族徽為獵人與。

父乙彝　見同上。

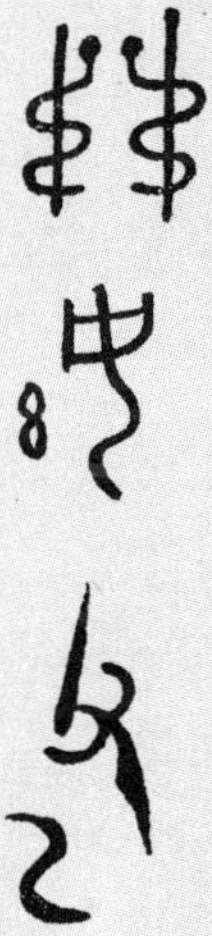

倫按舊釋孖敘父乙。倫謂釋從二串。或文取此當讀為叔。[illegible]或為吳之異文。或為婹之異文。說文。婹有守也。或非本訓。疑婹本姓也。此作叔婹。猶叔姬季姜也。叔婹蓋父乙之女或妻與。此殆與[illegible]目祭文丁爵作且癸父丁者同。蓋其器為二人所合也。此器[illegible]以歸

余師王靜盦先生。余嘗見之。忻[illegible]不知所歸矣。

器彝　舊作器作乃彝。見同上。

倫按舊釋五戈形器作乃。倫謂此文當讀器作[illegible]歐

和器蓋即說文之毀字。甲文作[illegible]。金文鼎辰

作王𣪘敦。沈樹鏞釋鼎為鄉。蓋鼎譌為[illegible]。讀若鄉。故得借[illegible]為鄉。[illegible]讀若穰。穰之[illegible]音[illegible]紐陽

類。（音）疑紐魚類，疑娘誼為鼻音，次濁音。魚陽對轉也。克鼎𤔲墨歷心之𤔲，倫以為從女喪有聲。喪字毛公鼎作𠷎，蓋從𠷎亡聲也。以此知𠷎為𠷎之異文。𠃊字金文多見，其用多與其（古書用𠂤）字或厥字同。形義說文之氏字。氏從𠃊乁十聲。𠃊為說文𠂤之省。蓋𠂤為阪之初文，阪之象形文當作𠃊也。𠂤音奉紐，故轉注字作氏，從十得聲。十音禪紐，奉禪同為次濁摩擦音也。古讀禪歸定，奉定同為濁破裂音。（故尚書）厥字敦煌本隸古定尚書皆作𠂤，而史記皆作其。其音群紐，古讀歸見。厥音亦見紐也。許除從、舊釋為乃，誤。（說文氏為氏之後起字。說文氏讀若厥。）

且乙解　見同上。

倫按舊釋𠂤為犧形，乁為子。倫謂乁即說文之人字。金甲文反正無別也。𠂤乃說文之鹿字。然說文鹿字不分牝牡，而石鼓文牡者作麚，牝者作麀，有角無角以別之。此似為無角之鹿，乃說文所謂麟也。此蓋麋鹿者之族徽與。

父辛解　見同上。

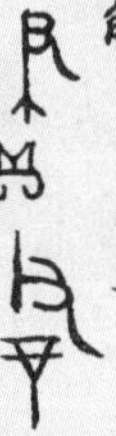

吳式芬曰：徐籀莊說聿即筆也。聿貝亡者，言受王錫貝而筆之于彝器也。孫詒讓曰：疑書之省。倫按皆非也。丨是說文鑽之初文，所以穿物之具，本作丨。典初文聿字形近。持丨以穿貝，蓋貝非穿之不能貫也。父辛蓋以穿貝為業者與。（父戊爵同）

父丁爵　舊作子父丁爵。見同上。

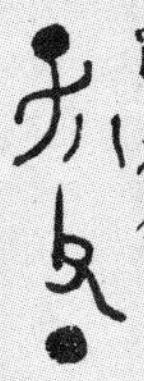

偏按子舊釋八父丁。偏謂子八即說文之古文保作采者也。八在子旁。猶孟姜敦孟字作盂。八在子上也。采為縲之次初文。作器者蓋以製縲為業者與。好（見太保鼎。）

父辛爵　舊作雙爵父辛爵。見同上。

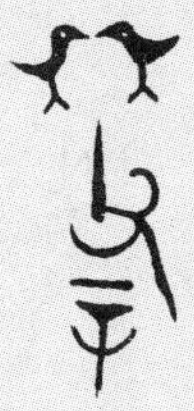

偏按鳥似雞形。如鳥凡鳥也。莊子有鬭雞之喻，豈此鬭雞為業者之族徽與。或養雞者也。父癸爵作鳥似同。

父癸爵　舊作目父癸爵。見同上。

偏按舊釋子刲文目父癸。偏謂羊即說文之羊字。然此實表人自外而至。故首向目。目亦表一人也。甲文逆字有作羊者，與此實同意。逆迎對（音同義通）字。疑此蓋周禮所謂掌訝。作器者任此職也。

父乙爵　舊作日父乙爵。見同上。

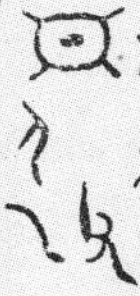

偏按舊釋（阮元）日為日。吳式芬釋為孫。以乙為孫。阮長於偏謂此說文乙白字白義當為日光。張文虎說是也。然日白實一字。詳琮說。白人與白大爵同。

作盤　舊作藻盤。見同上。

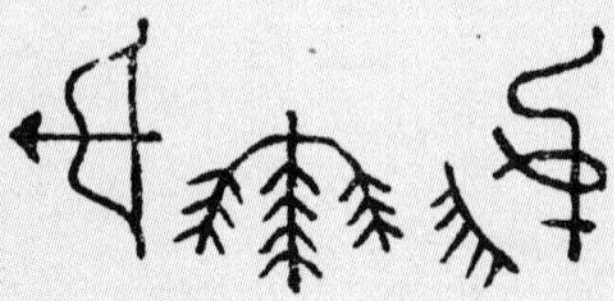

偏按舊釋□為弛弓形，彡□為藻形，□為張弓形。孫詒讓謂弛弓未塙。□，躲字。偏謂□是射字。□是夷字。此文或原刻未盡，或夷武簽謨將揚未刻之耳。文參□當作□□，與婦鼎之□是一字。說文歸字所從得聲之歸即此字。□者高田忠周以為王彗，則為說文之𢑞。不得為歸字之籀。偏謂實掃竹之本字，音讀如帚。帚則掃之初文也。□從𠂤□聲，其義亦知。或從□𠂤聲，𠂤匿一字。

𠂤帚彝自出類，此□之特法字。器文當自左而右，則走□蓋婦□字之所由來，孫未能詳也。

父丁觚　舊作相作父丁觚。見同上。

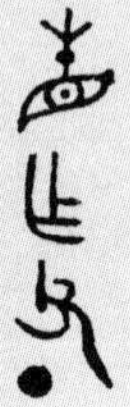

偏按□舊釋相。孫詒讓謂省字。偏謂孫說是。說文：省，目病也。相，視也。相從目楊木聲。詩：予以相之。韓詩湘作鬺，是相可從楊得聲之證。楊音喻而相音心紐，同為清摩擦音，亦可證也。金文或作□，則所省者殊多矣。寺從生得聲，生音審紐，亦清摩擦音。故書王肯為相者，史記作肯。省為肯誤，肯借為相也。此文相作父丁者，當讀相字斷。相者，蓋父丁氏族之名。荀子有非相篇，則相人之術由來久矣。後漢書南蠻傳，武陵鍾離山出四姓：一曰相氏。相氏蓋出於古之以相人為業者與。又儀禮鄉射飲

酒。相者，人名。周禮大宗伯：朝覲會同則為上相。此相字表其族為相者。作父乙當讀

為父乙作。父乙作者，謂父乙作此器也。齋焉。亦作畲不。當讀為是作齋畲。金文此類當為

相其子讀之。

𠭯卣　見同上。

綸按：舊於𢌳形無釋。綸謂舊釋諸婦卣之𤔲俞即此𠭯𢦏

𠦝乎皆契約書契之契（本字不見說文，說文契之）初文。今說文與栔栝之丯從為之字。

釋名：栔，刻也。刻識其數也。墨子：是鼓人之齒而以為富。列子：宋人遊於道，得人遺契，歸

而藏之，密數其齒。蓋契之初文本作丯。故變為𠦝乎。𠦝則刻契之刀也。此与諸婦卣皆作

女者。母亦往也，故此作母。蓋製此器者古皆婦女任之典。此則其氏族之名，彼卣作俞者，

即齒契之象。說文有㓞字，疑初本作俞也。丯屬而契行，俞亦廢作契矣。

讀金器刻詞卷上畢

讀金器刻詞卷中

小鼎　見攟古錄金文卷一之一。

倫按舊釋小。蓋據說文也。金文盂鼎作八。宅敵作八。小子射鼎作八。甲文亦作八。然亦作小。與秦公敦同。亦作八。與宗敦同。說文之小所由來也。小少止一字。皆沙之初文。禮記少儀。釋文。猶小也。國語。少陵于豕宗而得文王。注。小也。戰國策。諸之陴臺之下。少海之上。吳師道語少書作沙。其實少即沙字也。孟子。力不能勝一匹雛。錢大昕邵瑛皆以匹字爲止之譌。趙岐訓匹爲小。孟子音義引丁本作疋。其致譌之由顯於方言。止。小也。魏石經左傳小字[redacted]古文作止。易。需于沙。鄭本作沚。甲文有小。證以寰盤沙字作沚。[redacted]少止皆由小變也。此器作小。金甲文皆未見。其形頗似（葉）石經古文。石經古文蓋出於漢書藝文志所謂古文。乃晚周字書之體。蓋以竹爲筆而染漆作書。故與大小篆異體。然則此鼎蓋晚周之製。惜不能目驗而定之。其作此文。義亦不可知。或沙氏之器與。

大人鼎　舊作仄鼎。見同上。

吳式芬曰。許印林說。疑銘作大。當是夫。夫篆作夫。仄篆作仄。籀文作仄。阮氏有大父戊爵作大。皆與此[redacted]異。倫按說文大夫爲二字。於義實無殊。從大而續其首。但一向左一向右。此在金甲文中多不為異。尋夭音影紐。矢音照紐。古讀歸端。同為清破聲。蓋以方土殊音而異讀。其實一字。此文唯一夭字。亦非以頭頃為義。貞松堂集古遺文有令夭彝，評銘文是人名。而周有閎夭。是古不諱夭。矢所以為名也。此豈作器者之名歟。

网鼎　舊作罔鼎。見同上。

倫按舊釋罔。然必非山字。金甲文中心字每作ひ𠙽。倫謂此[redacted]盖亦心字。則即惘字。然惘字後出，且在此器銘，亦不得讀為惘字。倫謂网為网之異文。此器為作网者所鑄。心或其名歟。

矢彝　舊作介彝。見同上。

倫按吳式芬據王引之說，个即介字。謂據此知是古文。故古但有介亦作个。倫謂介个金甲文皆絶異，且亦無个字。經傳之个。或借為箇。禮記之一个屋。左傳之又弱一个焉。个實介之隸省。王引之王紹蘭王筠皆主此說是也。故禮記一个屋。書本作一介臣。國語一介嫡男，一介嫡女。亦即一箇嫡男一箇嫡女也。箇介音同見紐。故得通用。或借為薄。薄為閒架之架本字。介架亦見紐雙聲。故禮左介右介。王筠以為[redacted]介猶三間五架之閒。其實閒架皆當作薄也。此器僅此一文。則既非箇之借字。亦非薄之義。倫以為此定鏃之象形文。故矢字從此。作此器者。蓋以造鏃為業者也。

辛鼎　舊作辛乇鼎。見同上。

倫按舊釋辛乇。倫謂乇與舊釋誤歸爲偁字所從之釆及毋同

搦所從之手為一字。皆製之初文。舊釋乇鼎之手與此同。皆乇則造製者之名也。

子■鼎　舊作子一鼎。見同上。

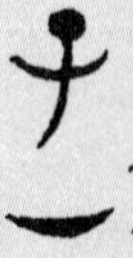

倫按舊釋一為一。非也。倫謂此似月之象形文。或初文地字也。知其為地之初文者。上下字本作二一。二從地之初文。其上之短畫表在地上之物。一從天地之天本字。其下之一短畫。表在天下之物。二字於六書為指事。指事之文。以象形之文為體。而以符號式之點畫指示此象形之物上發生某種之事。如甘為含之初文。從口而其中之一。表口有所含也。甲文有半字。為衡之初文。從牛而楅其角。表牛角觸人。楅之以戒也。口與牛皆象形之文。而一二則不成字。為指事之符號而已。揆諸證。甲文二作二。一作一。則此與甲文二字所從之一正同。蓋作器者之名耶。

東仲鼎　舊作東中鼎。見同上。

倫按舊釋𠂤𠂤為折木形。其誤易見。檢金文𤼈仲匜𤼈字耳旁作𠂤。𢦏公鼎聅字耳旁作𠂤。井人鐘聖字耳旁作𠂤。太保彝有𠂤。即聽之初文。甲文亦多作㕞。倫謂𠂤𠂤亦耳字。蓋此是耳醫之圖語。與眼醫之作𦣝者同意。今舊俗耳醫猶縣畫耳於版。縣以招人。東中之中。東盾形。觶作⿴。乃盾之初文。東中殆其名與。或謂𠂤𠂤為盾之側形。蓋盾形非一。或圓或方。其形圓者。以清代武器中之藤牌觀之。中鼓起而背有握。此ㄈㄏ即握也。此為制盾為業者之圖語。然倫以為於形不似。

奚爵　舊作方奚爵。見攈古錄金文一之二。

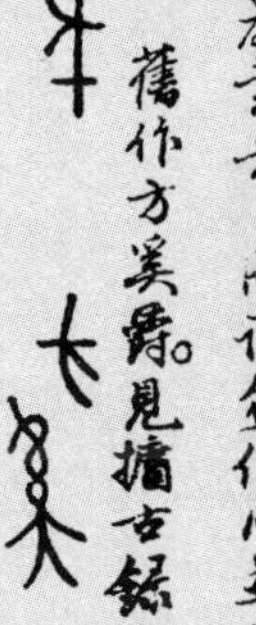

倫按木在柱。舊釋庚。吳式芬非之。而吳無釋。或據盟諆庚戈戈字作𢦏。此亦戈字。倫疑木蓋車之輈軏與衡也。孟鼎車字作𨏥。甲文作⿰。又作𨊥。此蓋牟之省。器具此文。又獨在柱。蓋造此為業者之圖語。車之製。絕非一時具備。其發明始作者即以此為業耳。𢍰奚舊釋方奚。說文車下言。夏后時奚仲作車。此器或者據系本記之也。然則此奚豈即奚仲與。奚從大幺聲。幺系一字也。詳疏證說文之奚。從大綠有聲。縣籀文系字。實即祖乙卣之𦅸甲文之𦃃也。系本是治繭者繇而絞之。非髮或吐之本義。詳綜證、吳為媄之初文。而係之異文也。亦如隸之隸本字。吳大澂據卣文作[illegible]。鼐文作[illegible]。及此文。謂象人戴寠斅形。吳隸之從也。羅振玉據甲文作[illegible]。謂從[redacted]手持索以拘罪人。林義光謂象系繫人頸而持之。偏謂吳所舉鼐文之[illegible]。與舊釋孫鼐之[illegible]。蓋一字。貞松堂集古遺文四卷父丁鬲之[illegible]。蓋亦此字。乃[illegible]寠斅者之圖語。卣文之[illegible]與此實是[illegible]字。甲文作[illegible]者。從奴之初文。即奴之異文。而[illegible]則[illegible]之異文也。如隸之義一也。從奴不必從系而象其首。林謂象系繫人頸[illegible]之圖畫性象形文。直象其事物之形。此系[illegible]在首上而在頸也。故偏從說文縣首聲之說。以金文證之。直從系得聲耳。

羊子戈　羊子𢦏[illegible]　見攈古錄金文一之三。

偏按[illegible]字見說文。為造之重文。蓋呂忱所補也。字見廣雅。須𢿱有[illegible]。亦從[illegible]。然[illegible]不從舟車之舟。乃履之初文也。說文履字從尸。然履字無從舟之理。由[illegible]本作[illegible]而譌也。甲文有[illegible]。即說文之遺。又有[illegible]。即說文之[redacted]。退其所從之口非口舌字。亦履之初文。蓋口象對面所見之履頭。今嫣劇中所著之靴子。其頭頗似於船頭。杭縣謂之方頭靴子。從對面視其形正如此。造從辵。辵為行走之走本字。履所以行。故從辵者亦得從履。

𦬁匜 舊作奉冊匜。見攈古錄金文一之一。

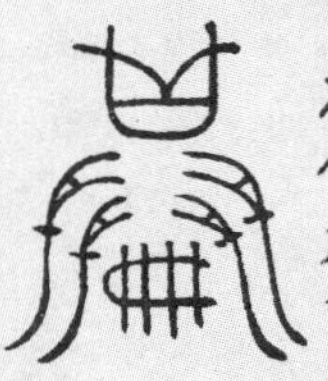

倫按舊釋甘為㭬。𦬁為兩手奉冊形。許瀚謂𠬞不似手形。與王主父丁尊𦬁倒順雖異。筆畫正同。彼釋龖。倫謂冊㫄之為[illegible]甘。冊乃架之初文。若𦬁絕非手形。亦非龖字。舊釋奉冊冊卣之𦬁冊之𦬁。與此𦬁亦㫄匜之殊耳。檢甲文有𦬁𦬁。郭沫若釋耤。倫以耤令鼎王𦬁農[illegible]于諆田。京叔彝官司耤田。證知甲文二字乃耕之初文。從耒從耒。⺕⺕皆耒之初文。詳臨證耒敢之𠙴。或釋為耒。倫謂𠙴與𦬁𦬁𦬁一字。乀之乀即說文所謂耕曲木。◀則所以發土之器。乀枝為象形。⺕⺕失其枝歩矣。此作⺕尚於物形為近。器文作四⺕。蓋陳列之多耳。作是器者或即所謂官司耤田者。與冊所以表受命也。冊蓋安耒之具。此銘書其之。

梁鼎 見攈古錄金文一之三。

宜鼎 郭嘗品分 器

梁上官 蓋

吳式芬曰。鼎式與漢鼎相似。字刻成甚細小。疑戰國時物也。倫按吳於器文僅釋品分二字。蓋文釋為梁山官口品分。貞松堂集古遺文二有上樂鼎。作上樂宰嘗家。續上有中口官（大梁鼎。梁廿又七年大梁司寇口正口口為量。貞圖合）鼎。作中口官嘗八分。其蓋銘嘗字作嘗。與上樂鼎同。羅振玉於此字無釋。古鉩有畄嘗字。丁佛言釋爲肎。謂從𠂆從又從肉。倫謂如丁說當爲從骨省聲。非從肉也。然在諸器中不得用以肯字。未能詳也。此器（疑借爲詹）文首字未詳。第二字似誰字。第三字則郭字也。品即說文之𠧪字。說文𠧪之古文作𠧪。可證也。晶爲星之初文。實當作品。其轉注字作曐。星音心紐。參音審紐。同爲次清摩擦音也。書。乃鼎文參在上。釋文馬云。參字品在上。玉篇。品。力捶反。尚書以爲參字。其實尚書之品非說文十三篇中之厽。乃品之隸變。馬融注古文尚書。直以古文作品隸寫作厽耳。然則古文尚書參作品也。此作品。即以爲三字。猶以參爲三也。釋品誤矣。

白致敢　舊作伯致敦。見攈古錄金文一之三。

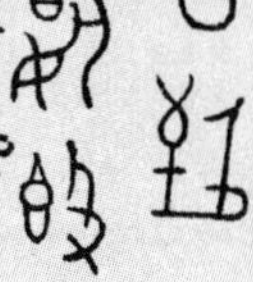

倫按舊釋白致作𢿨敦。倫謂嬰不從女從孰。實從妟從𠭯。即說文之孰字。甲文作𩰫者也。妟爲奴之異文。不嬰敢之嬰亦從此。嬰即說文之媆女爲奴之初文。從妟猶從女矣。說文致字從夂。實夂之譌。此作夂者。夂即人也。古以一止字書時異其指之所向表往來進退者。如以𡳿爲往。爲㢟。㢟即進也。以㐄爲來爲後。後即退也。獨以夂表至。以夂表跨。未能詳也。疑當時以圖爲語言之符識。必然有共諭之解釋失其傳耳。

𢀛鼎　舊作丙子𢀛舌鼎。見攈古錄金文一之二。

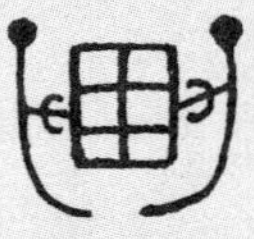

倫按舊釋兩手舁缶。𠬞即說文之凡字。凡即說文之𠙴字。凡𠙴則一字也。缶為由之譌。由之象形文當為[redacted]𠙴。實今俗盛食物之缽頭。金文亞形中之𢀜。首戴者由。說文異字從廾以手持其首戴之由。則由豈待兩人舁之。與倫說此即說文之與字。亦即說文之𦥑字。與𦥑本一字也。與從舁從盤之初文。今存散氏盤。其壺猶一人所舉。若瑞方所得於寶雞出土之斯禁。實亦盤也。詳後說。其壺必兩人而後舉。舉為與之後起字。與從𦥑。𦥑從臼從又。明兩人同持而𠙴起也。器作此文。疑為造盤者之圖識。盤止作田者。借其一面之形耳。斯禁形於其四周之墉有一窐。正與此類。貞松堂集古遺文八[redacted]𠙴父癸爵之𠙴與此同。

（倫謂）

中鼎　舊作束鼎。見同上。

倫按舊釋中為束。無據。倫謂此亦中字。從之鹿中兕中虎中。諸形以來[redacted]父癸爵有[redacted]舊釋兩虎相（其獸獨角。則知是兕非虎也。其字作𦥑形而實非單。仍是中字。）

向[redacted]檢舊釋單父辛鼎之中為受算器。其象形文實當為𠙴。蓋漸失其圖畫性。則形與口似。因加丨為中。丨即算也。或加↓為中。↓即上舉矢箙之↑（即矢字之下體安弦處也）字[redacted]引申為中央之義。借為伯仲字。此者讀伯仲之仲。作器者之名也。

父巳爵　舊作守册父巳爵。見同上。

偁按舊釋守册父巳。偁謂𠕋絶非册字。蓋是二十。說文引衛恒說用從卜中。蓋所見中字有如此作者與。守中蓋鄉射司算者。父巳其名也。或是二甴。詳甹盡下。」

父辛觶　舊作亞形父辛觶。見同上。

偁按舊釋亞形中艅可通。然偁謂艅即說文之俞字。俞從舟余省聲。爲舟之轉注字。艅從舟余聲。余亦從舍得聲也。艅字不見說文。蓋俞之後起字。取於亞猶俞家。俞其氏族。父辛其名也。

速觶　舊作速觶。見同上。

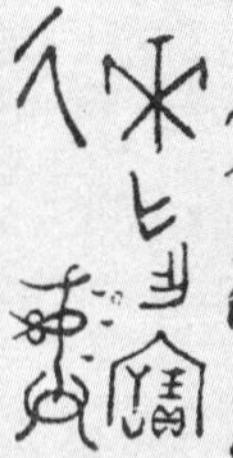

偁按舊釋𨑒爲速。孫詒讓疑爲速。速字是也。說文無速字。古書率以來爲來往之來。朱駿聲以爲來麥義當互易。來是來麥之麥字。麥是來往之來字。偁考定上古止以一止字。書時異其向而別其義。以止爲往。故㞢夂字皆從止。異其止作夂或作夊。以爲來義。故复爲行故道而往夊。各爲來往之來本字。從夂從口。之初文作口者。蓋人自卧而起。即向前行。足自外向。故即以止爲往。及其内向則是來也。故以夂爲來。其後乃增𡉚聲爲𡉚。以行於道中。則更增彳作徃。增口聲爲各。以來卽到也。來亦自道中行來。故亦謂彳為徭。而徭訓至也。知口足趨者。古讀來如釐。來釐徭音同。來紐也。趨特為路。形後增足。乃成趨字。又趨特為奋冬之名。于是其義除。其形亦不明矣。乃借來麥之來以為來往之來。而來之本義亦幾晦。麥則來之特注字。從來久聲。麥音以紐。古讀歸泥。徙泥同為舌尖音。次濁音也。此從辵來聲。為來往之來本字。而每之特注字。徙者作器者之名也。殷史記殷本紀言殷之後有來氏。或徙為其姓歟。

徙觶 舊作追弦解。見同上。

倫按舊釋是弦形二。立矩形二。倫謂十卽說文之行。實為行之異文。行金文率作䣀。甲文作𠁥。象直衢之形。此於十旁著步。與步字同形。而不得讀為步。蓋步為陟之異文。猶夅為降之異文。初止象形。後以易與他形相混。乃各譜聲字以明降陟之義。行為通衢。乃足所蹈。平道無須登陟。故知非步字。而實表左足之行右足從之。則此實說文之辵字。辵為行走之走本字。而走之初文作𠂭。乃象舞走之形。所謂趨也。故其特注字作趨。而奔字形似從之也。詳疏證。知非說文之從字者。從從辵止聲也。器文作此。未詳其義。或亦作器者。兼治道者歟。故以此為圖語。或其名也。

父戊爵 見同上。

倫按皇舊無釋。倫以此說文之皇字也。◇為日之異文。王從火從古文上作二者得聲。而金甲文火字無定形。金文王字或作玉。此從土猶從土也。皇蓋作器者之姓。●梁有[redacted]皇佩。蓋其後也。

唐子祖乙爵 見同上。

倫按唐從庚得聲。此蓋借唐為庚。庚子且丁皆人名。器蓋共有者也。或謂子姓而唐其名。[redacted]如子壬爵之工乙酉例也。倫謂工是壬字。則當讀壬子乙酉。轉是證此為庚子且乙矣。

父口爵 舊作立戈父口爵。見同上。

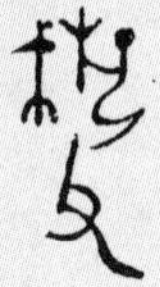

倫按舊釋𣎆為子。非也。此從人持屮。屮蓋木之省。𣎆即[redacted]埶字所從之梖。實即埶之異文。蓋作器者以埶植為業也。或其氏族與。

父癸尊 見同上。

倫按舊釋亞形中子。非。大是大字。金器此文屢見。古有大姓大庭氏之後。見風俗通。然則此為大家。猶今言某宅也。

父丁卣 舊作舟方卣。見同上。

偏按舊釋舟方。偏謂丁與封敦之方。似是一字。彼文曰丁方。甲文亦作下。則此亦方字也。方為黃之初文。從初文地字。下象艸根。故形不一定。而金甲文方字多異形也。甲文有作亐者。金文陳肪敦作[illegible]。形製與旁字相似。此舊釋所以誤認為方也。文云舟方。未詳。偏疑[illegible]當讀為服。服為舟之兩服。未造服字時。蓋即以舟之圖畫明之。故此作[illegible]。世本言王亥作服。呂氏春秋言王冰作服牛。冰為亥譌。王亥為殷之先王。蓋發明舟車之用服者。或謂服牛謂車。不兼舟也。偏謂殷居河北。或亥兼作舟服。世本但據牛言耳。此言服亥。蓋其子姓以為氏族之稱與。又疑[illegible]是盤之初文。盤亥猶盤庚。此器蓋二人共有者也。

父辛盉殘蓋　見同上。

偏按舊釋[illegible]。據說文孳之籀文作[illegible]。因以為孳字。（貞松堂集古遺文十有[illegible]卜父甲[illegible]。羅振玉據甲文[illegible]作[illegible]。亦釋為孳。）孳為子之繁法字。簋此作[illegible]與子同。[illegible]亦猶[illegible]耶。然偏疑[illegible]為[illegible]之異文。即說文之覍字。此乃由象形之覍變為篆文所致。舊釋覍昇卣有[illegible]字。孫詒讓謂疑是[illegible]之變體。則其非孳字明矣。[illegible]蓋造覍者之家也。父辛則某是者。因以書於器。

陳戈　見同上。

范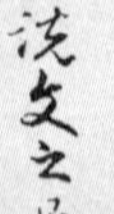

𨩷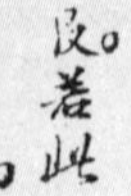

倫按舊釋節錢陳鑄。吳式芬引許瀚說。范疑範字。省竹。宗周鐘服字作[illegible]可證。孫詒讓釋𨩷為錢。釋[illegible]為𥧑。倫謂宗周鐘服字自即說文之𠬝。若此則當讀為範。範為簡冊之式樣。玉篇。範，法式也。古語物型。其音如範。故簡冊之法式為範。模範語原音。故室字之法式為模。說文模，法也。範音奉紐。實亞同為次濁摩擦音。故鑄器之法式曰型。[redacted]法範同為脣齒摩擦音。故行為之法式曰法。此言範錢。猶陳金戈之陳金造鉞。其為範錢無疑。字從卩。範有髴。其實此為六國時物。六國時文字詭異。此本用範字。從手造戈。乃易水為卩耳。卩又似一字。許瀚說。為手之異文。鉞為戈之後起字。負說

曾集古遺文有[illegible]范東鍇與此同。

嫩鐸　舊作折子孫鐸。見攈古錄金文一之三。

倫按舊釋嫩為母鍚二字。孫詒讓曰。從口似唯字。論語唯從隹得聲。說文有雄字。訓雄姿一曰醜也。醜也乃傾字義。雄姿亦非許慎本訓。許瀚說。疑此即說文之雄字。彼借字省口旁耳。雄為製器者之名。

父癸鼎　舊作冊冊父癸鼎。見同上。

偏按舊於S無釋。偏以銘有二冊推之。疑是說文之ʃ乚二字。ʃ乚本是一字。為鉤之初文。若然。則冊非書冊。乃柵也。柵須S以便括閉。故從括S。（大戴二冊其文癸之旋縱。S其所采也。）或謂S為8之異文。8以編書。故編字從糸。亦可通。然金甲文糸字皆無只作者也。

父辛鼎　舊作子冊父辛鼎。見同上。

偏按舊於宍字無釋。孫詒讓曰。商龜文克作宍。與此相似。偏謂孫說是也。此本作宍。今上革斷而不連於口者。金文中如克鐘克鼎皆作[redacted]屵。而周公敦則作岃。祈伯敦則作宍。與此同。甲文亦有作宍宍（岃）者。說文。克肩也。俞先生樾據說文篆體謂從高省從尸。於高省據臺之據本字。廣之初文。不然與尸會意。偏以為從人古聲。故音入侯組。金甲文皆從ㄩ或ㄩ。諸古字也。甲文或作岃者。口聲。古亦從口得聲也。詳綜證克蓋肩之同音根。破聚音轉注字。戡勝為克者。以音同漢紐借為戡。爾雅釋詁。堪勝也。釋文。堪字亦作戡。書西伯戡黎。詩勝黎也。或即借為勝。勝音審紐。古讀[redacted]歸透。透溪同為（次）清破聚音也。器文子書為作冊。柲之揉冊表其業。克義未詳。或曰。金器多於文外著冊字。明有勳書於冊也。此當讀克子。言父辛伐子牲之國賸之。書程冊。作功而作器也。

旁鼎　見同上。

旁肇作尊諆

倫按舊釋旁肇作尊諆。吳式芬引徐籀莊說旁名。肇始。周禮大宗伯。四命受器。注。始得有祭器

諆讀為惎。惎通謀。謀又通巳。巳象人跪。與他器象形子孫字同。孫詒讓曰。肇當為啟之省。諆當是器名。徐說非是。倫謂孫說是也。甲文亦有𢼄字。從又從戶。此則從支從戶。說文從文之敄。甲文皆從又作。讀說文敷覈數敕字皆當從又。則古之作書者亦每有譌別。𢼄亦以從又為長。[redacted]說文無𢼄而有启。為從戶口聲之形聲字。𢼄之特注字也。旁從𠕁日聲。凡即說文之凡。為帆之本字。亦即今語帆曰風篷之篷本字。旁為央之異文。甲文作𢼄或作𠆢。此冂即說文之冂字。其古文作坰。從冂與此同。丂則方之變也。旁疑即左傳凡蔣邢茅胙祭周公之胤也之凡。後世以國為氏。旁其名也。諆從言其聲。本非器名。然部伯𣪕歆部白𨕘𠂤寶蓋𣪕。吳式芬釋𪔂為簋。倫謂此字作䵼。寶說文之𩔁。頪諆同從其得聲。而器皆借為𩔁。猶借彝為器。然本字當為皿。

父丁鼎　見同上。

倫按舊釋𡨦曰宜。孫詒讓曰：即敢家室之室字作𡪞，與此此相似。**𢇁**當為**𢇁**。倫謂**𢇁**從彳**𢇁**聲。**𢇁**為農之異文，見說文。甲文亦有之。此蓋借為農。**𡨦**茟疑為官名。宜即亞之茂文。家之次初文也。

𩰲鼎　見同上。

倫按**鬳**即說文之**鬳**。為鹹器。從鼎爲聲異文。然不必**鬳**下再著鼎字。金文每多於銘文後有鼎字或鬲字者，此蓋其類。不與**鬳**字連讀也。中白父鼎但作中白父乍**鬳**可證。然此之器舊皆題為鼎，若果是鼎，則**鬳**亦鼎類。豈即說文之**鬳**耶。才**鬳**音皆總紐也。然說文**鬳**鼎之圜掩上者。而彝為功鏤鼎彝器款識有王伯**鬳**彝。彝言蓋從冂方而有四足。則與簋類為盛器也。倫疑此**鬳**字借為**鬳**。

父丁鼎　舊作弓形父丁方鼎。見同上。

倫按舊釋弓形中**庢**形者。王國維謂弓內之文即**簟**字。**𢎘**即說文之**𢎘**字，畫弓也。福山王氏藏一鼎銘曰**[glyph]**。實與此同。亦**𢎘**字也。倫謂**𢎘**即彤弓。**𢎘**從弓得聲。弓音禪紐。古讀歸定。彤音定紐。

蓋彈為心丹青畫也。丹青者，顏色之本字。古代庸人用也，蓋皆不加丹青。故有功者，則錫彤弓彤矢。此作器者殆受彤弓之錫者也。金文或作弜，猶彤為丹之轉注字，從丹彡聲。彡音彰。個古讀歸透，透定同為舌尖前破裂音也。此作器者殆受彤丹之錫者與，或以畫弓為業者與。

父甲彝　舊作父甲車彝。見同上。

倫按舊釋為鑄作。孫詒讓謂似遷，是也。然說文無遷字。蓋從辵䙴聲。䙴告聲同幽類，則是造之轉注字也。父甲遷車，猶陳金造鐵，此亦如今市肆招牌之明證也。東字此最象形，說文𣡵字之所由論，詳後。

父乙爵　舊作子東東父乙爵。見同上。

吳式芬曰：許印林說此銘舊列五字，蓋東東兩讀也。孫說文本有𣡵字，或即作𣡵，列四字亦可。倫按𣡵字殘缺。此與舊釋子壬父辛爵之𣡵同意。亦與舊釋子東爵之𣡵同意。此從束兩手各持一橐耳。說文𣡵字從此。詳後。

父癸爵　舊作足跡父癸爵。見同上。

倫按舊釋丁為立矩形。倫謂丁即金文廷字（說文直字）所從之乚。即說文之乚字。乚訓長行。長行謂長道。今俗稱長街。長街者，其直如長。

則橫者多。元本作䢉也。有作為乚。此與舊釋是訟鼎之ㄔ[redacted]同意。

大廟爵　舊作天廟爵。見同上。

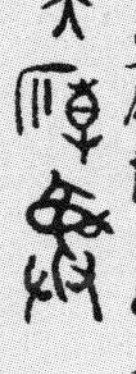

倫按舊釋京作天廟彝。[redacted]孫詒讓語太是大字。大廟即太廟也。倫昭說見。

古之太廟殆不為王室所專有之名。京亭一字。詳疏證。於疑此非人名。仍是享字。猶作亯者也。

父乙爵　舊作子父乙爵。見同上。

倫按舊釋以為兩弓相背形。甾為格上僰矢形。羅振玉謂甾是箙字。兹箙為後起字。甾即說文之𠧪字。𠧪字金甲文皆作𠙵。而甲文有𠧪。金文父辛卣作𠧪。蓋𠧪為裏盛矢之器。一矢與二矢三矢無異也。此口與〇形小異耳。今嬉劇中武士所負之矢𠧪。猶其遺形。𠧪之轉注字為蘭。蘭乃韇於東。東𠧪同為舌根音。東為鼗之初文。周[redacted]禮小師注。鞀如鼓而小。持其柄搖之。旁耳還自擊。今樂器中有之。東之轉注字為鞞。鞞字詩周頌有瞽作田。田音定紐。鞞音亦定紐。則知東音本在定紐。故以同為舌尖前音轉入來紐。而周禮之韇轉入來紐也。詳疏證。定語同為濁破裂音。故蘭亦轉注為箙。箙音奉紐。古讀歸並也。以乚為兩弓相背形。疑為亞形之鋼壞者。或其有如此之遺𠧪者之圖語也。

杭縣謂之極櫝鼓。賣飴者所用也。

父丁爵　舊作亞木父丁爵。見同上。

貞松堂集古遺文九有↑爵。其十有↑父乙爵。↑↑皆作東之初文。

倫按舊釋目為手執杖形。倫以王國維說金文之□為爰而甲文之□即說文之爰。遂知□□一字。此目即□。從爪。○聲。○為瑗之初文也。□則援之初文。此當讀木目為一字。即說文之榬。履法也。履法即製履之範型。作此器者蓋以造榬為業者與。

父丁角　舊作亞形父丁角。見同上。

倫按舊釋亞形中舉器形。而以□為舉。孫詒讓謂疑象中鑿肖可識。倫謂舊釋亞形父丁尊作□者與此一事。此蓋銘□與此亦異。綜合觀之。□乃從人直其右臂。而左則屈肘以手叉腰。象有所擊擣。□則無尾。而□之為無尾更顯。金器亞形中男亦有尾。甲文僕字從□。亦尾也。此又非他人之事。仍是屈肘以手向腰之形。故不作□也。□以父丁尊作□證之。即甲文之□。說文之古文□作□者也。然則此銘與□無以異焉。凡器作此銘者。或[redacted]作器者是奴隸。以□表其為人折衛。□表其為人執役。或為貴族所作。表其有居有家也。以舊釋亞形自作□證之。似前說長。

父乙角　見同上。

倫按舊釋□為手形。□為兩手執中形。於爻無釋。倫檢金文九字每作□。九實肘之初文。□蓋即說文之寸字。乃肘之次

初文也。乂猶手也。故說文尃爲布[redacted]手之布本字，而從寸作。從寸有持執及爲義。此似書以乂、又連讀，即作柩者也。叀與貴同。父乙當作柩而隸作中，或執中者耶。或叀其旗徽與。」

父乙尊　舊作雙冊父乙尊。見同上。

偏按舊釋子執刀形。於此與舊釋冊冊父乙觶之□字同一形，且彼銘亦有冊冊父乙也。偏謂此從大持盾。盾面向左，故止作丨耳。彼銘作目者，盾蔽於臂上也。此蓋象門士之圖語。冊冊蓋與貞松堂集古遺文二所載釋爲之冊冊同。彼從明者，明目一字，表監視此獸。冊冊所以閑獸。彼器乃豢獸者所作。此作冊冊者，蓋所以自衛者與。或其冊冊族徽也。

明獸形冊冊鼎

告田鼎　見攈古錄金文一之二。

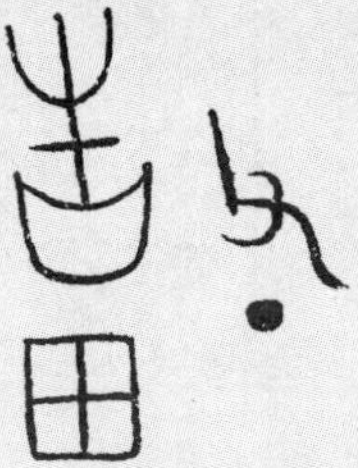

偏按舊釋告田。貞松堂集古遺文七有田告罍。偏以告讀爲造，作之造。田非井田之田。乃說文之用字也。用爲庸墉之初文。詳疏證。周從用口聲。而金文每作𠮷。此作田者政齊之耳。貞松堂集古遺文二八有父甲田卣，有田父辛鼎，續遺文中有田父甲罍，則僅以田表其所作。又其續遺文上有亞形中告鼎。又有亞形中告彝。補遺中有由亞卣。皆誤造屋也。今南方木匠造屋瓦匠造牆。此告用即造牆者也。此[illegible]類即今之招牌。按此文可證矣。貞松堂集古遺文補遺上有由父乙尊。其由蓋[illegible]告田二字合文也。

或作冂

市彝　舊作萬彝。見攈古錄金文一之一

其二有亞鼎。僅作亞字。蓋與田鼎同意。

倫按舊釋取。而舊釋魚父丁觶銘末有冂。則釋為丙。要之皆非也。金甲文中干支之丙字無作此形者。萬則蓋以說文萬亦禹字而附會之耳。金文中此文或作冂。或作[illegible]。均見攈古錄金文一之一。或作[illegible]或作冂。或作冂。或作[illegible]。均見貞松堂集古遺文。倫謂[illegible]是正體。[illegible]是說文之市字。彼形譌耳。貞松堂集古遺文九有冂爵。又有[illegible]卹爵。冂[illegible]皆市之象形者也。[illegible]則有帶。上古衣蔽前而已。莊子[illegible]衛靈公有妻三人同濫而浴。史鰌奉御而進所搏幣而扶之。所搏幣為取轉市之誤。詳拙著莊子義證。是市以蔽前之證也。此製猶存。倫家於會稽。族中男婦長幼皆於衣外着[illegible]。特今為避穢之用。亦日不能者。余族伯叔父事先世皆不衣袍。慶弔酬酢則於短襖外加新[illegible]。蓋亦蔽前之遺俗也。[illegible]之形變為[illegible]。再變則為冂冂冂冂矣。作此器者殆以製市為業。此其圖語也。

鏡觶　舊作庚觶。見同上。

□

倫按舊釋為庚。金甲文中干支庚字無作是形也。貞松堂集古遺文續（舊釋庚中父丁角蓋內有□。）上有父戊爵。其柱作[redacted]□。□實與此文同物。倫謹以[redacted]（而吳式芬據攈古錄釋為庚丙）舊釋為庚卣之□□□。及舊釋婦女解之□□□。其□又即□也。以卣與解銘中皆有婦□□□□字。而解中之□與歸父盤之□同。是沐□[redacted]之初文。故知此為鏡之初文。古席而坐。□□□□ 鏡皆有臺。世傳頤愷之女史箴圖。縣鏡於臺。而臺頗與此形似。今見古鏡背有紐穿帶。此□為臺。〇為鏡。〈其帶也。然則此為□鏡者之圖語。卣銘之□是書之初文。即說文之聿字。屮是止字。乚乙為行字。則□是䢜字也。解中□字為□之初文。蓋侍沐者也。唯未見其書二冊者。豈命婦與。或其族徽也。

父丁卣。□ 見[redacted]。攈古錄金文一之三。

倫按舊釋□為子立形。於□無釋。倫謂□即說文之立。位之初文也。□字金文屢見。舊釋冊父甲觚作□子立敢。有□。與此同文而□作□。金文朕字多作□毛公鼎、□善夫克鼎、□□鼎、□秦公敦、□盂鼎、□仲辛父敦、而魯伯鬲作□。邿遣鼎作□。□辟侯盤作□。其從□即此字。此所從之丨。以秦公敦作□。□侯敦作□。所從之十證之。

即說文之十字。尋說文朕送皆從灷得聲。而金甲文朕字率不從灷。其灷蓋從廾丨聲。廾則從廾十聲。丨即說文所字所從得聲之字。丨蓋從十八聲。為博之特法字。與十之特法字也。八為臂之初文。而俗呼臂為胳膊。此博丨為特法字之證。十為阡陌之陌初文。而甲從十得聲。音入見紐。封兒同為清破裂音。八博音同封紐。此十之特法字得為博丨也。史記魯世家朕誓。尚書作費誓。說文棐下引作棐誓。𣏟從八得聲之證也。八讀唇齒音入非紐。非心同為次清摩擦音。唇齒與舌尖前又最近。故送得從灷為聲。又十音禪紐。古讀禪歸定。而定之一部分轉入喻四。喻四■亦次清摩擦音也。朕從丨得聲而音入曉紐。曉亦次清摩擦音也。以此相明。此八段即朕字所從之灷。特其義今不可證耳。丨盖灷未詳何義。說文滕字從朕得聲。此或為滕之省文。豈此器為為滕者所作。或立滕乃父丁之滕邪。

且己𣪕　舊作祖己敦。見同上。

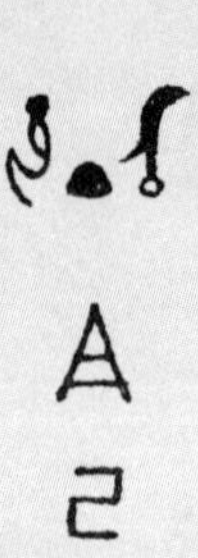

偏按舊▲為孫。●為丁。皆非是。▲為說文戊己之己異文。■𢎘之初文也。今日本舊俗席地而坐猶如此。說文己部所屬有㠱𢀶兩字。皆從𢎘得義可證也。形譌為久。復譌為己。詳疏證。借為干支字。此蓋石工之圖語。●為石之初文。後以變為篆文作口。形㧗於口。乃增厂耳。

靁甗　見同上。

具。武芬曰。徐籀莊以為古䨓字。許印林語徐據書仲
䨓史記作靁。偏旁舊釋靁是也。字從乁畾聲。乁即說
文之申字。金文寧鐃角作乁，王子鐘蓋作乁，而嬰敦作乁。
石鼓作乁，甲文作乁乁乁乁。皆象電形。申本電之初文
也。畾字不見說文。而從畾得聲之字即說文之厽字。畾其多一田者耳。晶為壘之初文。從田
即從用也。非井田字。壘為以土纍墉為垣壁。故從三田或四田無殊也。舊說據論衡有雷鼓之
說而以畾為聲歟。俗說不可從。[redacted]䨓雷聲類相近。故仲䨓或作仲䨓。非畾即䨓字。

子商甗　見同上。

偏旁舊釋子商。亞形中羞乙。釋𦍑為羞非也。𦍑字
見甲文。與此實同。從羊而有糸之羞。殺之異文。
羞乙作器者之名。此文上有子商。則是商器。史
記殷本紀有陽甲。羞即羞甲。[redacted]
[redacted]史記言陽甲崩而盤庚立。宗隱言契始封商。盤庚遷殷。[redacted]是陽甲以前俱商。則此或陽甲
之日弟與。鼓金器無言姬商者。此稱言子商。豈商字猶姓耶。此篆刻不似真器。可疑。
或子為其族徽。商是作器者之氏姓耶。

媐妊壺　舊作嬗妊壺。見同上。

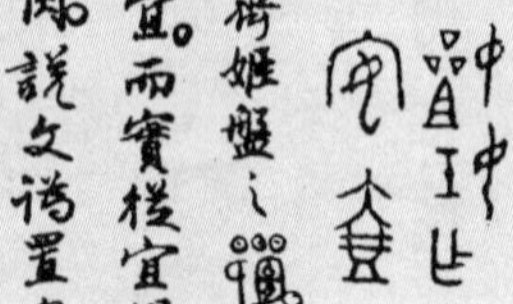

吳式芬阮誤安通盦。葉女盦古音遠。不得通。疑宴之借字。倫按
嬻字不見說文。集韻。嬻同婗。嬻從女疊聲。蘇甫人匜之嬻訓心源
釋婗。齊姬盤之𤕌。高田忠周釋婗。諸據集韻也。此舊釋嬻。而諸器字皆從疊者。說文疊從
晶從宜。而實從宜得聲。宜則從且得聲。且[redacted]俎一字。金文之圖。其夕即說文之肉。圖從且
而有肉。說文謂置肉於且外。又謂肉之作夕或作夕者為仌。與昔上之仌同形。其實乾肉
之昔乃腊字。而昔乃從日仌聲。為晞之轉注字。仌則仌之異文也。俎為廚之初文。語詳疏
證。借為俎豆字耳。以是從宜者或得從且。抑或疊本作圖。仍字誤為疊耳。安盦音同
影紐。自可通假。白壺。白作姬盦彝。盦為盦有。盦為盌之轉注字。盌者溫食之器。

喬瞿 舊作庚瞿。見同上。

倫按。舊釋吳為廣庚字。然實說文之衲字。或為廣有。廣蓋作器
者之氏姓也。為鬥器。此蓋葉造門器者之圖語。後作盖
所治者非一。從又表其作也。

大保彝　見同上。

吳式芬曰。許印林說第一字阮釋予。薛書伯姬鼎其釋恭。阮書寰盤其釋共。共亦恭也。於皆非是。薛書乙酉父乙彝𢓊字釋遘。與此特筆並小異。書即一字。偏旁許說是也。遘從走冓聲。說文從走之字亦或從彳。如後古文作遘。遘或從彳作䢔。是其證也。金甲文此例猶多。冓為房屋間架之架本字。其初文蓋本作。變為篆文作冓。不能象形矣。此文作。於他器文作冓者[redacted]猶未失故形。蓋分之為二。即室之兩架也。冓旁之㣺。若[redacted]為固有。則是從酉耳。

父辛彝　舊作珙父辛彝。見同上。

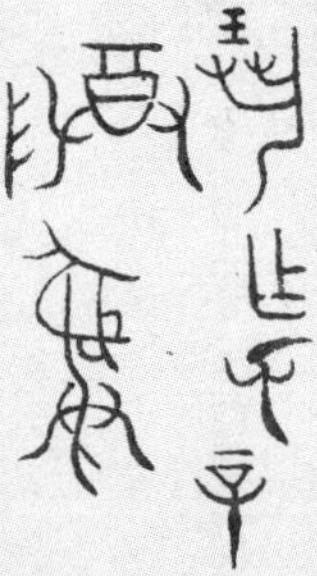

吳式芬曰。許印林說首字作㺬。從王從丮乃珙。見集韻。又作珙。見說文。珙又通玒。亦見集韻。左傳老子拱璧通作拱。詩商頌大共小共。又通作共。於此知集韻大有根據。孫詒讓曰。疑㺬之省。偏旁此說文之巩字也。金甲文玉字多作工。蓋玉即今言一套之套本字。知者。玉有體質。本可象形。於圜盈之。天然之玉與石不殊。則疑於石也。古以玉為貨。故貨字或從王作筭。古之玉貨即璧也。璧即今言貨幣之幣本字。其初文為◎。或作〇。
辟從〇辟聲。為璧之初文。以系貫三◎為一玉。淮南原道訓玄玉百[redacted]工。工亦玉字。上
玉字借為金玉之玉。下玉字即今所謂套也。玉之或文為珏。說文珏之重文作瑴。今之套
字乃瑴之借也。左莊十八年賜玉五瑴。僖三十三年傳。納玉於王與晉侯皆十瑴。穆天子
傳。執玉萬瑴。皆謂一璧以上也。爾雅。至十謂之區。區即玉之借字。亦瑴之借字。說文嗀讀
若魯公子彄。而瑴則讀若學。其例證也。一玉之玉既止於十。則或二或三皆非所異。故金
甲文或作工。或作王也。此從丮從玉。為奉之初文。弄之異文。奉字所從之𡗗亦即弄字。甲
文王或作丰。說文豐字所從之丰即玨字也。此玨蓋為人名。

父乙卯彝　見同上。

倫按舊於𠓗無釋。或釋為女是也。文為
肅肄之簉。圍不限於作父也。此蓋肅
肄者之圍語。婦媒者蓋父乙卯之婦。媒其姓也。肅肄為婦工。自古已然與。文字異同此。

戩爵　見同上。

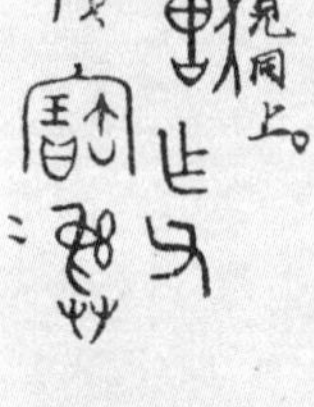

倫按說文。戩。字備者。然非本訓。羅振玉以為獸狩一字。從戩者。以犬助田獵。古有田獵戰陳。故
狩。故[redacted]從犬。禽與獸初誼皆訓田獵。倫謂羅以為獸狩一字

是也。訓從獸有所也。金文先獸鼎作戰，員鼎作戰，甲文作[?]、[?]，皆從犬單，單聲也。唯此與說文合。於單、畢皆車之異文，車古讀如禽，禽之音審紐，故獸音亦審紐。而狩注字作狩，音亦審三。狩為田犬，今說文狩下曰犬田者，犬田之謂田犬，即獵犬。殷獵以犬，故狩之引申為田獵。以犬獲四足之動物，故因謂四足曰獸。禽本擒之初文，以畢禽二足之動物，因謂二足曰禽。其實皆非本義也。此獸為作器者之名。

𦱤侯敦　舊作莘侯敦，見同上。

倫按舊釋𦱤為莘，是也。此從茻者，艸、茻一字也。𦱤字見說文，為登之重文。王国維謂從𣥠，𢍏省聲。倫謂從𣥠，𢍏聲。𢍏字說文不錄，甲文有[?]、[?]、[?]，即其字。蓋從𠬞，豆聲。倫疑為說文𢍏之轉注字，今杭縣謂取水曰兜水，此𢍏謂之快水。音在𡆧槐間。倫謂兜當作𢍏，快當作𢍏。此銘中蓋借為𦱤之𦱤。蓋從米𢍏聲。說文所無。甲文有𦱤，即其字也。𦱤為烝嘗之烝本字。或作𥛱，亦見甲文。此言𦱤敦，蓋借祭器。或曰，𦱤讀為烝，煤之烝。

祖辛爵　見同上。

倫按舊釋㠯丞為𥁕。孫詒讓謂當作𥁕，據說文也。說文𡔜部：𥁕，引擊也。從𡔜。又見血也。倫謂說文此字蓋出於所據，篆文從血，故有又見血之說。於玉篇作𥁕，從皿。史頌敦作𥁕，從皿，一作𥁕。

似從血。於實即文耳。石鼓文亦從血。偏旁從敫四聲也。說文盭字從盩得聲。讀若戾。爾雅釋詁。戾，至也。史頌敦。盭于成周。即戾于成周。古讀也。然則盩音即如戾。戾音來紐，古讀歸泥。四音微紐。微泥同為鼻音次濁音也。說文引擊也。書作引也。擊也。引也。乃擂字義。擂從留得聲。留音亦來紐也。擊也。肅由盭為數之借字也。數字說文所無。甲文作𢼄。玄應一切經音義引古文寢義。據數同他達反。小筆也。數為盭之初文。蓋從支幸聲。幸說文讀若籋。籋之音泥紐也。此人名。

白𤇾尊　舊作伯旗尊。見同上。

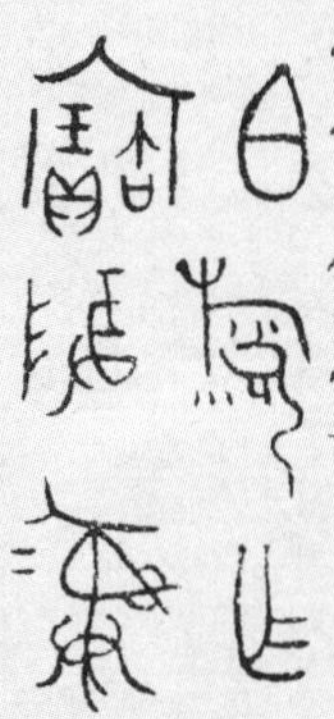

偏旁舊釋伯旗。吳式芬引許瀚說，說文㫃部旗從三大而非三火。其字从火，當釋旗字耳。火部字从火者惟爕與𤇾。諸器有旗而爕訓旌旗，旗訓旌旗飛揚貌。此文華勢。極似飄搖飛揚之狀。武穎旗古文多此。而小篆變之。來母字也。二字音庶一在此矣。纂二字釋之旗字為非。偏旁此從火之爇字也。亦即燎之初文。爇、燎古讀同在泥紐。爇為𤇾。謂此器蓋文作𤇾也。從丮從木從火。丮木在火上。所以為燎也。音𤇾則如若芳切。說文木部樷從此，而諸家不悟。徐鍇為說，以說文無爇字也。論語有公伯寮。

孫詒讓曰：孟鼎第二器有此字，似从舟古文。偏旁孟鼎作𦨶，與此異。

盄卣　見同上。

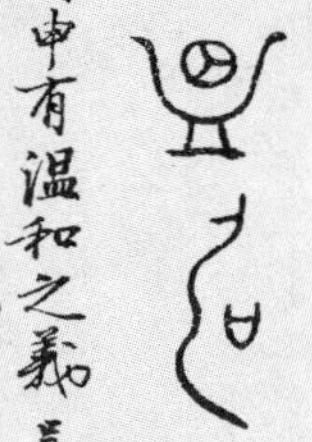

甚鐈

隩彝

孫詒讓曰。筠清館款識盈長。

偏按舊釋盈為盈是也。說文作𥁕。讀若囚為囚。囚有食內之說。其實盈是溫物之器。溫冷物使之不致熱可易入口。故引申有溫和之義。吳榮光釋此為盈。偏謂囚聲也。囚音見紐。故盈音入影紐。同為清破裂音也。剌鬷日辛鼎。剌鬷乍寶隩其用盈鬻鼎。盈与此同。文癸鼎皿字。父乙觶皿字。祖己卣田字。皆盈字也。彼皆從𠄣得聲。𠄣字見說文。實與囚一字。鼎觶皆止皿一字。皿下即人名。疑皿其氏姓。蓋以事為氏。其先業此者也。祖己卣有父辛二名。蓋二人共有之器。或謂田是楹之初文。亦可通。

弘字舊釋為弘。孫詒讓謂弘不從口可疑。疑弨之省。偏謂此彊字亦疆字也。金文實卄見鼎𤰕字即疆。說文疆之古文。𤰕字從之得聲者也。甲文作𤰕。金文番君鬲之𤰕是龔父簋之𤰕皆疆字也。疆音溪紐。疆為𤰕之後起字。從土疆聲。疆音則在群紐。群溪同為濁破音。蓋音轉耳。金文疆字𠂤[redacted]從弓不嬰敦、散盤、辛鼎、師寰簋、封仲敦之、陳公子甗之、齊侯敦之、宗周鐘之、曾伯簠之、邾公華鐘之、林華鼎之、陽𣎆簋、[redacted]之頌敦蓋有似於弓。而實為水之異文。番君鬲夏龔父簋之𤰕。即說文之𤰕字。緣田以水道為界。故從水也。以番君鬲之𤰕證知田亦可作口。而𤰕字所從之日非口舌字。口之變形耳。此從弓與辛鼎師寰簋小異。從日則僅以一田表之。盈盤作器者之名。古有溫國。其以國為氏與。

御卣　見同上。

御此之[?]隤彝　倫按舊釋乃考非也。又[?]即說文之氏老。氏之後起字作𠂹。讀若厥。故詩書之厥字。金文率作乁也。說文謂老從人毛匕。以金甲文證之。不然。且金甲文亦多異形。林義光據金文老字偏傍或作[?]或作[?]。以證不從人毛。商承祚據甲文作[?][?][?][?]。謂象老者倚杖之形。倫檢金文[redacted]齊鎛作[?]。弁林盤作[?]。歸父盤作[?]。伯康父簋魯遼父𣪘齊侯盂等器壽字所從之老。[?]作[?]或作[?]。毛公鼎[?]鼎不嬰𣪘號𣪘所從之老作[?]。倫謂老本從人持杖。初文作[?]。甲文[?][?]所從之[?][?]最為象形。後誤為聲作[?]。猶佳字也。老音來紐古讀歸泥。老音明紐。明泥同為鼻音次濁音。毛聲宵類。古讀宵歸幽。故老聲入幽類也。或從[?][?]聲猶佳為[?]。[?]聲亦幽類也。[redacted]故金文壽字或從之。此與甲文[?]同。說文老訓考也。金文老考互用。然此銘字以老而非考也。御尊又[?][?]此。

白[?]卣蓋　舊作伯矩卣蓋。見同上。

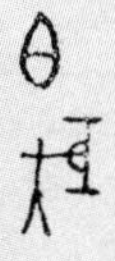

乙寶隤彝。　倫按舊釋伯矩。尋說文白訓西方色。然非本義。亦或非本訓也。張文虎謂白光也。朱駿聲亦然。倫謂白日一字。故說文白部皎皢皦皠諸文諸為日部昭暤諸文之轉注字。皞又為皋之後起字也。日字甲文多作⊖⊖⊖⊖。日[?]本圓。盡子所知。而作⊖⊖者。

明其光芒然也。故金器文或作□□□。今日白音異，故說文以實訓日。實從貫得聲，貫為毌之後起字，毌音今在見紐。錢大昕謂古讀如滿，滿之音明紐，日音日紐，古讀歸泥，明泥同為鼻音次濁音。白滿則同為舌脣音也。是於形於音於義皆可證其為一字也。此文作□，金文[redacted]多如是作，而甲文則作□□二形。說文白之古文作□。此三形與今杭縣[redacted]所謂絲縣一斤為一裏者相似。尋說文以繒訓帛，而偏旁帛從巾白聲。為布之特造字。帛錦字從帛。孟子：七十者可以衣帛矣。似指今所謂絲縣者也。余疑衣帛之帛字當為□□□諸形，但音同白。[redacted]而形亦易混，故其字從廢。而假帛字為之矣。金甲文中則借此為伯仲之伯。伯實今呼父曰爸之爸本字。亦父之本字也。父從又丨聲。為擣之特造字。而爸則借父為之。其所生之偁，係所造字也。古以老者為父，或為伯，因以伯為長幼之偁。其叔為詞兒叔則小之偁字。小音心紐，叔音審紐，同為次清摩擦音。叔父猶[redacted]小父，猶小兒矣。矩字說文作榘。而金文多作矩或作矩。蓋矩為巨之異文，巨亦工之異文。工音見紐，巨音群紐，古讀歸見也。工為木工所用以（附）柝木板之具，今名鋸子者也。[redacted]故說文作榘。榘當作榘。矢乃夫之譌。此作矩[redacted]者，大夫一字。巨旁增大者，蓋本於圖譜，猶造弓者作弓造矢者作矢耳。

而古所謂玉帛，亦即絲布。

壺爵　舊作子持壺爵。見同上。

倫按舊釋子持壺形。尋說文壺字作𡔷。實由𡔷（廣用鑄壺、壺而譌）。古金器有𡔷。見銅器菁華，即壺也。而說文壺部乃有壺壹二字。壹下曰：从壺吉聲。而壺下曰：从大。从凶。壺爲器名，安得从凶。凶音曉紐，壺音匣紐，同爲舌根摩擦音。以形聲法則是从凶得聲，爲壺之轉注字也。於壺字自說文引易天地壹壺外，不見於他經傳。而古今亦無呼壺爲凶音之證。盛季壺壺字作𡔷。子姞壺則作𡔷。或由此而譌。今觀此文，其舊釋不誤。亦壺字之形從來與。此蓋作壺者之圖語，於以金文壺字及古壺觀之。壺可持，不可提。此形則垂手而提𠔉。又可疑也。𠔉或爲榼之象形文與。

父丁鼎　舊作子父丁鼎。見同上。

倫按舊釋於𠃌無說，釋𠔿爲行中之跡。大爲子。孫詒讓謂𠃌似匚反文。倫謂孫說可從。說文作匚，受物之器也。讀若方。實匡之初文，筐之最初文。然形當作匚。此作𠃌。說文匱字從匚，則是今之櫃字。此蓋父丁之氏族。其先以作器爲業。孟子有匡章，漢有匡衡。蓋其後也。𠔿中之鳥，未人自道中來。大者，自內向外逆之者也。父丁職[redacted]掌語，故銘於器。舊釋冊冊父乙鼎之大疑亦於。

晉姬鬲　見同上。

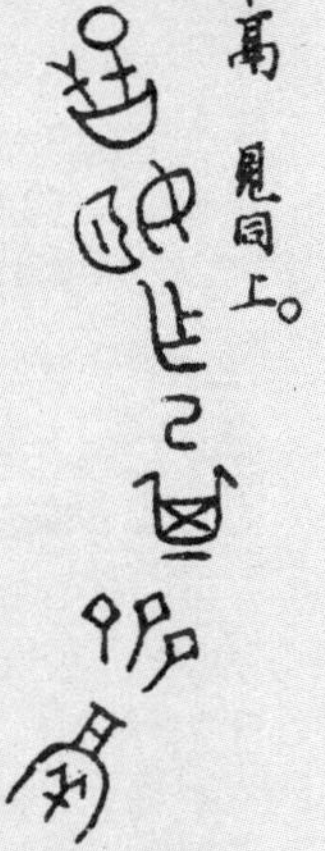

倫按舊釋晉姬作𪇰齋鬲。吴式芬引許瀚說。𪇰即杞字。說文𪇰讀若杞。類篇𪇰古國名。衛宏說。與杞同。蓋出衛宏古文官書。辨款識有杞公匜。銘文作𪇰。薛云。按𪇰者古國名。衛宏云。與杞同。疑宋時官書猶有傳本。官下原挩書字。故人知其義。董逌古圖尹卣𪇰字。釋為祀。楊銅墉廣鍾鼎篆韻入祀字下。又引衛宏說。𪇰與祀同。則據官書誤本。而又不辨巳已之不同也。考晉悼公夫人杞國女。晉姬疑悼夫人女。為其外家女兄弟作器。詩云。誰其尸之。有齊季女。齊鬲。女所用也。說文。齋。戒潔也。從示齊省聲。齋之為言齊也。齊不齊以致齊者也。是齋即齋字。或曰。齋和之義。說文。鼐。和五味之寶器也。鬲鼎屬。故取于齋。亦通。倫謂𪇰字即說文之籀文𩰫。彼作𩰫。說解曰。一曰。𩰫即斎字。𩰫。斎字蓋衛恒或郭顯卿所作書。古文官書亦作古文斎字。晉衛恒所作。隋書經籍志誤以郭顯卿衛宏作。孫詒讓以說文重文多為呂忱所加。一曰之說或忱本官書耳。𪇰字見獻𪇰妊𣪘作𪇰。而商父夫鼎以𪇰。亦𪇰字。此從卜為說文之干字。實大之異文。而順爭之爭本字也。以𪇰𪇰二字證之。疑或作𪇰。傳寫乃譌為大。金文图多譌𪇰也。唯金文皆從口而說文則從○。蓋由𪇰而譌。𪇰實

耳。說文卜部有𠧩（形誤）卟貞𠧩古卟占字。其實皆卜之假借字。詳綜證。占卟又一字也。甲文有

[illegible]諸文。郭沫若釋乩。又有[illegible]諸文。郭亦釋乩。此類字或從卜，或從占，而

[illegible]不知定為何字。或以為象龜版，則田本是象龜版上有兆，為貞卜之最初文，象形，變為

為占。又於口中著占，則為後起字。田外之丨即乩字，形從之乚。乚為𠂇之初文。詳綜證。蓋

[illegible]（形誤）從[redacted]得聲也。後聲其類，故易以貞。非[illegible]音轉。貞音知，知則為舌面前音，故音轉為貞。

甲文卜[illegible]。卜貞每同在一詞之中。偏疑貝古音蓋如介，貝為介聲，故名曰貝。[illegible]亦介聲。卜

貝或乃言之以貝耶。其[illegible]字即從[illegible]丿聲，為[illegible]之異文。（[illegible]即說文之賑字。）[illegible]字亦見甲文，羅振玉釋珍，亦可

可從。蓋珍之異文，借作字也。借為譴詞字。後乃於貝中有其著而加卜為[illegible]。此作[illegible]，從

卜從貝從[illegible][redacted]即[illegible]之初文。實當為從卜[illegible]聲。人名疑取珍寶為義，借貞為之。旗字金文

常見，率作㫃。蓋從車旂聲。於說文旅字說解，五百人為旅，此許慎本訓亦或非本義。蓋字從㫃

从𠂤。从即說文从之重文作㫃从者也，為侶侶之侶初文。則旅之義當屬於旗，而古書自

舉旅義外，無可證其為旗義者。偏疑說文之旅及甲文作㫃者均㫃車之省。旅車則古出行

之用。語車上載旗而乘者非一人，所謂行旅者也。以行旅而作器謂之旅。[illegible]自是虜之異

文。𠂤甫乃由古貝字象形，而鼎之異文類之。故金文鼎字每有从貝[redacted]之象形文者，此又其證

褱之甚者。以說文之籀文以鼎為貞之說證之。則此上作卣者。正貞之異文也。其下作㫃又
與貝之篆形文作貝者相類。其實此書釋為鼎之異文。此器蓋六國時造。

弗生甗　舊作西弗生甗。見同上。

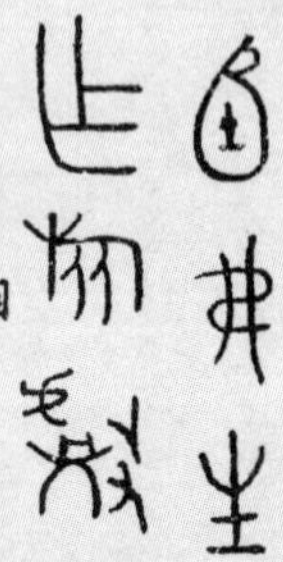

倫按舊釋⿴為西。郭釋甗。皆非也。⿴所從之𠙵與金甲（孫詒讓初釋⿴為甶之以為）
文甶字所從之𠙵同。𠙵乃⿴之初文。韜矢之器也。此中
土是土字。則此為形聲字。或從土𠙵聲。或從𠙵土
聲。古書甶缶二字通。菑菑為連語。則此蓋土𠙵聲。為塯之聲同侵類轉注字。說文無塯而
閫之重文作𨵦。蓋從門塯聲。是古有塯字也。然毛公鼎。易女鬯卣一⿴。龍伯鐘。口御于天
子[redacted]⿴。⿴即說文之卣。說文誤為從⿴。其⿴與此所異者極微。而⿴從之得聲。金文以借
為卣。而聲出類。甶聲侵類。幽侵對轉。則⿴⿴實一字。聲即轉變耳。篆形當以此為正。疑此
與甶皆王父敢為一族。則此實獻字而借為[redacted]。虘即甗之初文也。

甹盉　舊作冊考盉。見同上。

倫按舊釋甹為考。孫詒讓釋甹。是也。甹即說文之甹字。從丂
由聲。由字說文所無。實即其十二篇東楚名缶曰甶之甶字。金

甲文𠙹。如曾𠙹。散盤王位。毛公鼎。曾侯位。皆作𠙹。從二由。籀文也。此作由。似於中亦似用。

玉篇由字亦似用。皆符字之異。粵即晉人謂甯鑿之鑿。說文粵讀若鑿可證也。今從[redacted]

吳語語曰那粵。即晉語之甯鑿。本字皆當作粵也。

𢿢王盉　舊作𢿢王盉。見同上。

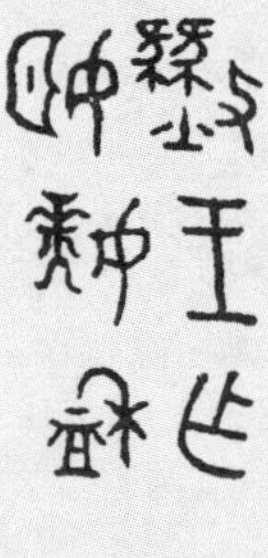

倫按舊釋𢿢為𢿢。孫詒讓謂當作𢿢。於二字皆說文所無。

說文有𢇁字。音伯貧切。又呼關切。𢿢字從此。玉篇音火𢿢

切。說文有𢿢。從火𢇁聲。說文又有𢇁𢇁字。從二𢇁。即此所從之

𢇁。頌𢿢簋𢿢字從之。𢿢即此𢿢字也。廣韻之𢿢即此及頌𢿢簋所從之𢿢。特一從[redacted]一

從𢇁耳。者減鐘有𢿢字。與甲文𢿢𢿢二字蓋一字。[redacted]而者減鐘從𢇁。甲文從𢇁。𢇁即𢇁𢇁

即𢇁也。說文訓𢇁為脩豪獸。一曰。河內名豕也。[redacted]皆非許據本文。於𢇁豕實異字。𢇁為𢇁之

初文。[redacted]說文𢇁之古文作𢇁。雖非初文。尚存脩豪之意。甲文有𢇁。蓋其初文。𢇁即今所

謂豪豬。一名箭豬。其形與豕似。而豕音審紐。𢇁說文謂讀若弟。弟音定紐。𢇁𢇁一字。而𢇁音

入喻四。喻四與審同為次清摩擦音。蓋語原同也。形音相似。故金甲文每互書之。者野大之

𢿢。從𢇁從𢇁亦皆無據。唯此自當如孫說當作𢿢。依篆釋也。字從文𢿢聲。疑為說文𢿢之𢿢

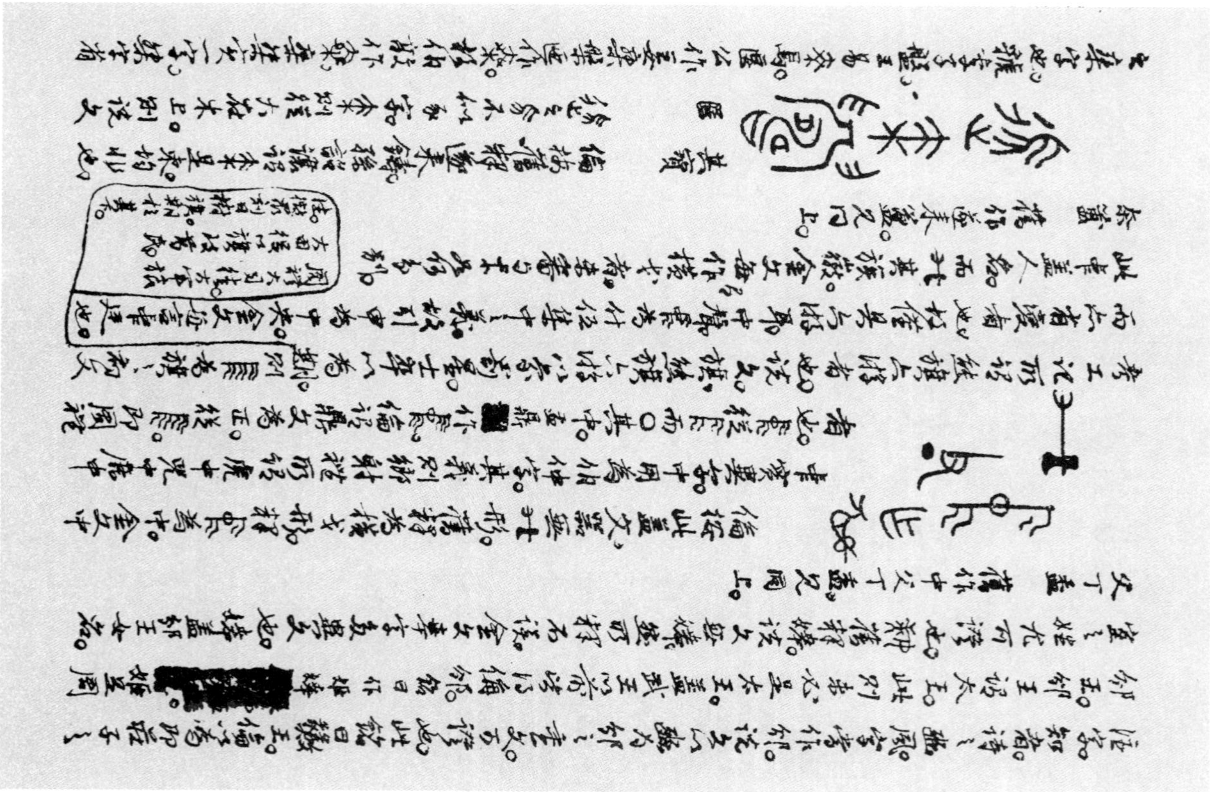

之。乃作棐耳。棐音帖之。古讀歸定。棐音韓紐。定厚同為濁破裂音。棐之籀法字作礁。碟音知紐。從石得聲。石音禪紐。同為舌面前音。而禪紐古亦歸定也。此■乃據形音二方證之者也。棐為磔人張其尸於木上。古不諱以其字為名。故此器之作者名𪓐。從䜌省聲。為鑄之異文。其實鑄乃持鬲於火上。故甲文作𡨦。其籀法字作𤉰。從火。從吹之初文作𠷎得聲。明以火燃也。鑄亦以火而不須鬲。蓋此類亦書時之從簡也。

戈觚 舊作子冊冊觚。見同上。

倫按舊釋子執戈形。又釋羽為从。倫謂乃非戈也。頭侯鼎弓字作弓。陳猷■簋■弓旁作弓。可證此亦弓也。此從大持弓。與舊釋子執弓尊亞中之形相似。鹵介中之形。實皆一事。羽為說文雝字所從得聲之而異文。旅字亦從之得聲。此讀如旅。

亞觚 舊作婦衛觚。見同上。

倫按舊釋鳭為衛。亞中之隹為鹿。孫詒讓疑釋衛為非。而未下所見。倫謂其鳭旁實鳥字。但以旁未詳耳。亞母舊釋為癸舉■之■同。此與亞尊亞卣亞中之鳭亦同。此其有耳。亞為婦鳭之族徽也。

可白檜　舊作可伯槍。見同上。

倫按舊釋可白彝器作彝。孫詒讓謂可白即河伯。是也。則有河侯彝。孫亦謂可為河。引穆天子傳有河宗氏。河伯河侯者是古之諸侯。𣝗字疑為說文之爾字。說文爾。麗爾。猶靡麗也。然非本義。亦非本訓。經傳亦無用此義者。說文𦁛在叕部。叕交五一字。皆柢之初文。詳疏證。則爾蓋叕之轉注字。叕音來紐。爾音日紐。古讀歸於泥也。字從叕尒聲。尒從八矢聲也。然倫謂爾實檷之初文。從冂尒聲。冂為檷之初文。乃象絡絲器之形。今杭縣絡絲之器以竹為四柱。以本片長四五寸寬寸者二作X形。其四角連於四柱之端。上下各一。而X中有孔。後設長柱。可以出入於孔中。手持長柱旋之。則[redacted]互轉轉以絡絲。其器形與叔姬簠𩰫字所從之𡋯之冂相似。此器俗呼謂之月子。即爾之聲轉也。今說文檷下訓絡絲柎。則似為此器之柄名。其實長柱為月子之柄。而長柱離此器則與常用干無異。俗無名之曰棍子。以月子之名目證檷即柎之名。蓋本作絡絲檷也。檷書作柅。誤為柎耳。絡以象形之文變為篆文。易混於他字。乃增尒為聲。後以爾為爾汝之偁。後加木旁矣。此作𣝗又其後也。爾無蓋河伯之名。

夜君鼎　見田吳攟古錄金六二之七

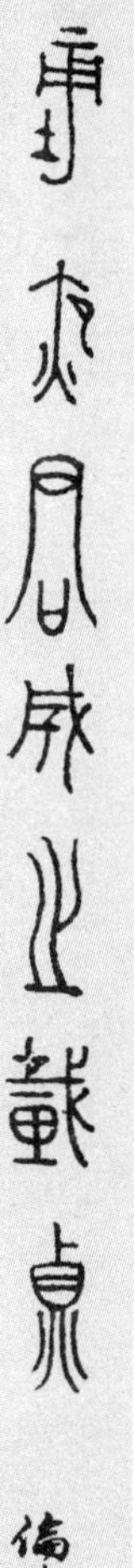

徧按舊釋墉夜君成之載鼎。徧謂載借為說文之䵼字。按金文䵼字多作𩱦。𩱦為䵼之特造字。䵼義本為設食。故所從之亯即享之初文。故載鼎亦謂亯鼎矣。

未壬鼎　舊作木鼎。見同上。

徧按舊釋木工冊作父考盂。吳大澂作木王鼎。孫詒讓謂𢦏是戊字。[illegible]似鬻異文。吳大澂釋為鼎亦不塙。徧謂未木一字。此乃未壬非木工也。未壬作器者之名。又如舊釋。則父字仍是文也。[illegible]字孫詒讓謂從䰜從火。從火猶非是。䰜之形乃說文鬻字所從之䰜。鬻象气出鬲上。鬻為亯之異文。亦羹之初文。說文鬻部所屬諸文。義皆為烹飪。而鬻之重文作餰。餰鬻之重文作餗。鬻之重文作䬣。鬻之異文[redacted]作餗。皆從食。食亦亯一字。亯即烹飪之烹初文也。說文之鬻。齋尊作[illegible]。姒婦器作[illegible]。其字從[illegible]或從[illegible]。[illegible]中之[illegible]。乃為皿下有火。知者。甲文有[illegible]諸文。羅振玉釋為[illegible]。說文則釋為𩰪。其從皿甚明。皿是盛物之器。金之[redacted]初文為鬲。從鬲。而陳猷釜字作𨥯。陳子禾子釜作𨥯。皆從缶。缶從山午聲。山皿只一字也。故從鬲之字亦可從山。[illegible]合以之一字。其夕、口皆即肉字，夕皆即匕柶之匕字。今本有及來之異文。說文：糂，以米和羹也。從記傳則注。凡羹齊宜五味之和，米屑之糝。今南北通俗，和味亦用米粉糁之，此字形從米也。從肉者，爾雅釋器：肉謂之羹。左昭廿年傳：如和羹焉，水火醯醢鹽梅，以烹魚肉，燀之以薪。然則䰞𩱦皆羹之初文。鬻中之口亦肉，夕亦匕也。然則金文未字皆如此作，然則鬻𩱦䰞亦一字也。玄應一切經音義引古今字詁：古文䰞鬻二形，今作鬻。鬻字一引作鬻，偏旁鬻乃傳寫改之。鬻所從之五，即五之譌也。知魏時猶存其説。陳公子甗：用鬻稻粱。莫大徵釋為用羹稻粱。邾夜鼎䰞字，吳釋為鬻，蓋以其形故也。然說文𩱦從川作鬻，許說誤。金文皆作從䬣。無作䰞者。知其偽字。蓋其即陳公子甗鬻中之字。乃匕或勺之象形文，以甗文證之，書為句字。故從匕又從勺為穆耳。三則勺上所治之物，或乃米之異文。然則鬻䰞亦一字，以甗文言用鬻稻粱，而邾夜鼎言：用鬻用鬻。則鬻、鬻一字。鬻從鬻，美聲。鬻從鬻，有美聲。鬻從高從米。象以物之滋氣。鼎以用䰞用鬻對文，似非一字。其實一字而用之之義異耳。古詞之例如此者，固不徵也。偏詞說文之鬻，實鬻䰞鬻之異文，而最有者。從鬲猶鬻之從高從皿矣。凡此亦皆鬲之異文。此銘未全，作父戊鬲者，語鬲器也。字從米者，未之譌變也。冊者其族徽，或其所業，或以幼受冊者也。如甲觶：木工冊此。

婦姑鼎　見同上。

倫按舊釋𪔂爲𪔂。說文無此字。玉篇。𪔂煮也。金文此字甚多。婦姑甗銘與此同。庚姬彝文作庚姬作𪔂女寶𡠙

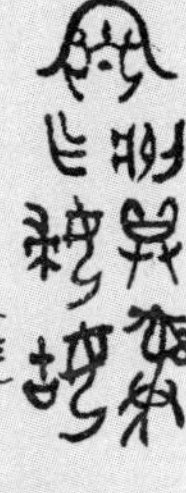

彝。北𡕥。疆白鼎作王口口（隹）疆白□日咸𪔂祖𥂝彝。一於𪔂下著女字。一著祖字。詞例甚異。彼二器中𪔂字不得釋爲煮也。或曰。金文有諸挩字。往往別補書於下。亦不必循其所當次。或曰。金文讀有異例。彼器女字當在𠤎下讀。祖字當在咸下讀。倫謂此二例者金文㝅有。然似於彼二器不合。蓋𪔂爲鬲之異文。從鼎。將聲。𪔂從肉。爿聲。蓋醬之初文。說文醬（將）亦從此得聲也。此銘及庚姬彝作𪔂。後多夕者。倫疑從𩰫而省一夕。鬲鼎固一字也。或本作𢼄鼎。與𪔂𪔂諸文同。後增爿聲爲特注字。此銘亦婦姑𪔂彝𪔂彝。猶言𪔂器也。彼二器之𪔂則讀爲饗。饗饗之饗古書多通用。將夜鼎之用𪔂用𪔂用𪔂即用饗。𠤎其作器者之族徽也。

𠂤鼎　見同上。

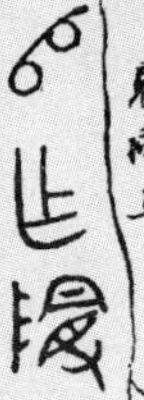中　寶𥂝彝

孫詒讓曰。舊讀爲師。倫按孫說可從。說文。師。二十五百人爲師。從帀。從𠂤。四帀衆意也。二千五百人爲師。周禮夏官序。官文。此呂忱字林文。四帀衆意。亦非許文。從帀從𠂤不能會意。說文帀周也者乃𠂤字義。帀從反之。㞢爲艸出地上。則反㞢爲帀。疑爲艸根在地下盤扎之義。今杭縣語艸根在地下堅不易拔曰扎住了。故嚴可均以爲𠂤亦聲。其實從帀𠂤聲。知者。師字金文率與說文同。惟商方鼎作𠂤帀。古

𠂤𠀠一字。則師當爲𠂤根堅植於𠂤之義。始無其證。

鉥亦從此作者，從市朝之市。兮甲盤䌛字。吳大澂釋師，於似從東。金文體多譌別，宋或
市之變體。盂鼎白懋父敦及甲文皆以𠂤為師，轉子鐘轉子盟𠂤。王國維謂盟𠂤即將師
是也。師寰敦鐘伯鼎不字。芳人■釋師，則與帀即是師為帀之轉注字。疑古音市在照紐
字從反之。音與之近。故轉書二為師。然亦疑從帀𠂤聲。𠂤𠂤一字。𠂤音奉紐，帀音禪紐，同
為次濁摩擦音。蓋帀之轉注字。帀從什之聲，而形與帀似，故譌為帀。古之■帀亦以人口所聚
多寡為準。猶今之所謂市也。故周禮只司市。二千五百人為師。蓋古設市之準。後以為軍
旅之數。隩字從𠂤是聲。說文所無。隩中疑隩是姓。左傳夫人鄭晏。

鹵公鼎　　舊作魯公鼎見同上

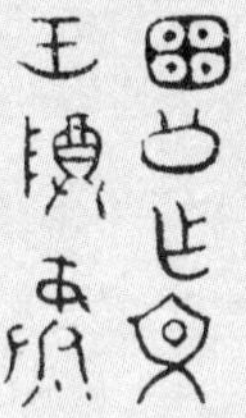

倫按舊釋鹵公作文王障彝，而題為曰魯公。孫詒讓以田為
周都。倫檢令尊彝。王令周公子明保尹三事。又曰。至于成周。
𤔲散。公中在宗周。元簋。王在周。則孫說可從。周為周之轉注
字。周聲東類，周從口得聲。詳疏證，口聲侯類，東侯對轉也。故周亦可作■。古或讀用周稱
周。惠必有也。此作田者，用為墉之初文。本象垣壁之形。作■或作■也。然卤字亦或作此
形。說文櫓楯為西重文。左隱元年傳。有文在手為魯夫人。今文未必為魯字。倫謂蓋作

朿朿或□□形耳。朿即者字所從得聲之朿。為社之初文。而者實諸之初文。魯之聲同魚類轉注字也。魯夫人之魯若是□字。則魯國之名蓋本作□。而偏旁疑姬旦所封本是□□國。或作□國。□蓋魯之轉注字。見於甲文作□□。與王在□之□（甬公甗）同。阮元孫詒讓鞮釋□為魯。其實轉注字。而非即同文也。正以□□之形近於□。故譌為周耳。傳言魯得郊祀。則自得作文王隩器也。倫又疑𡭗敢兄薑之□皆□字。蓋王在□者。明行在也。公中蓋魯同姓而有封邑者也。其言在宗□。□蓋其朝會至於□也。若進周語以太王所居周地為其采邑□故謂周公者。或後世為之詞耳。公字說文作公。引韓非說自營為厶。背厶為公。於金甲文無作公者。蓋從八從口。八為臂之初文。詳疏證口即說文六篇象回帀形之囗。六即公□私之私本字。蓋公私字皆假借。厶即私字。皆作禾旁口。可證也。口為墻垣之垣初文。音轉為營。實轉為宮。宮為呂之後起字。呂口為異文。爾雅。大山宮小山。言大山囗小山也。禮記君為廬宮之。宮之謂囗之也。論語譬諸宮墻。宮墻猶今言圍墻也。公從口得聲。鈇公敦作㕣。呂即說文㕣字所從得聲之㕣。可證也。蓋肱之次初文。若說文之公。非出侍寓之譌。則從八從厶。為厶之後起字。猶左之於𠂇矣。說文。雄。鳥父也。從隹。厷聲。而今俗語雄為公。是厷音轉為公

之證也。韓非之說雖古而不塙。猶之女為棄六載國語亦不可信也。叚中之口乃𠙵或口之

𡨌說。即說文之𡨌也。此借為文。

侚東彝　舊作絢東彝。見同上。

東作父乙隮彝。　　倫按舊釋絢東作父乙尊彝。吳式芬引許瀚說。昔字

從阜。蓋邑都即郗字也。非從糸。孫詒讓誤吳榮光釋東為甫。誤。倫謂𠮛是說文之侚從𠣬

匋簋。東是東字。侚東作器者之名也。

逆尊　舊作迋尊。見同上。

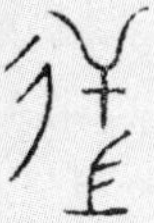乍父丁。

寶隮彝　　倫按舊釋迋。依形釋是。然即說文之逆字也。說文干部屰

羊并二字。其實干羊[redacted]并一字也。吳大澂謂干從大知象人倒

立形。倫按甲文作𢆉𢆉。是其證也。人足向下乃生之常理。今以足向上則逆矣。故辛字從

二從𢆉。而義為辠。甲文辛字亦作𢆉。從一從𢆉。一為天地之天本字。而天乃顛之初文也。初

民畏天之威。故以足向天為背辠於天。自辠降所以[redacted]皆從辛也。甲文逆字作𢆉𢆉𢆉諸形。

有從作𢆉者。則干𢆉為一字明矣。金甲文夫字作夫夫。而甲文逆字又或作𢓜者。其為從夫

甚明。則知大夫本是一字。大夫者人之異文。曾鼎、當貝𧙘五夫用百寽、言贖此五人也。古偁大夫

猶今言大人、倮字鼎而視之。則與𡗕同。所從爲鼎夫也。干羊之爲一字又明矣。夫者由大本作夭而譌變。丫又譌變爲羊爲芊。因殊爲三字矣。干芊音紐雖同見，韻之異。而皆爲舌根音。芊音今在日紐。古讀日歸泥。泥疑同爲鼻音次濁音。則又相音可明其爲一字也。於逆字當依金甲文作㞑。逆迎爲音同疑紐雙聲字。而迎之初文爲卬。說文訓爲從尸、表一人向此而來。與人[redacted]伏而迎之。實從人從㔾之初文作卪者。說文誤與包裹之包本字作〇者混而爲一、會意。㞑則以丫表來自道上者。屮以表向道上迎之者也。此本古之圖畫。說文誤爲從㐄逆聲之形聲字。由不悟逆所從㞑，亦不從鼎大之羊。其形與鼎大之羊同。而此實以丫表自外而至，其首向內非向地。並純以圖畫表之。自於見其不同耳。逆卬實一字異形。今讀與[redacted]羊音同者，由迎而轉。迎之初文爲卬。即說文訓字所從之丙。宙爲實字之實本字。實乃頌賜之頌本字。今說文宙下說解從宀丙聲者誤。許瑞說、宙爲賜之異文。增宀者猶此之增彳耳。從彳表實自外至。從宀表主迎以入室也。宙音明紐。逆音疑紐，同爲鼻音次濁音也。此銘逆字蓋作咢者之名。不然，則是常語者之族徽也。

𤇾彝　舊作[redacted]亞形五旂彝。見同上。

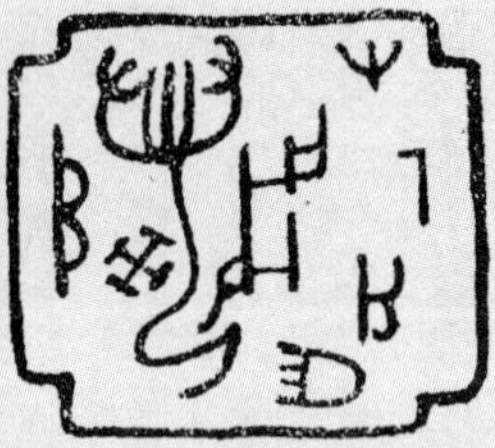

倫按舊釋亞形中子執旂形。亞跡。兩手奉舟形。若癸。車。倫謂此亞癸之家也。丵之為僕之[redacted]省者。廾即說文𠬞字。孫詒讓說是也。受為兩人共舉一盤。實乃一人以盤授一人。為授之初文。旨形金文屢見。孫詒讓謂是旂字。[illegible]按此義不可通。仍釋為人執旗形。吕孫詒讓釋台。台㠯一字。舊釋子執旂句兵。

其面作

。其背作

。實與此為一人形作。彼之𠄌即此吕也。又吕子字。則此乃上弦之弓耳。以彼器參證。知癸蓋以武功起家。而字器賜匜者也。人執旗形即說文之旗字。彼誤從矢。蓋由矢夫形匜。夫大一字。夫則大之側視形也。古蓋旗有圖騰畫於旗上。觀左傳所載者趙氏之旗以其證。國語在中軍者旗而已。左傳。樂范以其旗夾公車。古之軍隊。非若後世之徽幟。即旗中而皆士卒。故旗皆是旗之名有其形圖以為別識。金器文有但作人執[redacted]旗形者。蓋表其子旗而非臣僕於人者也。

易貝尊　舊作貝朋尊。見同上。

孫詒讓曰。舊從徐同柏釋[illegible]為朋五即風古

文。於疑是烏字。後又有貝烏易鼎。蓋作器之名。偏旁此當讀易祭貝。祀實易之變體。易象析易之形。而金文借為賜。賜從易得聲也。舊釋為錫。古書作錫者。亦借為賜。金文辛無金象者徑釋錫也。祭字以舊釋（烏旦族敦）誤之。舊釋鳳爲長。彼作□𩾏。此校者取甲文鳳字□作䳟。亦□作冎者也。於甲文鳳字又有作𩙿𩙿𩙿者。偏旁𩙿𩙿𩙿皆鳳字之鳳字。而𩙿□則從文之鳳字。從凡𩙿聲。即風師之風。作飌者也。凡為帆之初文。□借以為風雨之風耶。鳳則凡之音同。奉紐轉法字。冎或冎則𩙿之轉注字。從𩙿冂或同冂聲。冂音明紐。轉入奉紐。校今音滿旁切。知非烏字者。烏作𩾏。樣鳥女只目者。特說文之篆體。毛公鼎烏字作𩾏。寫子卣作𩾏。效卣作𩾏。諸從鳥之聲。說文篆體蓋由𩾏而變耶。此器但書族徽而無作者之名。疑諸鳳即其名是也。鳳以得賜貝而作器。故書其事。則鳳蓋扈僕與。

叔卣　舊作校卣。見同上。

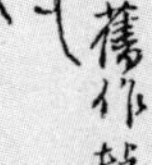

偏旁此銘為非左為父辛彝。而叔字在父辛上。不與父辛相連。叔即說文之扶字。以金文常例言之。或亦為表一事之圖語。但不詳其意義。實此為作器者之名。不言乍父辛彝者有耶。

矢白卣　舊作矢伯隻卣。見同上。

乍父癸彝。倫按此刻矢白隻彝在右，乍父癸三字在左。於古讀為矢白作父癸彝。隻蓋其族徽。隻為禽獲[redacted]之獲本字。說文。獲，獵所獲也。乃此字義。字從手持鳥會意。今說文訓鳥一枚也。而雙從隹二枚也。皆非本義。亦或非本訓也。隻雙實一字。隻蓋即從隹得聲。故隹隻音皆照紐。雙音今在審二。於雙從雙得聲。而音在心紐。漢書刑法志注引晉灼曰。雙古辣字。是古讀雙如辣。而辣從束得聲。束音在審三也。審三照三同為舌[redacted]面前音。隻音在照三也。蓋雔本為隹之茂文。故雔雠實為一字。穆天子傳。乃獻白玉口隻。郭無注。傳文曰。于是載玉萬隻。注曰。隻玉為毂。見左傳。檀傳三十年傳。時十穀。注。雙玉曰穀。是穆傳之隻即雙也。陳騂壺。子陳顯內伐匽。口口之隻。之即獲也。說文之镬，甲文作𨻻。此可為隻即獲禽之獲本字之證。古讀照歸端。端影同為清破裂音。故隻音轉為雙。蒦從隻得聲。雙音匣紐。而雙即得聲於雔。雔音今在禪紐。禪匣同為次濁摩擦音。艾音轉雙之讀亦可尋矣。

丁珉卣　見同上。

倫按此銘文作乍丁珉隕彝。此亦無作器之名而但書其族徽號亦或丁現即其名。蓋丁現自作此器耳。金文固多同此例也。
丁現者丁其次。或以丁日生而後更製名爲現與。

父戊卣　舊作虎父戊卣。兄同上。

巨父戊隩彝。　偏旁與羞文。器文獸形作 。舊釋為虎。偏旁與羞說文之、
虞。虎類。虞人官名。石鼓有虞人。書益為虞。爲駐虞掌山澤之官。孟子。
招虞人以旌。則虞人實射官。說文。羿。帝嚳射官。夏少康滅之。羿為幾之繁字。詳此證。帝嚳
射官者。蓋帝嚳時始製射官。漢中樓貫謂新書陳諫。故上古者堯。羿是。夏為羿后羿與之
為善射者。淮南子。堯時十日並出。堯使羿射九日而落之。楚詞天問。羿彈日。烏解羽。說羿
即伯益。論語注說是　史記夏本紀。禹乃遂與益后稷[redacted]奉帝命。命諸侯百姓與人徒以傅土。行
山表木。定高山大川。新書為羿稷。諸羿。則益羿是一人。知羿字當作羿。羿從古拜聲。拜音
兄紐。益音影紐。以同為清破聲音通假。故書作益。羿虞音同疑紐。又假虞為羿。書言伯
益。與后稷同類。蓋射官之長耳。非人[redacted]名也。秦本紀。以大費為伯益。猶尤可證也。大費生子
二人。一曰若木。實費氏。其孫曰費昌。或在中國。或在夷狄。而左傳。魏莊子曰。昔夏之衰。后羿
自鉏遷于窮石。說文。窮。夏后時諸侯夷羿之國。窮石杜預未詳其地。及玉篇語山海

經離騷淮南子謂弱水出於窮石，說文謂弱水自張掖刪丹西至酒泉合黎，餘波入於流沙。漢之刪丹，今甘肅山丹縣，距夏都安邑甚遠。僞謂夫婁子孫或在夷狄，與周末祀京、棄子不窋竄於戎狄者同，皆追說先世故地，以此相證，知伯益即后羿，此乃官名，而廣為羿之偽字之所見。此作器者官為廣人，而書其文於[redacted]作此器也。

讀金器刻詞卷中畢

讀金器刻詞卷下

宮白卣蓋　舊作闞伯卣蓋。見同上。　倫按舊釋門㚔為闞。說文無此字。蓋從門㚔聲。

門㚔  寶尊彝　𡪢字師害鼎作宄。義白簋作𡪢。說文宄從宀九聲。古文作𠬛。然則從宮從𠬛聲。𠬛為肘之異文。皆九之後起字。九則肘之初文也。𡪢為宮之轉注字。宮九音同見紐也。亦窮之轉注字。窮音群紐。古讀歸見。說文爾雅皆曰。宄。窮也。倫謂𡪢蓋即書之有窮后羿偁也。

甲㛄敢　舊作田強敢。見同上。　倫按舊釋寠遺作田強。孫詒讓謂㛄疑始之異文。倫謂

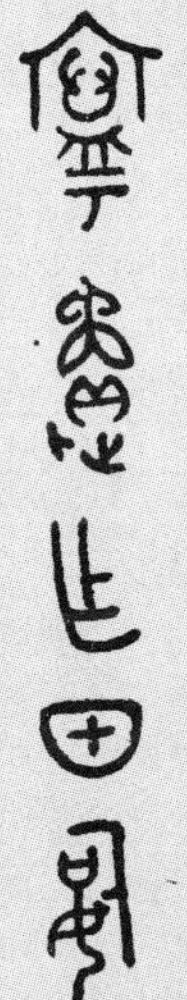

隮敢　寠乃遺字。從辵。貴聲。蓋貴之後起字。以貴為行賣者。故增辵也。說文無此字。商婦㜌商字作𧶠。故知此是遺字。田乃甲字。㛄從女。司聲。祠從司得聲。詩生民傳。以太牢祠于高禖。釋文。祠本作祀。爾雅釋天。商曰祀。而甲文偏祀亦偏司。祀從巳得聲。巳巳一字。詳疏證。始從台得聲。台從巳得聲。而始實為胎之異文。巳之後起字也。則孫說可從。㛄疑即夏姓之姒字。說文無姒字。從巳得聲。金文鄭侯敢之㚶。陳侯午敢之姒。林向父敢之姒。皆姒字也。㛄姓。甲或其次。或亦甲日生者也。

茲女盉　舊作茲女盉。見同上。　倫按舊釋畐父作茲女寶盉。阮元積古齋鐘鼎款識釋

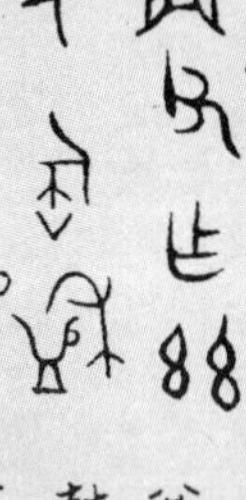

畐為畐。倫謂此從畐八聲。為畐之轉注字。畐音非紐。古讀歸封。故鄙音入封紐。八音亦封紐也。88為絲之異文。茲字從之得聲耳。此當依篆釋。𠤳即說文之匋。說文謂包省聲。孔廣居謂勹聲。然說文混包裹之包本字作○者與匋之初文作𠃌者為一字。此作𠤳。則𠃌聲也。抑或此從缶聲。荀伯大父作嬴妃鑄匋簋作𠤳。蓋從又。可證也。𠤳蓋檮或梼之轉注字。此借為寶耳。𠤳說文作盉。從四。而甫皇父敦作𢍉。伯角父盉作𢍉。伯春盉作𠤳。金文亞形中多著𠤳形。說文。盉。調味也。廣川書跋引作調味器也。倫謂說文之例。止訓器也。調味器也本作器也調味者也。調味者也蓋字林文。今本說文非許慎原本。實字林附於說文。又經唐人習此字者所刪節之本。詳疏證。唐人始刪為調味器也。後後經刪如今文。則本名詞而似為動詞矣。王國維說目論盉乃尊卣一類。蓋和水於酒之器。所以節酒之厚薄者也。倫謂伯春盉字從𠤳。酉之異文。金文卣字皆卣之隸變。許說誤。而借為酉。左僖廿八年傳注引李巡。卣。鬯[illegible]之罇也。釋文。卣。本或作攸。周禮鬯人。廟用脩。鄭司農云。脩器名。後鄭云。脩讀曰卣。說文。𠧪。讀若攸。𠧪讀若酉。可證也。酉即今之紹興酒罎。故李巡云。鬯之罇也。鬯為醞釀之釀本字。從𠧪從米。會意。其聲即得於𠧪。𠧪即說文之高。變譌為𠧪也。金文多作[illegible][illegible]。甲文其形至繁。大

卣作□□□□□□諸形。金文之□與甲文之□同。甲文之□□為一類，皆從皿省。而甲文則異，從屮。□□其有者也。□之□蓋從鼎，其從屮者乃從中之譌。卣為鬯艸本字也。詩及金文皆有秬鬯一卣之文，即謂黑黍釀酒一鐘也。釀則酒母也。以此可證盍之從酉之故。而王說為壔，是時蓋猶有其器也。函皇父敦伯角父盉所從之□及□，皆是說文鐘之重文作□者也。蓋□本象酒器之形，後以金屬所為而增金旁。

父丁盉 舊作立戈父丁盉。見同上。

□父丁彝

倫按立戈形，猶存。舊釋也。倫謂□為戈之象形文。說文我。旋身自謂我也。旁作旋也身也自謂也。旋訓見廣雅。身訓見爾雅。其為非本義甚明。即自謂亦非本義。從戈不得自偁之義。而凡二身偁謂之詞，實皆假借而無本字。說文吾訓我自偁也。然吾為語之初文，我自偁也及此自語也亦皆非許慎原文也。我字說文古文作□。金文盂鼎作□。毛公鼎作□我。曾鼎作我。宗周鐘作我。師寰敦作□□。伯敢作□。毛公旅鼎作□。芮伯敢作□。不□敦作□。善鼎作□。虢仲盨作□。散盤作□。曾伯簠作□。□□氏鐘作□。□向敢作□。邾公鐘作□。王孫鐘作□。□□作□。而甲文則作□□□□□。皆從戈而有ヨ手。甲文之□□即此文。尤為明白。鄭玄考工記注謂戈今句子戟。戟今三鋒戟。倫考定戈戟實二字，戈戟音同。見紐而戟則□元封特□也。戈戟之異。據考工記，戈廣二寸，內倍之，胡三之，援四之，已倍則不入已句則不決。長内則折前。短内則不疾。是故倨句外搏。重三鋝。戟廣寸有半寸。内三之。胡四之。援五之。倨句中矩與刺重三鋝。偏以吳大澂所得於涿縣趙氏之鹿邑戈及偏岡縣陳漢第丈所得古戈援考工記校之。其數不差。則鹿邑戈即考工記所謂戟也。今將二器縮景列左。

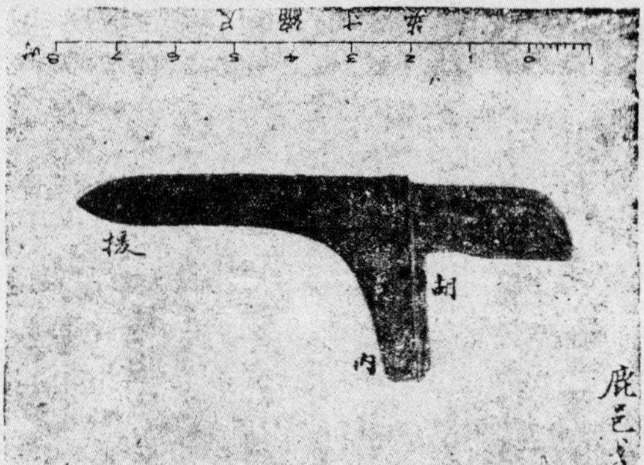

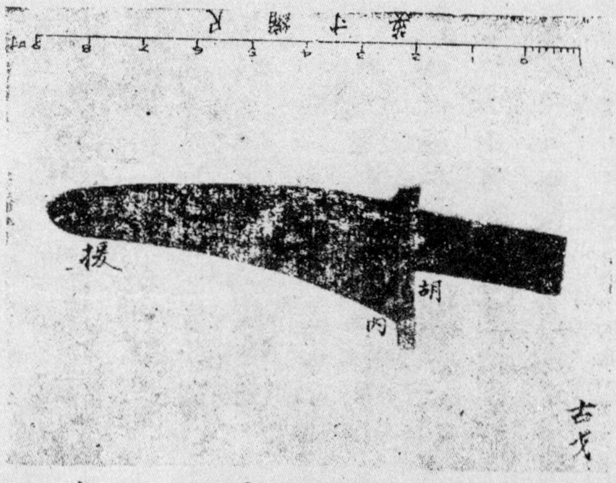

然則戈戟之異不在三鋒。而戟之三鋒者實即戟與。古之始造者。蓋如古戈。其後改良之。則如鹿邑戈。名曰戟者。或改造之地語戈曰戟。因立戟名耳。此銘中字蓋作器者之族徽。因其形狀之制而以為其

族徽。或作器者以造我為叢。此其圖語也。禕為說文之祝字。從示即構字之構本字。甲文
祝字作𥘅𥙊𥙊禩。其禩字所從之丮與此一字。金文禽鼎禩字所從之丮亦構也。其更具
體者為𡚁。與族及文之[?]同。[?]說文齋之籀文作[?]。其所從之𡚁即其謂文也。丁為示之
[?]轉注字。示初文當作𠔿。從天之本字作一者。○○○即說文之晶字。晶為星之初文。乃象星
之象而非從日也。○○○變為𠕁。再變為𠕁川。又譌為川。故說文示之古文作𥘆矣。徐鍇本作不
知非日月星而但為星者。初民之觀念固三辰語尊。亦三辰語有祭祀。然上古巢居穴處。
所患者風雨。有風雨則不能安居也。且亦無所得食。若星見則無風雨可期。故以為神示其
吉凶。以無星為凶。[?]有星為吉。姚鼐以為星即睛字。是也。是示之本義為表示。因而崇拜之
而有祭祀之報焉。故即借示為祭祀之字。說文禩祭諸文所以從示也。及從又持肉於示為
之祭字作[?]。遂為祭祀之本字。而祭祀乃有專名。示亦以後其本義。說文示部所屬如神祇福
祟諸文。即從表示之義者也。文從一○○○會意。甲文或作丅。蓋本作丅。僅以一星表之。或作工。
則從天之本字地之初文語作一者。或作示。則是有大小。作亍則變體。作王蓋又工之變。[?]
[?]此作丅者。從一。十聲。十音禪紐。示音牀三。同為舌面前音。古讀又同歸於定也。蓋本作
示。從示而加十為聲。故金文遣伯敦宗字作[?]。仲追父敦作[?]。戎者鼎有[?]字。亦從示而

作示也。丁蓋其省耳。說蓋作器者之名。或曰，我祝人名姓。或曰，我即夏少康所滅之戈國，祝官名。

且丁觚

見同上。 倫按舊釋𢦏乙為龍，[glyph]為爵，於乂無釋。倫檢舊釋子孫豐有[glyph]與此同。乃獻字而借為甗。■疑是兩字。

耶觚 舊作天子觚。見同上。 倫按舊釋天子而於[glyph]無釋。孫詒讓謂天疑王之變體。[glyph]

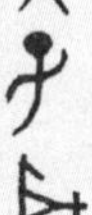

乙父丁彝 疑聽。邾公華鐘聽作[glyph]，似同。倫謂天為大之變體。此當讀大子。或為孫說[glyph]即說文䏺字所從之耶，為䏺之初文，特從壬得聲為䏺。後從䏺省悳聲為聽。從口從耳會意。耶蓋大子之名。大子故不必為諸侯王之子也。

舊釋諸女匜。有䏺乙大子[glyph]彝。是其例證。

五。

父癸宗彝 見同上。 倫按舊釋丙作父癸宗尊彝。子執弓。蓋所據叔宿彝宿字作[glyph]也。

孫詒讓謂[glyph]似耶，耕長。宗真彝者，廟之真器，祭器也。說文宗，尊祖廟也。桂馥據玄應一切經音義引字林，宗，尊也，祖廟也。謂此當作尊也，祖廟也。倫謂尊也，祖也，廟也三義。尊也以雙聲為訓。祖也者，祖之初文為𠀠，（亦有作𠀠者。）亦帳之初文。此遊牧時代之屋。從一，象形。為栢車字。𠀠金文或作[glyph]。與今行軍所用之帳篷及蒙古包相似。蒙古包者，蒙古所用以居之幄。幄之初文爲屋。說文屋之古文作𡨦。其𡨦亦且之異文。∩當爲冂。象帳形。而丰其上飾也。倫見清故宮之緒幄正如𡨦形。後世篆文形與他字相混。故加至爲聲。至音照三。照音知紐。同爲舌面前音。且音精紐。精照同爲清破裂摩擦音。古讀照歸端。端影同爲清破裂音。故幄音入影紐。由照三又轉知。轉定爲廟。廟從朝得聲。朝音知紐。知與牀三同爲舌面前音。故祖後從示得聲。轉定爲祖。示音牀三也。宗亦從宀示聲。故音入精紐。由從轉精也。俗言祖宗。由祖宗皆從示得聲。而音皆精紐也。祖宗本皆屋字之名。書。汝作秩宗。孔傳。主郊廟之官。詩鳧鷖。既燕於宗。鄭箋。社宗。社宗謂社廟。金文叔氏鐘。用享于宗。即用享于廟。此宗爲廟之證。帷爲作器者之族徽。從大持弓。

田彝　見同上。倫按舊釋𠂤爲册。舉奉器形。孫詒讓曰。商龜文有𠁁字。疑𠁁之變。此亦

□父己寶𩠹彝。□　字似與彼同。倫謂孫說是。韋爲衛之異文。從口即說文之囗。爲垣之初文。口外有止。即守衛者也。甲文作□。人在口前。戍者各一也。或作□。從非從四止。守道者也。金文禹攸比鼎作衛。從行韋聲。□之轉注字。蓋行□爲道。衛爲道之中不得有口也。甲文或作□。從□。即□之異文。從方乃央之異文。即說文之冘。爲防備之防本字。從大或從人。從冂。冂爲邊界。央者。守邊以備侵襲也。此亦後起字。甲文又有作□

者。其巾即九也。說文作衞。其帀乃市之譌。此銘𦣻字或為作器者之姓氏。或其族徽。表明
有守衞之貴族也。或詔𦣻父彝亞中之ㅁ亦表有守衞也。則作器之癸為貴族。且僕且衞。
㯡白彝　舊作堇伯彝。見同上。　倫按舊釋堇伯。釋八𠀁為甚。倫謂堇是㯡字。從火從黃得

亞輦陾彝八⊠一　聲。㯡之初文也。說文。𡐿。黏土也。從土從黃省。饒炯謂
土之黏者其色必黃。故從黃土會意。古者塗車用堇。蓋取性黏。倫謂黃。說文訓為地之色
非本義。亦非本訓。黃為墓之初文。倫親驗黏土色必黃。玄土不黏。次於黃土者。其黏性亦
如之。黃本黏土。以其色黃。假借為黃色之偁。黃為假借之義所專。故增土為墓。後復增土
為壇。此今杭縣語柔而黏箸不易解者為㖯之㖯本字。黃音匣紐。轉群為墓。同為舌根音
也。金文齊侯壺作堇。齊陳曼簠作墓。召白虎敦作堇。師酉作𡐿。解皆從火。倫謂本有堇𡐿
二體。說文止録其一。由二字形聲並近。故倉頡訓纂均不録𡐿字而從堇得聲之字亦皆從
墓。兩宗周鐘。王肇適省文武勤疆土。勤字作堇。蓋自古已譌。毛公鼎之黃。頌敦之𡐿亦從
大也。八𠀁即非其字。疑八五一三字。記數之詞。
父癸彝　見同上。　倫按舊釋亞形中高子。倫謂高即說文之高字。甲文高有作𩫏者。與

亞父癸　尊彝　此同。高為重屋為棲之樓本字。屢之初文也。蓋高卑不可為
象。故諱從立卑聲為形聲字。則高亦当然。今觀高字之形止

為有棱之屋而已。故知本是棱字也。棱從婁得聲。婁從貴得聲。詳綜說、貴高音同細見細。
戰國策秦策。孫子不高子。呂氏春秋離俗。天下愈高之。注。高，貴也。說文。轈，高如巢以望敵也。
轈，兵車之有樓者。即左宣十五年傳登諸樓車之樓車。服虔注。棱車所以窺望敵軍兵法所
謂雲梯也。巢高聲同宵類。樓車而謂之巢。蓋語原同出於巢。而高即樓所矣。爾雅釋艸。鎬，
侯莎。莎一名鎬，一名侯也。詳綜說、鎬在宵類。莎在歌類。故莎俗亦呼鎬。借鎬為莎也。侯
聲侯類。侯宵相轉。故又得借侯為莎。樓聲亦在侯類。高轉為棱。猶鎬轉為侯矣。故高之轉
注字作廔。而古書率借棱為廔。廔則屢婁之婁本字。龍之音同東紐。轉注字也。高之初
文本作[illegible]。變省為[illegible]。又變為高矣。[illegible]者。析夏之異文。秦公敦夏字作[illegible]。明是從頁。頁字金
文率作[illegible]。本象人首自頸手足之形。夏從頁而後從匕𢀜。又於手上增止。足上增二。倫謂止
𢀜乃他人之手。匕●二乃桎梏也。從頁而持桎梏施於其手足。於六書為指事。夏蓋奪之初文。
論語。求善價而沽諸。漢石經沽作賈。禮記。夏楚收威。書舜典鄭注引作榎楚。爾雅。山榎。舍
人本作檟。方言。凡物之壯大者謂之嘏。或曰夏。此古夏聲字相通之證。古夏同為舌根音。
亦聲同魚類也。此作亢。金文言赤市朱亢。赤市幽亢。亢亢與此一字。彼皆借為珩。珩夏音
同匣紐。聲則魚陽對轉也。故金文皆借為珩。莊子。吾未知聖智之不為桁楊椄槢也。桁字

說文所無。實爲械之音同匣紐轉注字。蓋古謂被械者音即原於桁械。說文。夏。中國之人也。然非本義。倫疑夏是古民族之族徽。劉向語負貳之臣械其手足。其實然是古民族之稱者。如穿耳鼻之類。禹或即此民族。故稱曰夏。及禹有天下。聲教四被。爲政治中心。因謂中國之人皆爲夏耳。夵者夏之省者也。蔡姞𣪘之夵。蔡子口匜之夵。獻編鐘之夵。皆人持蔡是也。然非即蔡字也。其字從大而械其足。字應一切經音義引通俗文。穿木加足曰械。夵夵則械其足者。夵夵實一字也。後漢書吳祐傳注。在手曰械。甲文有𡕥。與金文尹卣之𡕥同字。則械其手者。𡕥夵亦實一字。夏則手足並械者也。左襄六年傳疏。桎梏俱名爲械。械者爲夏。傳言蔡蔡叔。借蔡爲夏。文選魏都賦注引楚詞注。蔡。草莽也。蓋借蔡爲茻。茻爲艸莽之莽本字。莽乃從犬茻聲。爲猛之轉注字也。艸茻實一字。茲詳疏證。古蓋讀茻如蒼。故論語以草創連文。而傳言草莽之臣。實艸茻之臣。皆以音同清紐連縣爲詞。而後乃別艸茻爲二音二義。水經夏水注引劉澄之永初山川記。夏水古以爲滄浪。漁父所歌也。則古讀夏蔡音近。蔡茻則音同清紐也。是蔡蔡叔者。借蔡爲夏。猶蔡叔金文作夵叔也。周公殺管叔。因蔡叔。降霍叔於庶人。明蔡非放散之義。乃梏而囚之也。此銘夵乃作器之人名。高則其姓。蓋始發明造樓。而以車爲氏者也。

虢𣏟尊　見同上。

虢叔𣏟殷彀隩賸

倫按舊釋虢𣏟作林殷彀尊賸。倫檢說文。虢。虎所攫畫明文也。從虎寽聲。然虎所攫畫明文也詞義不通。當有譌挩。寽聲亦非。以倫討論。寽爰一字。詳琮證。而虢字頌鼎作𧇡。頌敦作𧇡。虢季子白盤作𧇡。虢虢𣏟盉作𧇡。殆無從寽者。已侯鐘有𧇡字。容庚疑虢字從此。彔白敦𧇡字。吳式芬釋虢。倫謂皆虢之省文。虢蓋從虎寽聲。寽從爪攴聲。故𧇡字徑從攴得聲。說文謂攴從又卜聲。然倫證得攴攴一字。攴從又几聲。几乃伯也執殳之殳本字。而梃之初文也。以金甲文從殳之字證得殳梃之象形文。實為◎。清代儀仗中有之。嬉劇中武士所持之錘。即其遺制。持儀仗中之梃。柄長而◎亦長而細。嬉劇中之錘。則柄長而◎巨。●此方偁◎形為骨朵。從之成梃。特聲成度。周禮司市凡市入則胥執鞭度守門。注度謂殳也。殳即梃之省文。度為梃之借字。廣雅釋詁。度。杖也。亦借度為梃。古書皆以殳字為之。其實殳為打之初文。●聲方言五。今江東呼打為度。可證也。甲文作𠬛作𠬛作𠬛中之。即◎也。作𠬛者有取古讀殳如度。度音定紐。定讀同為端破裂音。度音轉為撲。說文。撲。挨也。由鑿之樸。樸棰鞭撲以加小人。鞭撲猶鞭度。則撲即殳之轉注字也。殳音本如撲。在諳紐。轉滂紐為普木切耳。殳雖不從卜得聲。而書言扑作敎刑。則古音自與卜同。卜號則同爲清破裂音。卜音封紐，號音見紐也。左昭元年會于虢，穀梁作會于郭。說文：郭，䁕，度也。郭從䁕，詩聲。此亦可爲號從支得聲之證。說文：號，從身從殳。其實從殳身聲，爲殷之音同影紐轉注字。身、身則一字。說文：身，象人之身，從人厂聲。朝曾引作中省聲。於金文毛公鼎作身。邾公華鐘作身。赫向簋作身。橅伯簋作身。仲殷父簋殷字偏傍作身。偏旁身本作身。從身象形。蓋身之初文。身與致伯簋致字所從之身形同。但身字所從之身即人字。故盂鼎殷字偏傍作身。即從人。身身身皆身之變。此身旁作身也。即孝也。斅乃敎之異文，從支孝聲。儀禮鄉飲酒義：君子之所謂孝者，非家至而日見之也。國語周語曰：魯侯孝。曰：於則能訓治其民矣。韋以周謂二孝字皆當作斈。偏詞國語之孝是斈字（斈即斆也）。斈學一字也。儀禮之孝是教字。足證古自別有教字，與教爲轉注字。同爲舌根音，聲亦古同幽類也。此孝讀爲孝。說文：孝，善事父母者。從老省，從子。從老者偏詞善事父母者。國非本訓。字亦不從子也。蓋人毛匕爲老，從子從老省爲孝，以爲會意，似是而非。就各部首之字本義言之。老非父母之專偁，子非子女之定名。若用其引申之或假借之義以造會意之字，背於會意造法之原則也。故偏以爲從老省，從孝省得聲。爲老考之轉注字。金文每言追孝。余義編鐘作追考。考即孝也。史記燕世家孝公，漢書古今人表

作考公。人表孝成子。列子作老成子。是其證例也。叔殷孝猶抹殷老。蓋古以老為字者。如
楚有連尹襄老矣。朕為媵者。媵器金文多見。字則說文作䑞。而金器中如舊釋姬單匜之
䑞。亦從灷。但奴在上火在下耳。餘以從灷從火者為恆見。蓋古有灷火灷三字。灷從奴火
聲。火音曉紐。故灷從之得聲音入心紐。同為次清摩擦音也。火從奴十聲。十音禪紐。故䑞
字從之得聲音入澄紐。禪澄同為舌面前音。古讀同歸於定也。若灷則從奴丫聲。丫從十
八聲。八音封紐。讀脣齒音入非紐。非心曉同為次清摩擦音。從十得聲之卄音入照三。卌
從三十。實十之音轉而入心紐。卌卌一字。而卌音入審三。則從朕得聲之勝音亦審三。則
朕自可從灷得聲作䑞。或從灷得聲作䑞。亦可從灷得聲作䑞。灷在灷則特注字也。媵字
當在陾上。傳書誤挩而補於陾下。轉而書彝字。舊作子孫父乙卣器文作陾彝。而蓋文無彝
字。即其例也。

父辛尊 見同上。 倫按舊釋獻。孫詒讓謂字是牛非木。疑遺異文。倫謂此即說文之遺

卣父辛寶陾彝亯 從皿。遺聲。牛非牛非木。乃先之省而直畫少長耳。大為
走。奔走之走本字初文。說文遺字從辵。此從走耳。亯為說文之亯。器刻箸此文者。或言以
此烹調。或為業烹調者之圖語。如今之飯館。或為作器者之姓氏。其先蓋始制烹調者也。

父戊卣蓋　見同上。　倫按舊釋專。孫詒讓曰。惠者。說文惠古文作𢡠。從芔。不當釋爲專。

匕父戊寶䵼彝　凡金文從芔者。皆是叀非專。倫説依篆釋。此乃叀字。爲
穿牛鼻之穿本字。穿從穴身聲。形誤爲牙。乃空義也。特語原同耳。說文疐下曰。叀者。如叀
馬之鼻。王筠謂馬當爲牛。是也。字說文作叀。古文惠所從之叀。則與此同。毛公鼎虔夙
夕[illegible]耑一人。字又作[illegible]。說文疐字從叀而秦公敦畯疐在天字作[illegible]。甲文有[illegible]即疐字。
亦作[illegible][illegible]。[illegible]皆一形之省變。[illegible]所從之[illegible]。[illegible]爲內之到文。即說文此亦
自字之白。[illegible]所從之日亦白字。皆鼻之初文也。⊗爲變耳。其[illegible]皆[illegible]之變。蓋牛角也。
皆中之一貫於鼻孔間最爲明白。此說文作[illegible]。其乃出白下。亦篆形使然。仍在鼻中。非
在鼻下也。∪則引牛之縻。蓋圖畫性之叀。本是畫一牛。秦貫其鼻而有縻者。則僅畫一牛
頭。亦秦貫其鼻而有縻。今試作[illegible]。即可變爲[illegible]或[illegible]也。[illegible]即叀也。
國語魯語。獲骨焉專車。專借爲叀。專從叀得聲也。叀車即穿車也。叀之圖畫性文變爲篆
文則失其性。故後增牛爲牽。牽乃穿牛鼻以便引。堅則牽牛之牽本字。堅從牛臤聲。臤則從
又牽臣。臣本戰勝國所俘獲之敵人。故從人而〇其身。金文作[illegible]。象其形也。被俘者不肯
行。故牽之也。牽得聲於臤。牽叀之音亦與臤同原也。此作器者名叀。即用本義。未爲不可。

古人之名。無美醜之擬也。魚鹵之罰為伏白名。可證也。

司土敦 見同上。倫按舊釋□為旗。□為號。蓋不知□即號字也。□為燎之初文。見[吳榮光釋□為諸謀猶]

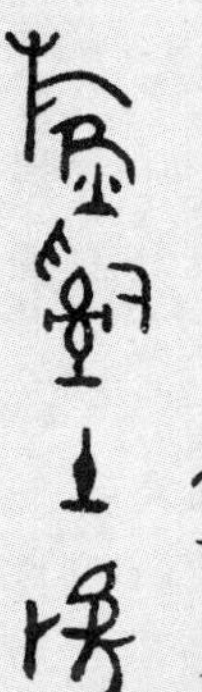

匠寶㒸 白燎尊。其從火者傳寫之譌體。此似為國名。

敢 山海經。燎水在衛皋東。漢書司馬相如傳。鄭鐐燎

潚。注。水出鄭縣西南潦谷。蓋古潦水有潦國。此其潦司後號所為器與。或號為國而潦為名與。金文讀國有異例也。劉為說文籀文辭之作□者有文辭之轉注字也。辭從□辛聲。說文曰。訟也。□作治也。□即絡絲之絡本字。義當為治絲。從爪從又從幺從H。H即治絲之具。爾之省也。□□之聲得於爾。爾司聲同之類。故□轉注為□。司辛音同心紐。故□後轉注為辭。□即治亂之治本字。□(官名)司土司馬司工司寇。皆言治土者治□(馬者)治工者司寇者也。土字盂鼎作□。散盤作□。召尊作□。甲文作□□。從地之初文作一者而象土形。其作㞢者。復有細土也。省之即以□為土。甲文□字從牛在坎中而土掩之也。凵即坎之初文也。詳疏證。由□形則變為土矣。土實堆之初文。甲文作□。象地上有土堆。而丘山字皆由此形增變之也。堆音端紐。土音透紐。同為舌尖前破裂音也。古之司土。蓋為平治土地使民得有居所者也。

王母鬲　見同上。

王乍王隣鬲

倫按舊釋萬吕為畱。倫謂此說文之連字。從口即䢅之初文。猶甲文、遣字從口作㗊也。萬亦車之異形。宮為吕之後起字。吕則口之異文。吕字說文未錄而見於𥫗之古文作㗊者。古之辟雍即璧宮。宰辟父敦王在辟宮。其證也。甲文作吕𠯑。金文則舊釋公孫呂戈之吕。倫以為即其字。非說文之呂字也。後乃增宀。蓋以口為垣之初文。垣必有所入處也。垣音匣紐。故轉注為營。營從熒得聲。熒音亦匣紐。音轉見紐為宮。見匣同為舌根音也。周書王會解。其守營牆者。營牆猶圍牆。漢書揚雄傳。禁御所營。注。營。圍守也。史記五帝紀。以師兵為營衛。營衛亦謂圍守也。石鼓文。宮車其寫。宮車謂有圍蔽之車。此皆可證宮本口之異文。引申以為所居之偁。此言連宮。蓋王母所居之名。此器為連宮所用。猶漢瓦有未央長樂矣。母為亂房之亂本字。從女。象形。古音蓋與孚同。亂從孚得聲。孚即幽類。音轉為嫗為媼。又轉為媽。又入明紐為母。故借以為乃偁其所生之名。

或從初文象形之女聲。為之轉注字。女音古在泥紐。故母音入明紐。同為鼻音次濁音也。

鄁始鬲　見同上。

倫按舊釋鄁始遄母鑄其羞鬲。吳式棻引徐籀莊說。鄁。曹姓。邾挾後裔

父顓之子友初封郳爲附庸。後進爵爲子。稱小邾子。伯從女。從白。長女之稱。嬀舜後氏。
周初封虞幕裔孫閼父之子胡公滿於陳。謚爲陳嬀。字從爲從走。嬀爲諱爲𡟤。楚爲
姓亦作䲜。知爲即嬀字也。孫詒讓曰。說文木部有梠字。此似從㬎從走。未知何字。闕從日
當是闕字。說文。闕。所以枝鬲者。從爨省鬲省。此借爲鬲字。偏謂郳從兒得聲。此作兒者。從
𡿨。爲人之異文。以女[illegible]女萬。[illegible]爲腦女[illegible]。爲說文囟之異文。囟亦古文作𡿺。鼠字
從之得聲。鼠音桑紐。腦音泥紐。古讀未歸泥。鼠爲腦之次初文。囟其初文也。詳孫詒讓
本切韻殘卷五支。兒。按說文作此兒。其兒字亦有所本。從人由聲。兒即甲文干支子字之
作兒者也。由聲真類。其特注字作䏧。從寧得聲。寧得聲入脂類。脂真對轉也。脂支近通。故
兒聲入支類。師寰敦鼠字作𪕋。故此及說文兒字寧（所從之囟）譌爲臼爲𦥑。兒腦一字。爲孺之轉
注字。今吳縣上海語小兒曰小囡。囡即腦之俗體也。始字說文所無。徐說無據。若然則爲
伯字異文。說文人部之儒即女部之嬬。而女部婣或作㛄。人部之㑗亦或作嫔也。古諸侯
每自尊於其國。郳或自偁爲伯耶。不然則是郳女之名耶。𡛃字徐釋爲𡝦。長於語是陳
姓則未然。依文釋爲讀爲𡛈。蓋爲丑之轉注字。古書以羞爲進獻者。皆借爲𦎧。爲䣚。羞爲
周爲次清摩擦音。蓋音心紐。𦎧音曉紐也。𩞈說文作䰞。從䰜𦎫聲。𦎫如羞。蓋從羊得聲。

𩱧為鬲之特注字。而音轉入禪紐耳。𩰲仍是鬲字。但是當時俗體。猶鑄之從鑄省也。

興白鬲　舊作叔帶鬲。見同上。　倫按舊釋鄭興伯作叔帶口鬲。孫詒讓曰。𢍰與。從廾小

興帶疑敬。蔡。薦。倫

謂孫釋興薦二字。是

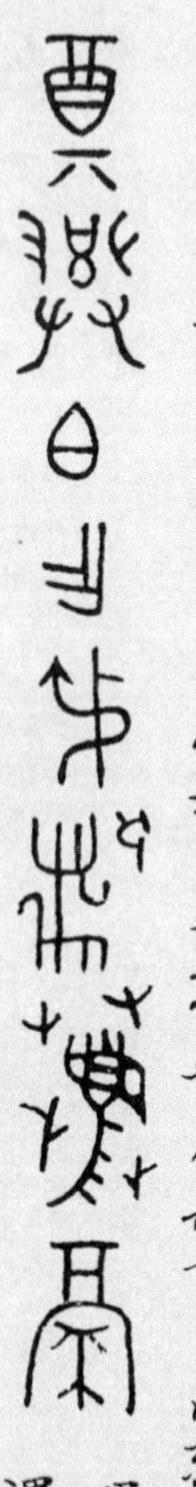

也。興從廾者。非說文之廾字。廾者。兩手向上有所攀執。以圖畫性之象形文言之。兩臂高舉而屈其指。篆文不便於書。遂若兩手相反耳。豈有兩手相反而可攀執者耶。此從廾者乃象兩人共扛一物。前走之人以背向物。則兩手在後持物勢自反也。興伯蓋鄭人之字。鄭作奠者省也。然亦或古鄭國自作此字。如鄭左侍匕止作息也。黹字右缺者蓋是友字。即說文之𢼸字也。𢼸所從之黹。即黹之譌。然金文頌鼎有黹屯。頌敢則黹䊭並出。黹或作黹。師

𡍮父鼎　明象刺繡之形。故說文曰。黹。箴縷所紩衣也。古以鹿皮為裘。蓋形如廣。後以布帛。而

為朱所織帛為錦。以鍼縷刺繡為文。如獸皮之斑斕。黹寰盤作黹。害敢作黹。伯姬鼎作黹。昔人所說兩已相背者。即以ㅅ卜∞諸形。其實皆仿獸革之文而已。黹黹則象布帛及鍼刺繡之形。今杭縣所說納繡者。殆繡之初法。以其最似於甫也。黹雖以布帛為質。於既成黹。即不見其質。故黹為象形。黼黻皆市之音同非紐轉注字。後以所繡之色分別之。初非白與

里相次為黼。青與黑相次為黻。王國維以亞為黻字。蓋取於兩己相背之説耳。昔人更易
以周禮司几筵。設黼依。禮記明堂位作斧依。爾雅釋器。斧謂之黼。乃以黼為文象斧形。黻
為兩己相背。兩己乃兩弓。謂即弗字。以合黼黻二字之音者。以金甲文證之。並無弓斧之
形也。黼為州名。詳綜證。古書以為進獻者。亦借為甗。甗從鬳得聲。鬳音澄紐。甗音禪紐。皆
舌面前音。古讀歸於定。此當讀為高。

寅戈　舊作方寅戈。見同上。倫按舊釋吉用所金作方寅用。吳式芬曰。徐籀莊釋吉用巛
吉用　金作戈寅用。辰從反永。讀若稗縣之稗。稗縣春秋時向國地。在今沂
肵金止　州府莒州之南。作器者名。寅訓敬。惕用戈非行已。故曰寅。倫謂徐
人龏用
説鑿。似當讀肵寅用吉金作戈用。吉金金文屢見。肵字缺。具之為肵。疑乃説文之卣。卣
為死之初文。從𠤎。從冂。甲文作卣卣卣。其死字偏傍作卣卣。毛公鼎死字偏傍與説文同。
盂鼎死字偏傍作卣。齊鎛作卣。其上所從之卜卜。與甲文鬼字所從之卜師𢾾敦鬼字所
從之匕同。即説文八篇之𠤎。𠤎實為死之初文。𠤎非首向地。乃陳於地上之尸。陳尸首向
外。故由外而向內視。先見其首耳。鬼從𠤎甶聲。甶字見甲文。實奇怪之怪本字也。鬼從𠤎。
明死者為鬼也。卣則尸在牀也。甲文卣字所從乚爿。即牀之初文作爿者之異文。禮記曲

稱。在𦤶日尸。是其證也。古有死氏。此蓋寅之氏。姞與寅字說文作寅。實是譌體。寅為胂之初文。胂為夾脊肉。寅從𡗗即夾字。夾亦則一字也。亦為脢之初文。𠂤象夾脊肉。故無[illegible]異敵作[redacted]𡨄。𠂤象脊肉。或印省聲。克[redacted]鐘作[illegible]。故說文譌為寅矣。吉字從士。苗夔孫詒讓奭聲。林義光謂吉一字。葉玉森據甲文作吉𠮷。謂從甲從日。甲為十干之首。古或以甲日為吉日。遂制吉字。衛聚賢據甲文有吉方。其字作㞢。又吉凶字作[illegible]𠮷。其凵乃是穴字。於穴外置大木。上畫圖騰。吉方之人以[illegible]有圖騰之神為吉祥。吉方即姞。姞之燕。今松花江為思特家內前之神桿。即殷時吉方內前之大木隄。𠮷[illegible]即木牌也。偏檢金文吉字最多與說文同。惟上似從土。此因其一證。旂僕鼎惟八月初吉。公姞敦隹十月初吉。亦其例也。口止組敢作𠮷。與甲文作吉者相似。甲文吉字異狀最多。惟一字作𠮷。稍亦似從土。其他形形從者。似以亼為原。以亼之變為亼為亼為⊥為亼為个為个為个為中為士為士。其作吉者。疑亦變體。於亼不知何字。以衛說相參則𠮷之象形字。凵則碣樹也。豈吉為碣之初文。或[redacted]亼為碣之初文。而吉從亼口聲。或為亼之特法字耶。碣口同為古相音也。或從口兄聲。如徐灝說本義為善言。引申為凡善之偁耶。偏語金文吉金。義非取於吉祥。吉乃硈之省。說文硈石堅也。此銘文甚道德。姞[redacted]以為讀。用字復出最疑一字諸書。

丕隆棆　舊作丕隆棆。見同上。　偏按舊釋丕隆棘余子之口金。孫詒讓曰。隆。吳大澂作

丕銓　釋余子　降尊是貢字。釋疑捧字。偏詔孫釋貢捧二字是也。銓舊釋是。惟丕川

止尊金　丕字釋丕者蓋據丕或作平也。按說文之丕字從一不聲。一為地之初文。

丕為坏之異文。大也非本義也。鄭侯敦丕字作平。與此同。不隆猶史記夏本紀之不降。不

降貢於余子而作此器。故曰。捧余子之貢金。貢貸一字。余蓋鄦之省文。

父口敦　舊作亞敦。見同上。　偏按舊釋亞形中巍形。是弫形。彝器形。父口。或謂非是及

口當是㱿字。偏詔㱿字雖見金甲文。釋此則不當。檢衛改

鼎鼎字作鼎。於金文鼎字每同貝之象形文。錫鳳貝尊

貝字作貝。偏疑此銘之貝亦象貝形。口是蜃之初文。刻有

兩足而中有貝。下有蜃。蓋此器為取貝者所作。撓蜃入水也。

白原口　見同上。　偏按舊釋白原父凶口。孫詒讓謂（吳武芬疑為盂）是盧字。偏詔釋原為原。似據隸

白原父之盧永寶用　盡中又有原二字。即泉字。似與此近。然待更證

也。盧下之皿為皿之壞文。上之𠂆為𠂆。即夷居之夷本字。𠂆象人蹲踞形。金文淮夷字皆

作𠆦也。此從四户聲，蓋匜之轉注字，匜夷音同喻四也。惜不見其器證之。

𪓔口戚鼎 舊作肯侯鼎，見同上。 倫按舊釋肯侯戚，吳大澂釋𪓔為䑍，孫詒讓釋龍。

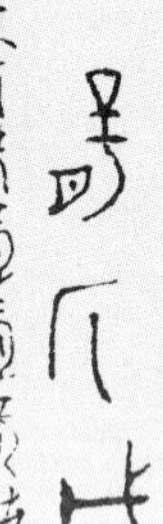 乙父乙鼎 冀冑 又按冑即史字。倫謂孫釋龍字是也。戚字以

甲文有𢦏𢦏𢦏𢦏諸文。龍伯䡄之𢦏，皆與此同。𠆦釋戾無據，文缺未能定也。戚字從木

舊釋戚，解之戚證之。蓋一字，𢦏從戉赤聲。說文赤作㷩，以甲文水為作尗證之，實從木

水省，石鼓作㳄，此作尗，皆從水。水音審紐，赤音清紐，蓋由審轉心而入清。或由審射穿。說文作赤聲，赤

音亦審紐也。戚或戚之轉注字，或戚之譌體。龍或為𠆦戚之氏姓，或其族徽也。左昭十七年傳：

太皡氏以龍紀，故為龍師而龍名。倫謂太皡即伏犧，伏犧者蓋始捕獲獸類之人。古有蛩龍，太皡獲之，因以為族徽，一切皆以龍名矣。之

左成二年傳，魯有龍地，冑是中之異文，非史字。

文母鼎 舊作文嬟鼎，見同上。 倫按舊釋若口作文嬟宗尊丁口。孫詒讓謂當作𢜰。

倫謂𢜰為㚔之誤文，而僕之最省者也。𡟒當為一字，蓋從女

從雝，雝則或從隹匜聲，或從乙雖聲，未可決矣。𡟒雝皆說文所

無也。此蓋僕之名。文未當讀為文母，文母金文常見，且金文女母

二字亦常通用也。二當讀為丁丁。此文母名，蓋以丁日生而次

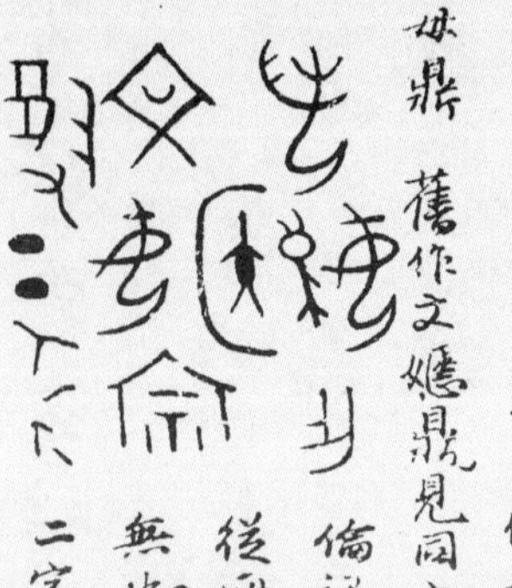

又爲丁也。此銘當讀僕敦作文母丁丁隮彝。未字見彝之鈇文。

距未　見同上。　倫按舊釋將作距未。用甕商國。吳式芬引許印林説距未。孔顨軒先生

羕乙延未用者商戢　以爲弛兵箭之物。沈心醇據戰國韓策距來

疑爲矯飾。阮元據荀子性惡篇鉅黍。潘安仁閑居賦巨黍。以佐沈説。而亦不敢據此銘盧

付國策荀子潘賦黍爲未之誤也。翁覃谿先生以爲商器。阮以字近小篆。定爲周末人物。

引左傳以證商字。當矣。倫謂未字與説文同。甲文干支中未字有作𣎴未形聲該是一字。

未木亦後一字。甲文干支中未字有作米者。有𡜔字即妹字。亦從木。木音明紐。未音微紐。同

爲鼻音次濁音。未音亦明紐。則未亦木之異文。蓋艸木皆象形之文。未未二字以圖畫明

之。仍是木字。不見爲木枝葉之盛與爲木杪也。特以在地下者爲本。同語出地上者爲木。音轉

爲未。又特爲未耳。耆是耆之異文。從老左聲。此作耆從右者。又ナ本是一字。蓋以形論。識左

爲手也。於此文本身則是手字。故説文ナ又下皆止訓手也。而金甲文亦ナ又無別。金文

彝子卣又ナ皆丑字。甲文丑字亦作ㄗ㇀二形。史農觶史字作㕜。伯ㄗ鼎羞字作𦍩。里文

有作𠬝者。甲文ㄗㄗ即説文之祐。而皆從ㄗ。伯俗父鼎。用又司俗父。吳式芬釋右俗父。

説文之卑寅。從櫨之初文作㊉者ㄓ聲。而ㄓ文作ㄓ。詳疏證。皆可證也。由ㄗ之音變爲ㄐ又

嗟爲左。古音左或如嗟。今經典詞左手之左皆徧從差，特嗟也。嗟從差得聲，而差音在穿二。左音審三，古讀穿審並歸於透也。吳王夫差鍇，夫差作大差。差字正與此同。此當讀爲佐。

立旂爵　見攈古録金文一之二。

倫按舊釋立旂形孫孫孫。倫謂檢周禮大司徒，大軍旅大田役，以旗致萬民。遂人若起野役，則令各帥其所治之民而至。以遂之大旗致之。大司馬中春教振旅，司馬以旗致民。周禮即爲僞書，亦有所本。此國語實與以旗致萬民者合。萬者都教之名耳。此𣲆即說文之𣲆字。𣲆即說文之𠂢字。𠂢者僥𠊱以爲群衆之群本字。是也。國語人三爲衆。衆即𠂢之聲同侵類轉注字。衆音照紐，衆從取得聲。而從取得聲之最音入精紐。禮記樂記，會以聚衆。注，聚或爲最。古書亦多以最爲聚。是古讀聚如最。精從同爲清破裂摩擦音。亦特性字也。今聚音入從紐，而㠯從自得聲。自音亦從紐。㠯音則入群紐。𠂢音今在疑紐。同爲舌根音。亦特性字也。然則此銘𠂢在旗下。則作器者蓋有職如遂人或司馬或大司徒者與。

彔敦　見攈古録金文二之一。

倫按說文作彔。刻木彔彔也。不獨非本義，亦非許慎本訓也。楊桓謂彔者汲水而上之具也。沈兼士曰，金文作彔。干象桔槔之形。○象汲水之具。八爲外溢之水。當即渌之本字。倫謂此渌之初文，從水。𡈼

干彔占丞考乙公寶障敦

䖍。古為轤轆之轆初文。象形。古與互為同用異形之物。今失古字。

白𢬿卣　舊作伯寰卣。見同上。　倫按伯寰作乃室。倫謂𡨦是𢬿字。見說文。此蓋文也。器

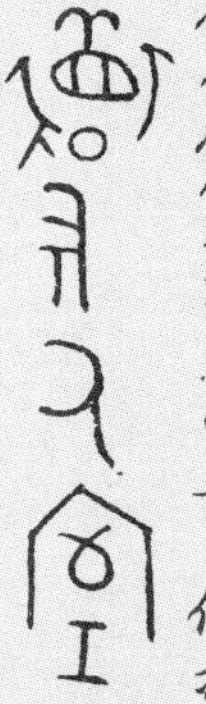

寶隩彝　文作𡨦。其𠂇即手也。上入與𠄢為衣字。𠂇入獨為一字。而為冖之異文也。睘從衣得聲。衣從東得聲。此丫亦東與〇連而為西。由西之省變也。金甲文作東。位置每易常軌。𠂇審字之構造不易扶定耳。帚為占鼎文。乙是氏字。此讀為厥。室為室省處。

父乙尊　舊作冊父乙尊。見同上。　孫詒讓曰。㘸疑是勿兹二字合文。兹為替之省。勿兹

占父乙寶尊彝　即勿替也。倫按說文。勿。州里所建之旗也。然此本訓且為旌字之義。郭沫若據甲文勿字作𠃌𠃌。謂是笏之初文。乃象前後。乡其文字也。倫謂古之笏所以記事。猶今懷中日記簿也。禮記玉藻。受命於君前。則書於笏。笏蓋說文䈞之同脣音轉注字。䈞為籍錄之簿本字。䈞下說文。萬爰也。萬爰為版之緩言。版即簡也。簡以竹版以木而已。故笏亦謂之手版。今所傳古笏。正象版形。亦可證也。其為誌從誌者[illegible]徵屈耳。乃實何有於象笏之形。況其文字乃在琺玉象竹之中。出於當刑之笏上後第文字。且笏以記事。必取純質。是亦必無文字也。書堯典平秩朔易。史記五帝

化作伏物。疑甲文刅字乃易字。為金甲文作[illegible]作𢇍𢇍者之變體。借以為勿。不之勿。金

文勿字卑作𠨍𠨍𠨍𠨍諸形。與甲文中勿牛之勿同。甲文之勿牛即犂牛。詩之五十維物。

物為雜色牛。即犂牛也。故論語曰犂牛之子騂且角。山川其舍諸。謂雜色之牛所生乃為

純色之牛。才美可供祀牲也。物即犂牛。從牛。勿聲。勿古音如犂。犂音來紐。古讀歸泥。勿音

微紐。微泥同為鼻音次濁音。蓋音轉耳。勿為刅之譌體。刅為耒之初文。作刅者之異文。本

作刅。後增刂或刂。表其發土所露之土也。說文。兹。併也。然兹立兹行之兹。實比字也。比夫

則一字。兹當如此文作㚘。㚘猶替為㚘。蓋本此為比較之比本字。故暜字從之。暜即兹之

轉注字也。暜從此亦自字之白。得聲。白為鼻之初文。鼻聲古蓋讀如論語義之與比之比。

莊子。不推誰其比憂。釋文。云。司馬本作鼻。是其證也。今北平語鼻音猶如比。鼻音奉紐。古

讀歸並。亦如比矣。兹音並紐。故特注字可從白得聲作暜也。㚘從二大。一高一卑。同在一地。

乃會比較之意。傳寫譌為二立。更傳寫為替。字皆借替為廢。此文㚘讀為勿比勿廢皆可。

蓋作器者之名。宁中戈者。說見於前冊蓋受爵者也。

父乙觥　舊作兕觥。見同上。　倫按舊釋子變在邦。孫詒讓曰。變從又不當為芺。疑形也。

占文父乙彝　疑彝之異文。又或為盧歸。增犬為㹞。有作為名。[illegible]

疑尊之省。說文。邦。古文作𡈼。與此不甚合。又疑為南之異文。倫按𡗜𡘋一字。則𤆍亦𡗜之或文。惟說文𡘋從𡗜丮聲。丮為今杭縣語人忽向東走忽向西走而無定向者曰穿來穿去之穿本字。從丮足相背而行會意。此得從一足。則𠂆𤕫字。甾為東字。此銘子十二字與舊釋子丁父甲盉之乚◆同。此子下增𦾔十下增東未詳何義。要之十非在字耶。疑子為作器者之氏姓。𦾔其名。◆其族徽。甾則以穿牛為業者與。或𦾔十甾皆名。名甾猶父戊卣作器者之名𠦪也。春秋有趙穿。此三人共為父乙作器。

䖒敦　舊作兄敦。見同上。

乍䖒敦其
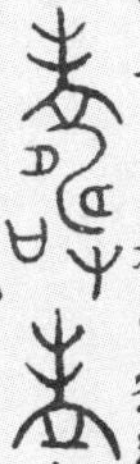
寶用

倫按舊釋䖒作尊敦其壽考寶用。莫武芬引許印林說古光況同音。故白虎通云兄者況也。況父注也。又與荒同音。故釋名云兄荒也。荒大也。故青徐人語兄為荒也。說文兄從人從口會意。加光則諧聲。揚按鍧鑮廣鐘鼎篆韻兄下分引寧鐘作𠒇。兄子鐘作𠒇。今所傳史桑彝有𠒇。䣄家簋有𠒇。或以為兄生二字。或以為兄旁加生即兄字。案生讀若皇。兄旁加生與兄旁加光皆諧聲也。古兄亦讀若皇。書無逸無皇曰。漢石經皇作兄是也。䖒蓋古人名。急就篇有昭小兄。漢書尹翁歸翟牧皆字子兄。急就與湯光等字韻。漢書注兄讀曰況。正與光生協諧。漢印有公孫兄、栘兄、蘇長兄、宋長兄。皆名字也。倫謂䖒為兄之特性字。兄

蓋從凡嘒省聲。坐讀若皇。故得假借爲煌。皇爲日光。從白。王聲。白日一字也。光爲火光。從
火羊聲。故虢季子白盤作䇂。說文古文作炗。而皇之假借字爲煌。皆可證也。皇從嘒得聲。
嘒音匣紐。以同舌根摩擦音轉入曉紐爲皇。說文皇亢頸訓長也。亢爲盲之異文。亢古
之假借字。疒子之疒本字亦書亢。疒聲也。今吳縣上海謂婦人疒子爲疒子。而皇音曉紐盲音
端四。同爲淸摩擦音。則皇爲盲之假借字。亦亢之假借字。借爲皇帝之偁耳。壽字從又。其
實即說文之𢾺字。借爲壽耳。壽是老字。非壽也。

舊釋龢作名。𩰫治謀曰𦉭爲留之譌形。

龢彝　舊作名伯彝。見同上。　倫按龢即。倫檢說文龢從龠。龠從品侖。侖爲和樂之器。

白父辛寶䵼彝　安得從品侖會意。林義光據番生敦龢字
作龠。象多枝龠語龠象管籥相註形。亼爲到口。在上所以吹之。王國維謂金文恒見龠。音
讀不可知。龠字強從亼龠也。倫謂龠六孔。周禮笙師禮記少儀明堂位鄭注風俗通皆
亦釋樂郭注皆同。於說文籥訓三孔龠。淮南說山訓高注同。惟高注呂氏春秋遇合篇作
二孔龠。散盤有𠱠字。以鄦公牼鐘龢字證之。𠱠即龠也。僅二孔。金文從龠之字皆作龠。六
二孔。無作三孔者。疑三孔之說起於篆文既譌之後。或謂詩簡兮傳龠。六孔。廣雅龠。七孔。
則金文作𠱠。亦非一孔而已。於桂馥據說文管六孔謂詩之龠傳言六孔者管也。朱駿

聲。詩廣雅龠謂之笛，有七孔。七孔者笛，徧謂龠以和聲，不宜無定孔，則據金文宜為二孔，

且籥為[illegible]三孔，龠則龠自非三孔矣。字當依甲文及散盤作[illegible]。本象樂器之形，後以混

於[illegible]字，加亼為別，此後起之俗字，往往然也。蓋象形為虛，成其物乃原始之文，不能

樹以他字為之孳乳也。說文篇言象形而某聲者，徧皆證其不然。若龍之從童省聲，昔

人已有明之者矣。龠是樂器，器有形可象，而待加口而其形固自可識為龠也。此從器，亦

可識龠之初文固如是也。龢者，郭沫若謂即象大笙，謂之巢，小者謂之和。和[illegible]偁

稱鄉射記之笙一和而成聲。鄭注三人吹笙，一人吹和，是其證。徧謂龢為龠之轉注字，龤古

偁文疑龠從[illegible]合聲，為龤之轉注字。合聲後起，實該對字，故龠聲又有龤。金文作龢者省耳。

音，蓋如[illegible]和[illegible]也。[illegible]字太史友甗作[illegible]，舊釋召。伯虎敦作[illegible]，孟[illegible]鼎作[illegible]，伯害盉作

台五百同

[illegible]，害鼎作[illegible]，甲文作[illegible][illegible][illegible][illegible]諸形。綜而觀之，寶乃象徵時

番君鼎作[illegible]

代之圖語，與亞形中之[illegible]同意，必非召字。昔人以[illegible]白虎與詩之召虎相應而釋為召。亦本詩之

召虎本是此字，而傳寫省之為召。觀甲文此字有省作[illegible]者可證也。此字在盂鼎之詞曰：今余隹

令女盂[illegible]𠬝，敬雝德巠，敏朝夕入讕，享奔走，畏天畏。又曰：盂迺[illegible]夾死𤔲戎，敏諫罰訟，夙

夕[illegible]我一人[illegible]三方。不獨形[illegible]不從召，義亦絕與召無關，而以夙夕[illegible]我一人[illegible]四方證之，義

亦非绍縚。亦非借為绍也。以盂乃𦺲𢍜夾死嗣戎敏諫罰訟證之，此字當讀配，高之配。配字之本字
毛公鼎作䣮。從又從酉。與說文訓酒色也配從酉己聲者異字。己為㠯之異文，此為䣮之省
訛。後即以為䣮字。以金甲文諸形綜合觀之。其字主要部分為㠯，㠯為𠂤，𠂤為酉，為𠙵。金文或
增口，增炇。甲文或者酉者𠙵。口即肉字。蓋𠙵或𠙵或𠙵或𠙵，皆[?]尊𢍜所從之𢍜。
亦牀危鼎𪓌字所從之𢍜。亦即甲文之[?]。皆高之異文。亦𦺲之初文。刀為匕，柶之匕，而非
人。口為胃肉之肉而非口。𠙵𠙵皆即䳜之省𢍜。𠙵𠙵即𠙵之變譌。此文增口為複。由傳寫已
不明字之所從。而誤以口為口舌之口。故復增口。取盂鼎增炇者一人持酒一人持羞也。其作
䣮者，僅持酒矣。然則此與亞形中之𩰫實一字。蓋配為陪侍之陪本字。陪侍即今所謂侍
者。宴饗時執壺進食者也。配聲之類。故古書借陪為配。陪音諸紐，古音隸紐。同為滿破裂音。
故音轉如召。故古書借為召南之陶召。配、侑一字轉注。侑介於賓主之間者也。則𢍜亦
介之介，绍之绍字。詩之召伯，音同於召。詩之召者，或以此與說文之奭，羅振玉說即說
文之赫字是也。偏從戍辰彝之奭及甲文中之奭字，皆當讀為配，高之配。書有君奭。史
記燕世家召公名奭。倘疑奭非召公名。賓配之借字。亦𢍜之借字。召奭，賓一事。蓋古注奭
字於召字下。傳寫譌為召奭。後人乃以為召公名奭，取猶禮記之曲禮，曲乃鼓之譌，鼓為

豐之初文。釋乃往枉曲下。明此讀為禮。而今乃以曲禮為一篇之目矣。此亦可為□即配
字之證也。此召白名公奭。蓋猶商人與。史記燕世家集解引譙周說食邑於召。謂之召公。
索隱召地。畿內采地。或說以為文王受命。取岐周故墟召地。分爵二公。故詩有周召二南。
蓋皆無據而以意說之也。□與亞形中之□是一字。則即僕之初文作菐者之異文。武王
伐紂。有微盧彭濮人從之。豈此□白乃濮白耶。

且女彝　舊作宜女彝。見同上。　偏按舊釋宜女作乙尊彝子孫。孫詒讓謂此且與王且尸方觚同。偏謂□為□之缺文。

□為廚之初文。所謂肉機。此或借為
祖。女借為母。或此文讀為乙作且母隩彝。或讀為女作且乙隩彝。且字譌書於上。子□
其作器者之族徽與。

父乙尊　舊作酎父乙尊。見同上。　孫詒讓曰。商龜文酒皆作□。疑此亦酒之異文。偏按

二 □父乙 隩彝

孫說是也。舊釋為酎非也。酎為酒之轉注字耳。今蘇州廣州猶呼
謂酒如酎者也。此□旁甚與今紹興酒之罎似。今紹興酒罎以竹
裹為繩縛之。殆取其以便持挈。金文壺字有作□者亦有耳。此文之去。則與□竹裹縛形
似。亦今紹猶古之遺風與。此銘上有□文。

史𩰫簋　舊作史燕簋。見同上。　偁按史燕作旅簋。孫詒讓曰。𩰫上從㲋下從尹。亦非燕。
史𩰫乍旅簋　其永寶用　字疑當作𪊨。蓋變鹿為㲋。尹則君之省文
也。後𪊨冞婦觚冞字亦與此同。𩰫當為䵼。偁檢舊釋冞婦觚字作𠬝冞。與此不同。彼自從
鹿。即說文之䴥。此似從㲋君聲。君從口尹聲。詳孫證。故此可作尹也。𪊨從四䴥聲。說文無
此字。未詳其器。不能詳也。

鄭井叔鐘　舊作鄭邢叔鐘。見同上。　偁按舊釋鄭邢林作靈龢鐘用妥賓。孫詒讓曰。吴
奠井叔乍霝龢鐘用妥賓　縣潘氏所藏克鼎有霝鼓鐘。字與
此同。霝䶵似一字。或讀為令亦通。偁按說文有郱有邢。郱下曰。周公子所封地。近河內懷。
邢下曰。鄭地有邢亭也。此雖非許氏本文。蓋校者或吕忱據杜林倉頡解詁或張揖三倉
訓詁增之。尋左傳廿四年傳凡蔣邢茅胙祭。周公之胤也。二十五年。衛滅邢。朱駿聲謂在今
直隸順德府邢臺縣西南。與河南懷慶府武陟縣近。史記殷本紀祖乙遷于邢。索隱音耿。
本亦作耿。今漢書郡國志。河東郡皮氏有耿鄉。則昭注。左傳閔元年。晉滅
耿。杜預曰。平陽皮氏縣東南有耿鄉。左隱五年傳。鄭人邢人伐翼。杜預注。在廣平襄國。則邢亦非鄭
地。故段玉裁朱駿聲皆以為邢即漢志常山郡之井陘縣。趙地也。然則此言鄭井者

邢滅其族而有入於鄭者與。或鄭自有邢與。此舊釋作邢。蓋據廣韻作邢地名在鄭。於依篆不得作邢。而古亦邢郉異地也。靁從畾霝聲。說文無此字。金文靁鐘屢見。此蓋十二律之林鐘也。林靁音皆來紐。故可作靁。或作𩆜從畾即龠之初文。以呈律中之林鐘。故從畾龠。鐘從童。為童之異文。[illegible]毛公鼎。雩四方死無𡙧。番生𣪘作𩆜。毛公鼎字與說文籀文童同。但說文謂四為廿。其實四亦四之譌。四即說文之臣。臣為女之異文。詳琮證。說文小篆從辛。辛即辠人。籀文從臣為後起。此與番生𣪘小異。然皆有土。此之四即目。說文睦之古文作𡈼。囧為囟之譌。此又譌有。此器蓋出晚周矣。安字不見說文。而說文有綏。實從安。昔人辛語綏訛為綏。其實綏自可從妥作。妥蓋為接之初文。從爪。女聲。此借為安。安亦從女得聲也。詳琮證。賓作賔者。從方得聲。金文賓字或作宥或作𡧍。皆賓之變也。

鄭同媿鼎　舊作鄭同嫘鼎。見同上。

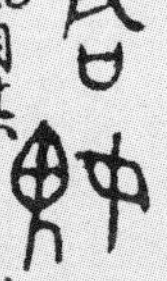

乍旅鼎其永寶用

倫按舊釋𡟲為嫘。倫謂此說文之媿字。此從男乃鬼怪之怪本字。鬼字從之得聲者也。媿當是作器者之名。同其姓也。左傳有蕭同叔子。杜預文十四年傳注。蕭宋附庸國。則同蓋叔子之姓。或即蕭姓也。說文同在冂部。苗夔謂凡聲。以頌鼎佩字作𠈷明之。是也。倫謂同為凋之初文。[illegible]疑姓氏之同為凡之借。凡蓋周公後六小國之一。莊子有凡伯。蓋以

网為氏者也。或本有凡氏。以始作帆而以此為其族徽。後世以為氏姓。凡即帆之初文也。乚

白[?]彝 舊作伯旂彝。見同上。 倫按舊釋[?]為旂舟二字。倫疑此是遊之異文。

乍父寶隮彝 貝[?]

為旅之初文。從㫃猶從走。[?]蓋[?]之省也。此銘彝下旁書[?]貝二字。[?]字以舊釋魯文旁尊之[?]旁鼎之[?]甲文之[?][?]證之。即說文之旁字。從㫃。尣聲。尣即防備之防本字也。為尸之轉注字。或從尣氏聲。為尣之轉注字。疑此即防姓。蓋出於防風氏。防風氏蓋始作帆者也。貝疑為鼎之異文。金器銘尾或文外書鼎字者。皆記此烹調之器也。

遽中觶 舊作遽仲觶 倫按此在銘文遽中乍父丁寶下。舊釋亞形中八足跂形。孫詒

讓謂當為共字。倫謂以金文言之。此亞中所與亞形中作[?]者同。此蓋其省也。不然。則是[?]之省文。[?]滕之省文。蓋遽中以送嫁為業。如今之喜娘也。或謂此銘寶下無彝字。所即彝字。但內之亞中耳。論形不然。亦無此例。而金文不書彝或鼎者則有之。乚

弘尊 舊作口膚尊。見同上。 倫按舊釋弘為口。膚寶隮彝永壽。孫詒讓謂[?]為父甲

[?] [?] [?]寶隮彝用永者 二字合文。倫謂若孫說。則父甲為人名。膚當為動詞。即鐘。作為余鐘。玄鏐鏞鋁。鏞從金。膚聲。蓋鑪之異文。此省耳。說文膚為臚籀文臚

字。從肉，虛聲。虛從虍，虍聲。虛為盧之初文。此從虛即虛之異文。其甶與金文甶字同。蓋本
作盧，古借甶為西。此逆用借字。說文：鑢，錯銅鐵也。故鑢即今木工鐵工所用以錯金工之
錯子。今借錯字為之。非動詞也。此疑借為鑢。錯鑢聲同魚類也。說文：錯，金涂也。施於此銘
尚不通耳。或猗虜是人名。猗字說文所無，不詳其義。字從亼家聲。金文乎如此作。家音
邪紐，故為音入喻三。因為次濁摩擦音也。說文訓為母猴也。蓋非本訓。母猴乃禺字義。禺音
疑紐。而從為得聲之偽音亦疑紐。禺為聲同侯類，故猗借字作猴。猴從侯得聲，音在曉紐。
而侯實侯之初文。侯音匣紐，為之與匣同為次濁摩擦音。猴又得借為禄。禄音亦睘三。或
借為為之。此為為母猴之說所由來也。為即作為之作本字。其訓當曰助也。詩鳧鷖：福祿來
為。鄭箋：為，助也。論語衛靈公：夫子為衛君乎。鄭注：為，助也。助從力，此為從爪。爪金文作爪。
為祖之初文，實同意也。歌魚二類聲近，故為聲在歌類而助聲入魚類。其實特借字也。羅
振玉謂意古者役象以助勞，故從爪象。或據呂氏春秋古樂：商人服象，為虐於東夷。宋翔
鳳據漢書司馬相如傳注引張揖說：商人作南人。南人即南盤之人。象產南方，作南人是。
南人服象為虐於東夷，東夷自因此知象之可用。孟子言舜，東夷之人也。論衡及越絕書
皆言舜葬蒼梧，象為之耕。此以象助耕之證。而為所以從爪象也。偏旁或從又，從馬為使

馬之義尤為從尓從家亦止佐家之義。馬亦助人。何以馭無助義。以因家耕而作為。古文牛
亦以耕。何以不作牛字。以詞從家為先於從牛而家耕之說。先秦未見也。故倫以為家聲。

匄父癸卣蓋　舊作𠤎父癸卣蓋。見同上。

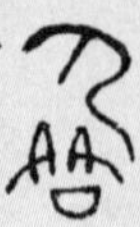

止父癸祺隕彝用韡

倫按舊釋△為咎。說文咎從各。此從咎者。咎為各之異文。各為來之本字。AA為卌之反文。卌為今俗言䟕起來之䟕初文。步乃陟之異文。人自卧而起。兩足及地而後行以前進。故卌象其趾步也。古文以左足上登。右足從之。後以於形未足表意。乃增𠂤耳。卌亦為往。一猶往。故AA為來。從AA

或據雜鼎字作鼎及說文言猶亦貞為鼎證此。者從孫說亦通。

䟕敭　舊作貞敭。見同上。

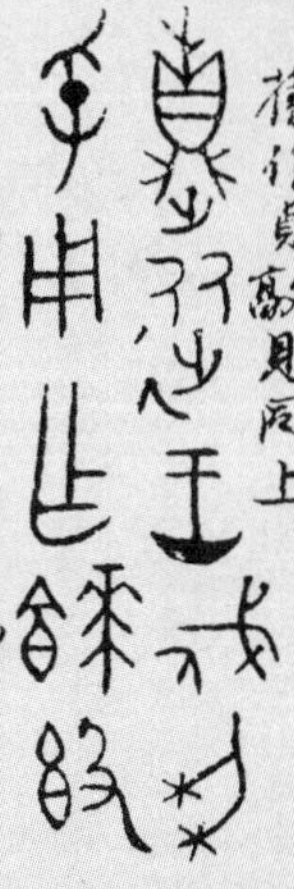

倫按舊釋貞從王伐梁字。用作𨥂敭。孫詒讓釋△為遉。孚為俘者。倫謂䟕從二止貝聲。即說文之䟕字。䟕為卌之轉注字。卌為今浙江言䟕起來之䟕本字。說文有䟕有遉。實一字也。𢦏者。方濬益曰。說文。荊。楚木也。從艸刑聲。古文作𦯏。即𦯏。傳寫誤分為二。故止𦯏。其從艸者當上小篆而之荊而譌。即𦯏省木。不當從艸。𠂤運簋曰。荊楚即荊棘。古文象叢生有刺之形。或作𦯏。蓋從井得聲。小篆從刑。或認

古者刑杖以荆。故字從刑。則後人附會之說也。倫謂[illegible]伐（詩殷武：奮伐荆楚。）即伐楚。𢦔𣪘𢦔𣪘從王南
征。伐楚荆字作𠛬。過伯𣪘過伯從王伐荆字作𠛬。皆可證。然𠛬乃說文之𠛬字。非荆棘之
荆本字。𠛬即說文之𠛬字。而師虎𣪘作𠛬。從刃與此同。說文。荆。從艸。刑聲。桂馥謂刑聲當
作井聲。𠛬從井得聲。詳緐證。則桂說長矣。𢦔𣪘言伐楚𠛬。楚即荆。而言楚𠛬者。音同字二。
楚聲魚類。𠛬。說文曰。讀若創。聲入陽類。魚陽對轉。是以疊韻連緜爲詞。史記
正義。秦諱楚。改曰荆。秦莊襄王名楚也。蓋由楚本或借荆。故即以荆易之。然可證荆自
從𠛬得聲。𠛬自從井得聲也。淮南人閒。師之所處。生以棘楚。即老子之荆棘生焉。賈誼書
盆冒楚棘。亦謂荆棘。今荆音舉卿切。入見紐。猶耕（邢）亦從井得聲。而耕音入見紐。邢音入匣
紐。證此聲。說文荆訓楚木。楚訓叢木。荆從井得聲。井音精紐。叢從取得聲。取音清紐。同爲
舌尖前破裂摩擦音。是楚木者本作楚也。叢木也。唐人刑并之耶楚也者。借荆爲楚木也。
者。本有木名桃。今失（其字）而借荆爲木名耳。學齋郊祀志以牡荆爲幡竿。和晉書刑法志
陵上荆一枝圍七寸二分者。被服此木荆也。荆自爲艸名。今經傳𠛬楚字皆作荆。賴金
刻明其字本爲𠛬也。學爲捕之特語字。實傳之初文。猶吴之後作虞矣。

父辛盤　見同上。　倫按舊釋口陳中口。孫詒讓曰。首字似京。又似亭。吴榮光釋宗。吴式

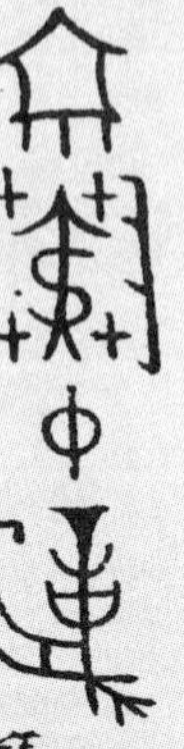乍父辛寶䵼彝 陳見玉篇云。地名。中下一字亦是足之。略似勸字。偏旁說文有京有亭。於經傳有京無亭。甲文京字作□□□。金文靜𣪘作□。師酉𣪘作□。殊與今之亭形相似。蓋京即亭也。子□鼎之□。散盤之□。大克鼎之□。甲文之□。或為高字或為亭之異文。此從高用之高。即亭之異形。散盤□中之。□者。亭之圍平面形。下復有梯級作H。□其最下層也。蓋有亭梯。漢制鄉置有亭。客亦就宿鄉亭。若如今之街亭無梯者。但可避雨。不能止宿。亭有至三層者。故義為絕高。而因說立之。絕高者曰京。故爾雅釋丘曰。絕高謂之京。左傳之京觀即亭館也。此非亭字。疑仍是高字。或作□者之族徽。但未詳其義。□從昆萬聲。萬從艸声聲。即說文之蔑字。說文□蔑蔑。廣韻玉篇皆作蔑。段玉裁因欲改蔑為蔑。得此乃證蔑蔑之不誤也。違即甲文之□字。僕之初文也。中僕作□者之名。僕者表其地古之姓氏。今所謂姓名籍貫也。氏從昆十聲。即氏之初文。今之阜字即●氏字也。詳綜證。而氏為地之轉注字。從初文地字氏聲。姓氏之氏即借氏為氐。中僕著其地。著其族徽而不著其姓。□或其姓歟。

此子宋盤 見同上。

乍文父乙寶䵼彝 偏旁舊釋此子宋。偏謂北蓋邶之省。猶鄭作奠也。邶國名。子爵。偏宋其名。左宣四年傳有鄭公子宋。

魯白厚盤　見同上。　倫按說文魯在白部。白為自之異文，𩠐之初文。而所屬之皆魯者

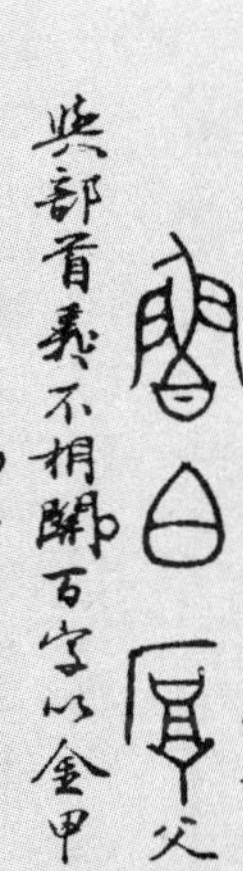

父[illegible]乍中姬俞媵般　魯智皆諸詞部字之直文為數名皆

與部首義不相關。百字以金甲文凡一百作[glyph]二百作[glyph]五百作[glyph]六百作[glyph]證之。直是

一白二字合文耳。以魯字克鼎作[glyph]。井人鐘𤪌妹鐘師虎敦周公敦諸魯字亦從口。者

字受季良父壺諸女觥者沼鐘亦從口。圖字金文[glyph]字所從者亦多從口。智字毛公鼎

作[glyph]。甲文作[glyph]，知亦從口。證知皆魯者圖智五字所從之白。皆口之異文。蓋口之象形文

本作[glyph]。省為曰耳。此從曰猶近象形。魯侯鐘作[glyph]。益近相從白。說文智之古文從鉩本

作[glyph]。乃近於頭之初文作[glyph]者。其實亦[glyph]之直書耳。厚說文作[glyph]。從厂。𣆪聲。詳疏證。𣆪

從反亯。𣆪實孰之孰初文。亯為烹物。𣆪則物熟而可傾出也。故從到亯。亯音曉紐。𣆪音匣

紐。同為舌根摩擦音。孰音禪紐。今言生熟之熟音在禪紐。禪匣同為次濁摩擦音。亦音轉

也。今言煮物已熟曰好。好即𣆪之借字也。此從𣆪。芮姜鼎有[glyph]。即𣆪字。皆變譌者也。俞

為舟之轉注字。舟音照三。俞從余得聲。余音審三。同為舌面前音也。在此銘中未有作義。

或為函之省文。亦不悟者也。媵借為賸。般為盤省。

井姬鬲　見同上。　倫按舊釋[illegible]白試父作井姬季姜隩鬲孫詒讓曰。試[illegible]為[illegible]。倫謂孫

說是也。井姬季姜當是二人。井姬者井人，而姬姓者也。然則井當是邢之借字。邢周公之後。姬姓也。邢侯借井爲之者。猶刑荆之爲形法字矣。井古根音也。古讀井蓋如硜。由井爲鑿地出水。語原蓋出於山。山爲坎之初文。今杭縣語坎如硜。井音如硜。故從井得聲之耕音入見紐。邢入匣紐也。姜。說文作姜。從女。此從母者。母亦從女也。以聲也。詳綜證。姜羌一字。說文曰。神農居姜水。以爲姓。倫謂倉頡始制文字。其後乃有形聲之字。神農在黃帝之前。安得先有姜字。而以爲姓。蓋神農爲始發以種植之人。其後因以爲氏族。神農之先蓋亦牧畜而以畜羊爲業者也。故其旗幟以羊。以羊爲旗幟。乃圖畫牲之象形物。緯書言神農令白阜圖地形。則彼時自已圖畫。即自得有畫羊之旗幟。金文借作一羊形者。或作義字者。蓋猶牧羊之旗幟。實即姜姓也。說文。羌。西戎牧羊人也。劉師培謂羌字由姜而起。姜爲神農後四岳之裔。皆姓姜。史記齊世家索隱引譙周說。太公姓姜。炎帝之裔。伯夷之後。掌四岳有功。封之於吕。而山海經海內經亦以氐羌爲伯夷之後。是羌與姜同。左襄十四年傳。戎子駒支對晉人語。謂戎爲四岳裔胄。證以下文懷秦事。知戎即姜戎。本居瓜州。則羌名實出於姜。倫謂劉說信是。但劉未悟姜羌之爲一字耳。倫又疑姬姓蓋本爲牧（證之則已據金甲文）。雞之族。史記六國年表。韓姬。索隱。姬一本作玘。玘爲己之後起字。以說文己部玘字之玘字於說文作己。而金甲文戊己字壺一作𠄐者。且己父辛卣作己己。伯虞鐘作己。大鼎作己。鍾伯鼎作己。宴敦作己。甲文作己己乙巳。而無異敦異字作𢀜。王婦匜作己異。偏謂己己乙己皆初文雞字之簡易者。與鎮番縣沙井所出石器時代彩陶其雞文作𠃊者同。衛聚賢謂由𠃊變為己己。其說是也。雞音亦見紐。故金甲文以為干支戊己字。猶列說文蓋從己之為一耳。其巹字從己而異從己。巹得義於己。異得聲於己。蓋其之轉注字也。姬聲以同舌根音通假。則姬亦得借為雞矣。此器白㝬為井姬季姜作。則二人共有之物。姬姜蓋白㝬之妻妾。或白㝬井人姬姓者。井姬其女與。或謂姬為罷宴之偽。偏謂此秦漢以來之偽。未可以釋此也。

簋父甗　舊作鄭伯甗。見同上。　偏按舊釋鄭伯荔父。孫詒讓謂釋荔未塙。疑屬。右從

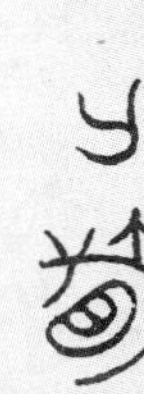

文臣寶彝永寶用　犬金文多借獻為甗。偏謂濆疑是隩之壞文。或從水奠聲。借為鄭。或隩字。隩字不在韻下。或異例也。亦或此為酒之異文。𠃊亦非白字。不得（借此）謂酒字之為何義。萄乃簋之異文。此從竹𠙵聲。竹字壞耳。說文匋字在勹部。然實從日勹省聲。古文作𠣏。匋聲不省。匋字匋敦作𠣏。王孫鐘匋字作𠣏。使夷敦金十匋。匋即說文之鈞。甲文匋字皆有為𠃊𠄎了之。其了之即匋也。𠃊為了之變。了又匋之省。匋蓋從說文部之二得聲。二為地之初文。亦作一也。二聲脂類。故

匀聲入真類。脂真對轉也。陳子子釜𨥏字作𨥏。其㫖字作□，與□相近。偏以形聲互勘，疑匀從說文訓鈞讀之乙。乙乃本是一字。詳疏證。惜其義不得詳。說文勺也之訓非本義也。

甫人匜　見同上。

偏按甫從用父聲。用為墉之初文。甫實圃之初文也。然則甫人即圃

甫人父乍旅□□用　人也。□為盎之壞文。□之後起字也。

□本象形為字。變為周寍匜之□若□為明象形。又變為□。遂與□□相亂。因增皿耳。萬字說文在厶部。從厶為附之異文。從九從乙。乙九皆為附之初文。厶九為數義所專。變而為禹。寸後為度名所占。乃從乙而加九聲為厶。萬為蟲名。身得從厶證以此文及甲文作□。非並象形。萬為蠍之初文。亦蠆之初文也。借為數名。而音轉為無販切。或蠍蠆之音。乃後然而無販切猶古音也。知者。百聲得轉鼻之初文作□者。白音並紐而□萬音微紐。證為雙脣阻破裂音。微古讀歸明。明雙脣鼻音次濁音。而千從人得聲。人音古在泥紐。明泥同為鼻音次濁音也。可知數名雖百千萬不同而語原則同。十音禪紐。古讀歸定。定語同為濁破裂音。定泥同為舌尖前音。則亦同原。而皆變取于舊語人。依象也。此音讀為年。年從千得聲。千從人得聲也。金文年字多止從人。從禾。箕簋萬年作□。其例證也。此有取孫詒讓校

此銘書一疑字。蓋未定所釋。或疑此為僞器耶

宋易戈 舊作丙陽戈。見同上。 倫按舊釋宋公差之所造丙陽戈。吳式芬引許印林

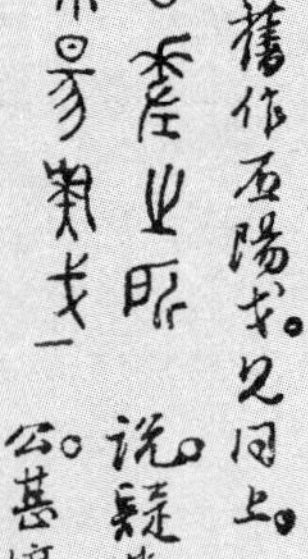

說。疑𢦏為戟字。或人名也。孫詒讓曰。許瀚釋差為佐。詔即宗元公。甚塙。𢦏疑族。此即𢦏之變。疏今禮說。倫謂此銘蓋[illegible]亦似六國時書。可為許說佐證。按許說可證差從𠂇左聲。非從左也。說文誤入左部。𢦏及金文數見之𢦏字此從𢦏持戈。舌考在大𡨦。此誤系於卜旁耶。𢦏為伏甲之伏初文。

父癸鼎 舊作冊命父癸鼎。見同上。 倫按舊釋亞形中召夫室形。父癸。家刊。柦形。冊命。孫

詒讓說𠫓是害字。刊是扞字。蓋以金文于字率作扞也。倫謂孫說𠫓是害字是也。害為瞎之初文。亞形中作𠫓者。明

此猜人之家也。亞為亞之異文。家之次初文。𠆢即說文之宅字。宅為家之轉注字。家之數字中而家宅並錄。即以亞為族徽。而亞𠆢亦複舉。金文之扞乃從于從弓而此從弓。似甲文之水。說文之乚。川決非象柦形。𢦏之非命字。倫疑此僞器也。

雞鼎 舊作雜鼎。見同上。 倫按舊釋口父之徒馬吳㚇作雜鼎用。孫詒讓釋𤕌為彈。

陳父之𧺆 謂𧺆馬讀為趣馬。貨疑買字。倫謂孫說是也。陳字

馬犬貨止 說文所無。𧺆乃走之異文。說文走字作𧺆。金文皆作𧺆。

其形從之大，實走之初文。後以形近於大及夭，故加止字。

鬺鼎用 此後增之。即行字也。趣為走之轉注字，猶同侯類。走馬官名。

吳買其名（姓）也。陳父之走馬，疑晉畢氏之家臣也。左傳廿八年傳有公子買，則古人名買之

例。離借為鬲。離從鬲羊以聲。鬲羊[illegible]為鬲之轉注字也。

𠆦侯鼎 舊作旅侯鼎。見同上。 倫按舊釋𠆦為旅。倫謂此蓋𠆦之壞文。當讀蔡侯。

𠆦厂矢 乍旅 鼎 其萬年永寶用 侯為射的之侯之本字。於初文蓋止

作厂矢下。後以疑於岸之初文作厂者，乃增矢耳。亦或從矢厂聲。亦或從矢厚省聲。

𠆩尊 舊作朋尊。見同上。 倫按舊釋叓為事。倫檢彝卣作叓，其蓋作叓。王國維謂

𠆩亡父考寶尊彝用萬年 叓 史吏事一字。倫謂吏、事一字。事者為吏事於

史之聲，乃史之轉注字。金文無從史從一之吏。其實說文之吏，即此文之變耳。此文書於

銘末，或𠆩之族徽，或讀為使。令此人言用器曰使。此事字蓋同卣文作叓者。誤異之耳。

中臣父敦 見同上。 倫按舊釋𡚱為孜。倫謂即說文之好字。甲文有帚好。好為宋姓。此

中白父[illegible]旅敦其用萬年。 好盖中白父之女名。

齊侯敦 見同上。 倫按孫詒讓曰。金文敦字甚多。皆從皀。或從食。從皀。唯此作𩞁。為歎

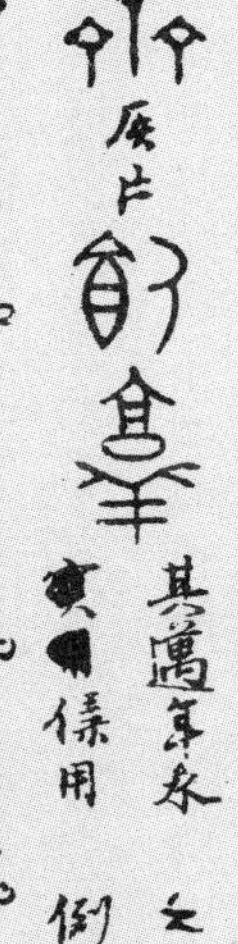

其萬年永 之省。皀食皀三字與𩞁羊形皆不相近。其遺殘乙

寶[illegible]保用 倒未詳。倫按𩞁羊從歎省。實𩞁之特徒字。而皀食

則一字。皀𩞁亦一字。而皀為誤體。食音林之。𩞁羊音禪紐。古讀歸於定。則音自可通。唯𩞁

為𩞁詞之𩞁初文。從畐。家內有所𩞁之物。金文中無即用為器名。蓋𩞁音轉為𩞁。而鼎音

知紐。知禪同為舌面前音。敦鼎同為孰物之器。其始蓋一物。後漸異其形。以其為孰物之

用而異其名曰敦。然不為造字。而但以敦為之。𩞁為說文之飤字。亦即說文之即字。即從

皀向食。飤之初文疑與金文飲字作𩞁者同。蓋本作𩞁也。即如今文。二字之構造完全一

致。即說文訓食也。飤。字林。一曰。飯也。是其義亦同也。即音精紐。飤音邪紐。同為舌尖前音

也。余義鐘。歙飤訶舞。即飲食歌舞也。是飤即飲食之食本字。而即為今通言食飯曰吃飯

之吃本字。吃即稽同脂類。故今借吃字。亦猶即為就義所為故也。邁從萬得聲。故亦可以邁

為千萬之萬。以此亦可證萬之古音如邁矣。

立盨 舊作立簋。見同上。 倫按舊釋[illegible]為簋。孫詒讓釋須。依篆形也。實盨之省。說

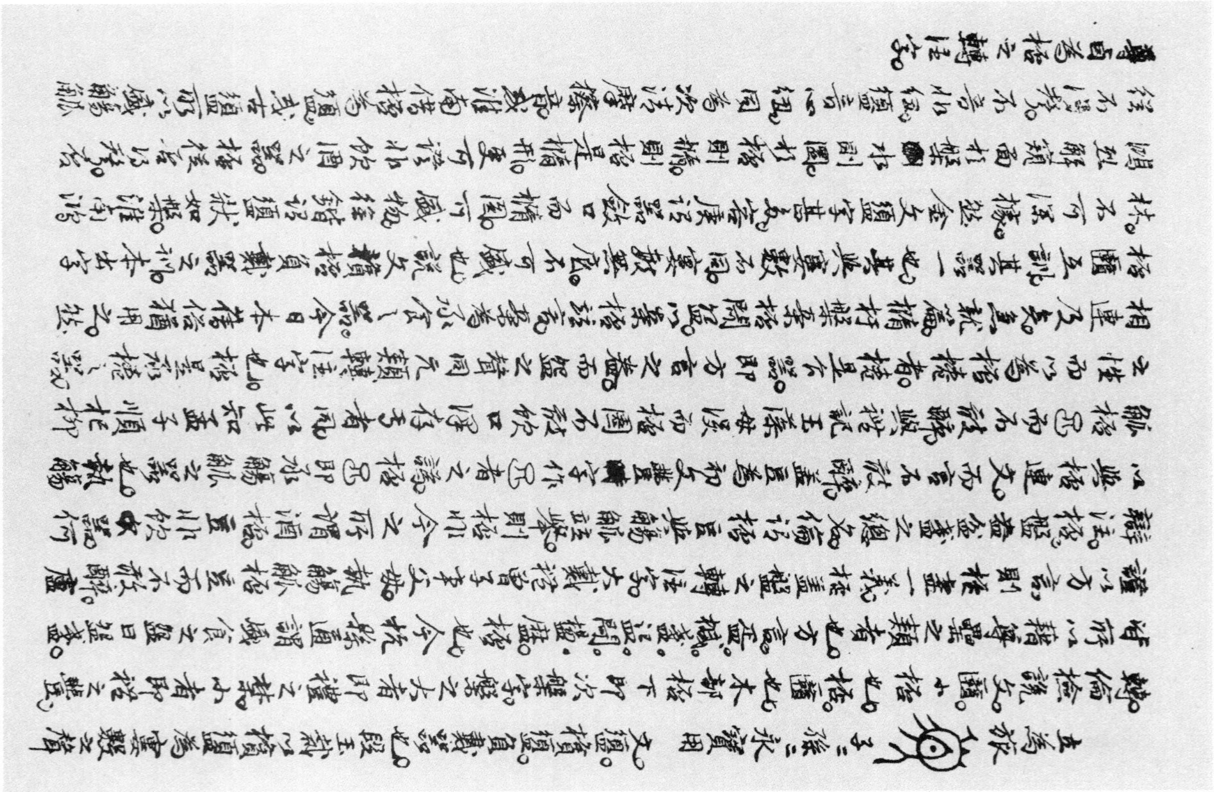

⿲丿朱乀討鼎　舊作邾討鼎。見同上。

為其　子子　永寶用

偏按舊釋邾討為其鼎子子孫孫永寶用。孫詒讓謂結⿲丿朱乀為其　疑誤。偏謂舊釋是⿲丿朱乀為鼄之初文。說文鼄在黽部。黽是水族。鼄為結网之蟲。字安得從黽耶。檢說文黽部字多譌舛。如鼉鼈之為介族，字當從鼂鼉之當從魚。今皆從黽者，自古亂之。蓋由此類古自各有其象形之字。及變為篆文，遂相譌亂，不可諦正。後人乃增某聲以別之。若此⿲丿朱乀字亦非從𣏟朱聲也。金文杞伯敏作鼄。又作鼄。杞伯壺作鼄。所從之⿲丿朱乀蓋為其象形之文。而後字與黽之作黽者相亂，故加朱為聲。朱即說文之朱。說文訓朱為赤心木者，乃株字義。而根株字乃朱字也。金文作朱者，由象形文本作朱或作朱也。知者，韓非解老：樹木有曼根，有直根。直根者，書之所謂柢也。曼根者，木之所以持生也。朱替廣韻曼替也。類也。慶替近。韓非所謂曼根，即朱也。且木之赤心者，非獨今所謂紅木也。故徐鍇以朱為赤心木總名之說，於木亦有黃心者，何不為之製字？從一於木謂之赤心木，與書謂之指事。於物名固鮮，以指事之法為之造之。且金文作朱，足證之者二矣。故知說文朱株之訓，實互易耶。此⿲丿朱乀蓋邾之族徽。古所謂國，直一族之人占有若干土地，封而守之。其國名多即其族徽也。山海經所載諸國名，皆以是觀之知於其始止作萬耶非卓爲鼎子之異文。說文云古文子蓋出於是與。

伯矩鼎　見同上。　倫按舊釋伯矩作寶彝用言王出內使人。倫檢中爯彝。貞松堂集古

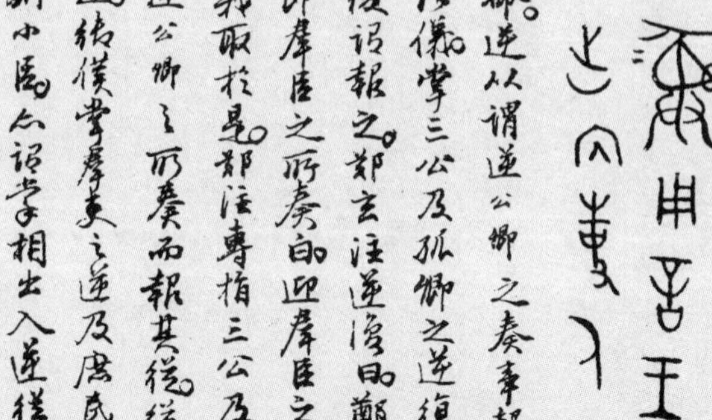

遺文四中爯乍乃寶彝。用鄉王逆从。小臣宅彝銘末曰。

其萬年用卿王出入。詞例𧦝與此同。彼銘卿當讀爲賓

相之相。其賓寧相字當作卿。故古借卿大夫相王出入

謂陪王出入也。相王逆从。謂陪王逆从也。出入詔出入

王命。逆从謂逆公卿之奏事報其可否也。周禮太僕云。有小臣。掌王之小命。詔相王之

小法儀。掌三公及孤卿之逆復。正王之燕位服。王之燕出入則前驅。逆復即逆從。逆謂迎

之。復謂報之。鄭玄注逆復曰。鄭司農云。復謂奏事也。逆謂受下奏。倫謂逆謂受下奏。是下

奏即群臣之所奏。迎群臣之所奏。故曰逆。復者即群臣所奏復下而行之。後者行。故逆

也。義取於是。鄭注專指三公及孤卿之逆復言。蓋三公及孤卿逆之群臣而後之王。小臣

則逆公卿之所奏而報其從。從即史記漢書之詔可報可也。周禮。宰夫掌諸臣之復萬民

之逆。御僕掌群吏之逆及庶民之復。則小臣與宰夫御僕所司不同。說文。倌次侍介之閒。

而訓小臣。今謂掌相出入逆從者耶。此銘用言王出入事人。言王猶周禮之詔王。

也事人即使人也。白矩蓋職小臣者與。出字說文作𡳿。從屮象其義達。吳大澂據禮記出則內復入則朕儀詔出從止。從𠃌象復。倫詔若吳說則與肯字同形同義。肯先一字。先為肯之轉注字耶。古音肯與先同，先聲在真類，出聲脂類，脂真對轉。則肯聲特入脂類為出也為肯之異文。內入一字，入又入之異文。入對造跡言即入也。後以欲與入字分別，故增入作內耶。史為[illegible]史之異文，使之省也。

白武史彝　舊作伯武史彝。見同上。

止陾彝萬年其永寶用

倫按白武史疑是伯武之史也。武字說文引楚莊王說止戈為武。然此是望文生義。此種析字形之說法。為韓非之說公為背厶。許[illegible]已不達於文字之肇造者也。止為足之異文。止作非無本義，乃此字義也。造字自用假借之法。如大本人之異文，以借為大小之大。說文之齊本諸文皆從假借之義是也。無用引申之義者。止借乃引申之義也。且倫謂止戈之止。是假借。故止戈為武。非武本義。昔湯自以為甚武，號曰武王。而媓薩亦以伐紂稱武王。邵鐘余戰甚武，是古皆以善戰[illegible]為武。俞樾[illegible]謂武[illegible]舞[illegible]。故鄭樵為從戈止聲之說。倫謂武即衛巷之巷本字。巷說文作𨞓，乃鄉黨之黨本字。詳疏證。亡字金文作𠃌。與止此文所從之止略近。故俞先生據謂武即舞字。倫謂俞先生說是。蓋武之初文本作一人持戈而為鍒鏑之形。後有為芑。而初文失矣。或金文中之㦰即其字。

禹婦闆觥　見同上　倫按舊釋婦闆作娸文日癸尊彝析子孫。吳式芬引徐籀莊說闆當

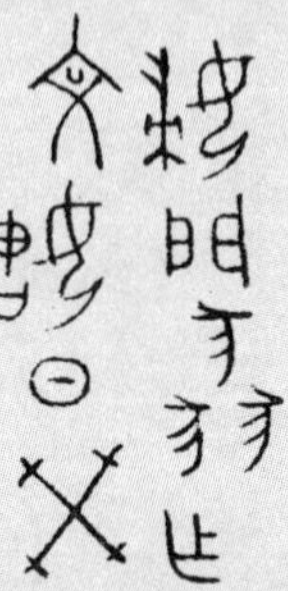

隩彝非是闆婦文。篇海類編有闆字。從門，豕聲。門也。文

姑君姑。古從十口。此十更從口四方之象。姑或釋為嫺。笑。姑

之字。商人以生日為字。又引許印林說此蓋婦為姑作器

門氏也。豩名也。積古有門鼎，有門氏。按史姑見魏節義傳。然古有東門氏西門氏以其

名人。故罕見耳。字彙補有豩字。與豩字同。不知所出。此豩當即豩說文。豩二豕也。豳從此

豩豩聲。闆豩聲。倫謂此當讀婦闆。甲文有㚔字。金文王口尊有㚔字。此是從門豩聲。豩

蓋豩之異文。豕之異文。豕音審紐。特曉紐。審曉同為次清摩擦音也。㚔為姑之異

文。姑從古得聲。古從十口聲。十行一字。田都象阡陌之橫縱。詩。縱橫其畝。說文作㽘。實

即陌之次初文。十之特注字也。從申為田之異文。田之阡陌圍，亦作田而不可作申也。

從田猶從十。知文姑猶文母。姑本嫗之聲同。度類特注字。以姑為夫之母之偁。蓋後別之。

兄已卣　舊作女子小臣兒卣。見同上。　倫按此銘當讀女子乚小臣兒巳彝。兄乚是

已彝彝　兄非兒。金文兄癸兄日壬皆與此同例。

而無弟者，古兄弟不別，猶姉妹亦一字也。此俗今歐美諸國亦然，可謂同風矣。說文罤弟從弟眔聲，於實弟之轉注字。弟音定紐，罤從眔得聲，眔音亦定紐，定之一部分轉入喻四。古書喻四與曉同為次清摩擦音，兄音曉紐，蓋弟音轉為兄。[illegible]兄音喻四，由喻四而轉曉，古書或作昆弟者，昆從日蚰聲，或從日比聲，蚰蟲出一字，詳疏證。蚰音曉紐，[illegible]，故可借為兄。而昆音今入見紐，蚰音從紐，從定同為濁破裂音，古讀從歸定也。比古讀如卑，古讀歸該。定從亦同為濁破裂音也，由是可以金文所以有兄而無弟之故矣。小臣兄已官名。

白歸敦　舊作伯同敦。見同上。

倫按[illegible]舊釋白辭作此白寶敦，足子孫寶用。孫詒讓曰：古文此字皆不從山，韓侯鼎叔向敢竝同，疑從古文火省，與黑同意，是無義，當為世之異文。倫謂孫說是也。此從火，茲聲，猶幼從力幺聲。幺茲一字。此者，火微。今杭縣語火微為此。

豊妹敦　舊作豊妹敦。見同上。　倫按舊釋讀作豊妹。孫詒讓釋豊為誌。倫謂舊釋長。

寶敢子孫永用　尤為羞恥之羞本字，從大而以手掩其面，故篆作𡗗，此從丑，與甲文之丑字同。丑音徹紐，寸為肘之次初文，肘音知紐，同為舌面前音，猶亦同此類，則羞蓋討之轉注字。豊從口林聲。口為豐之初文，豊其轉注字也。豊從𣏟得聲。此從林者。蓋由豐省致，而變。或此本是豐之特體字。從林木之林得聲。豐豐二字形近相亂。故此於文當是豐國之豐。而字作豐如困學紀聞引竹書成王十九年黜豐侯。說文豐下曰。鄉飲酒有豐侯者。𡠄蓋豐姑。說文無𡠄而有妦。捧為拔之特體字。疑𡠄亦然。

白原父敦

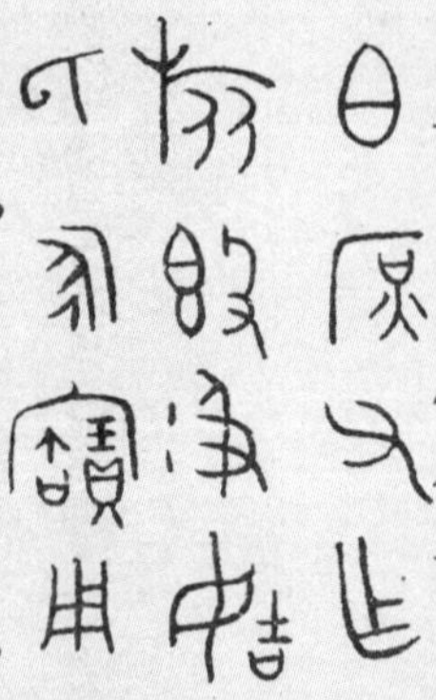

舊作伯庶父敦。見同上。

倫按舊釋伯庶父作旅敦。彶姑氏永寶用。倫檢說文原在广部。許孟鼎作㡯。毛公鼎作㡯。齊鎛作原。伯原父簋作原。與此皆從厂。惟子中匜作原。邾公華鐘作原。從广。亦非广字。广乃今所謂軒廊之軒本字。庶之初文也。其字形文當作[illegible]。王筠所說以一豬見其三面。以有從之為字者。不得不省其形耳。軒者。說文曰。曲輈藩車。蓋上與左右及後有藩蔽者。今北方乘人之騾車。其遺制矣。公羊定十二年傳注。軒城者。缺南面以受過。周禮小胥注軒縣缺南面。軒城軒縣皆以形同於軒也。而其制亦本於广。古築室皆南向以取光。故缺南面以為出入之所。今杭縣巨室是所謂楯廊者。三面有墻。獨缺其前蔽。[redacted]。所謂大廊亦然。其後通謂之後軒。其名與制。由來舊矣。然則厂广名實𦀛異。庶有邵䝺叔蓋為敦之特注字同音古而音也自不得從厂疑古借原為敦而原字又林說從火石聲或從厂炭聲其義亦不可考矣淨蓋彶字此銘當讀白庚父乍厥彶姞旅敦氏又一字也吳武芬引為祖庚誤伯庚父敦在杭州伯庚不見經傳惟歐陽公集古錄呂伯庚父作王姑周姜敦當即其人也

㠱白彝　舊作仲伯束姬彝見同上

㠱白乍束畯緐彝其萬年寶用　偏按舊釋束姬緐殆束字不見說文豈以為即說文之束字與刺此豈省文耶然則束蓋即詩纘女維莘之莘也俛莘太如國也刺此不得言莘姬。[illegible]畯或非姬字緐字在此亦不可知。舊釋畯狀篕饕禾止醽窟醽即說文之顯頭緐聲同元類又顯從㬎得聲說文㬎讀若唫唫音疑紐㬎從言得聲言音亦疑紐則緐或借為顯然頭明之義字乃為㬎顯亦借字。緐彝猶明器猶寶彝矣或謂此銘當讀緐卑白作束畯彝緐蓋即耆之㷊氏束姬樂卑白之女

㠱林簋蓋　舊作登叔簋蓋見同上。偏按孫詒讓謂㠱是䇂字是也見說文為登之古

㠱林止緐簠子孫永寶用　文饕蓋是鄧侯[illegible]然蓋上尚有勁

文一字耳。舊釋寶，非也。說文古之古文作𠖠，鉥文有□字，匋文有□字，高田忠周釋匫。此三文形各有一部分相似，而此中之古，蓋是古字。此器前人以為簠，說文以簠為黍稷方器，簋為黍稷圜器。爾雅舍人注及鄭玄周禮注說與之反，昔人右許右鄭，終莫定其實。許慎止訓器也，黍稷方器黍稷圜器乃呂忱據舊說加也。朱駿聲于笹時據古文從匚作匬，從匚作匭，疑其意，此加備。說儀禮聘禮竹簠方，釋文簠本或作簋，雖簠簋二字形近，或傳寫致異。然簠音非甫，古讀歸封，簠音見紐，封見同為清破裂音，則簠簋或為轉注字，故簠或作簋也。左襄十一年傳胡簋之事注：殷曰胡，周曰簋。胡即說文𥂕字之借。𥂕即郕太宰簠周留君簠之𥂕。𥂕從缶又從皿，旁是俗字。然𥂕簋音同見紐，則殷曰胡周曰簋實同器，而因時代或方土言語不同而異名，則簠簋即胡簋也。史記秦始皇本紀：飯土塯，李斯傳塯作甌，太史公自序作簋。徐廣曰：簋一作塯，簋一作塯，都如殷曰胡周曰簋而夏曰璉也。塯從留得聲，與璉音同來紐。璉從車得聲，說文璉之古文作匲。車古音轉得魚類，車讀如居，則音入見紐。簋音亦見紐，胡音匣紐，胡從古得聲，古音亦見紐。[redacted]此則夏殷周一器異名之所由來，皆為簠簋一物之證。[redacted]考工記陶人為甗盆甑鬲，旊人為簋而不言為簋。或亦簋簠本一器故也。昔人定此為簋。自據其形。然此文從宀貽聲。貽蓋從皿或從（為周之異文。）盤之初而古形也。據此亦可證簋不必為方。簠不必為圓。方圓乃時代或方土所作不同耳。

鄭饔鼎　舊作饔原父鼎。見同上。

倫按舊釋鄭饔邍父鑄鼎。倫檢說文饔從食雝聲。此（孫詒讓曰。饔官名。周禮有饔人。）

作饔者。雝從邕得聲。邕為呂之譌。詳孫詒讓、呂從得聲。呂為宮之初文也。然則雝自可即從呂得聲。不為省

其邁年子

也。邍說文作邍。嚴可均等皆據石鼓文作𨘎。證為從辵

孫永用

從略省。彖聲。丁山曰。春秋說題詞高平曰大原。邍從田有平義。從夊。人所登也。田之下蓋從邍。詩。寔俾我邍。周易邍𨍋。其釋文註云。邍本作遯。漢書匈奴傳。遯逃竄伏。顏注。遯。古遁字。廣雅釋地。原。端也。遯端旁紐雙聲。是邍從田從夊遯聲。倫檢單伯鬲有邍字。與石鼓文同。則此從禾者省耳。然說文訓邍為高平之野人所登。從人以為即平原之原本字。非也。如春秋緯說亦止是高平之野曰原。如丁說亦止是行於田中而已。不見高平之野義也。倫謂此從辵彖聲。為遯之異文。或邍即其省也。高平之野者𡑞字義。散盤有𡑞。即𡑞字。從略。彖聲。即平原本字。說文無𡑞字耳。從略者。說文。略。經略土地也

胡渭曰。畛字兩有精義。左傳天子經略，諸侯正封，古之制也。封略之內，何非君土。又曰封畛土略。又曰。經略王略，皆訓界。經略猶經界也。莊廿一年傳。王與之武公之略。注。略，界也。僖十五年傳。東盡虢略。注。東至虢界也。王筠曰。略字有動靜之別。左隱五年傳。吾將略地焉。僖十五年傳。謀鄭，且東略也。宣十一年。略基址。十五年。晉侯治兵於稷，以略狄土。皆動字也。王此公之略。東盡虢略。天子經略，經略王略。皆借動字為靜字也。李炳麟曰。𤰞疑易為畕畺。又疑易為畯，亦為略。故與昌異形。倫按年原鄦原字作𠫤。則略即原之原本字。鄦文作𠫤。從田夂聲。此從各亦聲。故盤從𤰞。即畕說文之畕字也。緣各為夂之轉注字。夂為來往之來初文。故從夂得聲。即從各得聲也。來音古在泥紐。原音疑紐。泥疑同為鼻音次濁音。故略轉注為纍。而古書皆借原字為之。左傳言封略土略。封略[illegible]謂區別而制限之。土略連文猶詩之原田連文矣。然則經略即孟子之經界。借略為界為畺。而非略字本義。或謂散盤從畕畕畺二字。則略自為界之轉注字。倫謂金甲文中字繁簡無從作書者意為增損。不能矣拘。此字當是夏文鄭文可證也。鄭讓者，鄭伯之饔人。圅父其名也。𤰞字依例當釋鑄。依篆當釋饙。鼎亦適當作𤰞者乃鑄饙二字合文耶。

丁未角　見同上。　倫按舊釋丁未角商祉貝。孫詒讓曰。祉疑即左傳之止。凡君獲稱止。

[illegible]用乍父辛彝亞矣

乍貝猶言獲貝也。執美榮光釋伐。伐字从美，語征即徙。徙貝即得貝。倫按左莊九年傳，是以皆止。傳十五年傳，將止之。杜注皆訓止為獲。國語魯語，據止晏萊焉。晉語，遂止于秦。韋注亦釋止為獲。尋隻為獲[illegible]詩之獲本字。隻止音同照三。則借止為[illegible]隻也。征為徙之異文，見說文。從彳止聲。亦得借為隻也。執字似即說文之執，然畢仲敦之執亦作字。甲文亦有作[illegible]者。[illegible]執本是伐之異文。說文。[illegible]執擊也。即伐字義。今讀若躁，要謹書。躁娩矣。即借躁為執者。由伐音奉紐，轉匣為躁。奉匣同為次濁摩擦音也。此伐商蓋即伐宋。丁未蓋伐宋之人名。其銘末有亞矣。則其人貴族也。

紀侯敦　見同上。

己侯乍姜[illegible]敦。子子孫其永寶用。

倫按舊釋充孫詒讓曰。媄女字。或當為嫈之省。舜妃女嫈。倫謂此嫈字也。美或為引孫籀莊說己。紀省。侯爵。姜姓國。器有獸面，繆環。與他敦異。當與紀侯鐘同時所作。

白斎敦　舊作伯就敦。見同上。

白[illegible]父乍[illegible]敦。子子孫永寶用。

倫按舊伯就父作飤敦。倫謂斎為就之轉注字。從京。又尤音同喻三。稽同之類也。[illegible]字上從[illegible]。此甲文之[illegible]所從之[illegible]同。從是老字。則此蓋老飤二字合文。老即考也。

麐婦觚　舊作㚔婦觚。見同上。

倫按舊釋㚔婦貝刊琱用口日乙尊口彝。孫詒讓釋𠨘為麐。予為孖。是也。此銘或上有殘缺。舊於一無釋，亦不以為字也。尋左文十一年楚子伐麐。是古有麐國。此銘𢦏字與丁未角伐商之伐作𢦏者同。而此伐上作予下作用，不可通矣。此器非偽。䏎刑有讀。弘疑為妣之異文。妣字見說文。為妣之古文。古於而生生亦偁考妣。桂馥有說。日乙蓋妣名。日字似衍。銘似為伐麐獲貝而為其妣日乙作此器也。

讀金器刻詞卷下竟

天馬山房藏書總目

天馬山房藏書總目　不分類

全詩選　十本

8 四六法海　三十六本

8明 篤本由韻詩選 明　四五本

全唐詩鈔　三十七本

剡川詩鈔 續補編　三本

國朝天台詩存　四本

天台詩選　二本

古詩源　四本

律賦雅正　一本
唐詩肄攷　六本
閨秀正始再續　六本
明詩別裁　十二本
删訂唐詩解　六本

書目二

全上古三代秦漢三國六朝文　一百本

道光御選唐詩　一本

國家二十四家文鈔　八本

敬修堂詞賦課鈔　四本

南宋襍事詩　四本

湖海文傳　廿本

湖海文傳　廿本

陳輯文選補遺　十二本

書目三

林和靖集 二本

8道鄉集 十二本 缺一

金華唐氏遺書 四本

沈氏三先生文集 十本

東萊遺集 六本

8文文山集 十本

岳忠武文集 四本

趙清獻文集 四本

第三匣

大

江

朱子文集　四十本

歐陽文忠集　卅本

張南軒文集　八本

張南軒論語解　六本

張南軒孟子說　四本

宋羅文恭公集　四本

刊文

書目四

儀禮石經校勘記 〻

李元賓集 〻

詞林韻釋 〻

揅經室詩 〻

隸經文 〻

道德真經 四

華嚴音義 〻

外經補韻 一

聿 弟四匯

程侍郎集　六

文館詞林　二

栗懸攷　一

經傳沿革例　一

說文声系　四

書目五

錢箋杜集　六本

初唐四傑文集　三本

李文公集　八本

翰苑集　十本

温飛卿集　二本

晝池唐人集　三本

陶淵明集　六本

文心雕龍注　四本

文心雕龍 四本 顧千里校本

庚風集三卷 三本

張輯文心雕龍 六本

文中子四卷 一本

劉撰文心雕龍 四本

陸宣公集 六本

茶山集 二本

王摩詰高常侍等集一組 四本

三種文鈔 十六本

三宋人集　六本

經進東坡文集　二函　計廿本

七　全函

書目六

○韓昌黎集　ㄥ本

韓文類譜　刀函　计の千本

宋　胡澹庵文集　八本

安陽集　十本

趙清獻集　の本

楊文靖公集　八本

松隱集　の本

許文正公遺書　八本

卯

八　名

姜白石詩詞集　一本

鐵函心史　四本

張子全書　六本

二程全書　兩函　計十六册

又二程全書　十本

〇二程遺書等一組　計廿本

三〇

書目七

王文成公全集書　二十本

王陽明集　二十二本　李贄評本

王文成公全集　十八本

邊華泉稿　五本

王龍溪集　十二本

白沙子全集　六本

董若雨集　六本

靜學集　二本

野古集　二本

明張文忠公全集　六本

木鐘集　四本

臨川集　二十本

王忠文集　五本

司馬溫公集　廿本

陸象山全集　廿本

格水好非

書目八

古經解鈎沈　八本

羣經識小　四本

經典釋文　十二本

黃氏禮書通故　卅二本

五經同異　三本

易漢學攷　二本

五經異義　四本

十三經源流口訣　一本

十二

書目九

經義攷　五十本

禮書綱目　二十本

書目十

玉臺新詠	七本
蔡中郎集	六本
陶詩彙評	四本
活幼新書	三本
? 曾氏遺書	三本
陶淵明集	三本
8 古文彙鈔	二本
8 示樸齋駢文	二本

一九

た に

北山錄　四本

徐鉉集　八本

四庫全書提要　十二函　計一百二十本

書目十一

事文類聚　計十函　共百〇四本

誠齋易傳　八本

○○湘鄉漫錄　五本

漢魏二十一家易注序　八本

△皇清經解續編　十一本

御纂周易折中　十本

周易集解通勝　四本

○○周易指　廿本

十二

十二

周易像傳 三本

讀易通解 六本

易經小話 六本

象數篇 二本

8 紫岩易傳 缺 四本

古周易 一本

紫岩易傳 全 四本

謎上易卦 四本

周易會通 八本

此又

周易啓蒙通釋　一本

○費易　三本

周易紀義易外傳　六本

周易解故　一本

易漢學　二本

川

書目十二

上之 十書

周易辨疏　一本
周易畧例　一本
易酌　六本
易備畧義　一本
周易詮　六本
周易姚氏学　六本
周易正義　六本
易憲　三本
易釋　二本

一三

黄氏古易訂文　四本

三易備遺　四本

趙氏周易輯聞　十本

書目十三

尚書後案　二本

禹貢今註　一本

陳洪範著五行傳　小本

古文尚書攷　一本

尚書廣聽錄　二本

尚書纂傳李組　二十八本

古文尚書馬鄭注　一本

周書斠補　一本

十三

尚書考異　四本

逸周書　六本

書傳補商　單本　一本

禹貢會箋　四本

書傳補商　六本

禹貢圖　一本

書經釋疏　三本

○尚書大傳　一本

尚書大傳　四本

禹貢班義述　一本
書經傳說合纂　十二本
書經　四本
學古堂日記　一本
逸周書校釋　二本
古文辨惑　十二本
尚書商誼　一本
通志堂經解　六本
董氏尚較書說　二本

十八

尚書便蒙　三本

尚書古文疏證　八本

尚書伸孔　二本

周易鄭註　一本

書目十四

笠翁詩韻　二本

御纂詩義折中　六本

毛詩禮徵　六本

毛詩傳疏　十二本

詩經　四本

三家詩拾遺　四本

詩經彙纂　十六本

毛詩後箋　六本

十七

御定春秋彙纂　廿本

詩傳註疏中　一本

毛詩傳箋異義解　四本

詩經釋疏　二本

讀詩日系十三卷　二本

毛詩正詁　一本

大戴禮記　四本

詩說　一本

詩傳　一本

毛詩補禮　二本
詩考補註　四本
詩通說　十二本
詩瀋　三本
韓詩外傳　八本

二一　十二

書目十五

藝文類聚 卅二本

天中記 六十本

北堂書抄 二十本

考古類編 十二本

格致鏡原 二十本

○唐類函 五十七本

春秋屬解 一本

春秋辨 二本

于一本

春秋傳說例　三本

春秋左傳讀　一本

劉原父春秋傳說例　一本

左氏春秋杜註集解辨正　二本

春秋釋　一本

春秋鉄墻　一本

春秋求故　二本

春秋稗疏　一本

皇清經續解　十三本

十一

春秋賈服注輯述　六本

穀梁古義疏　八本

穀梁大義　一本

讀春秋編　二本

詩經繹參　四本

毛詩訂詁　四本

詩輯　十二本

詩經付附釋　一本

詩雙聲疊韻譜　一本

毛詩傳牋通釋 十二本

毛詩天文考 一本

詩補 五本

毛詩雙聲疊韻說 二本

書目十六

劉炫規杜持平 二本

春秋 五本

葉氏春秋傳 六本

春秋長歷 一本

春秋左氏古經 二本

春秋 十二本

左傳舊疏攷正 四本

春秋 八本

十二十七處

仁

春秋胡傳　四本

春秋規過攷信　三本

書目十七

公羊孔疏　二本

（由）皇清經解續編　廿六本

欽定禮記義疏　五十本

欽定儀禮義疏　四十本

丁巳五起

書目十八

夏小正正義　一本

周官類攷　一本

禮記章句　十本

禮記或問　四本

禮記章句　點本

禮記章一組　七本

儀禮古今文疏義　四本

大戴禮記解詁　三本

江

讀禮叢抄　六本

欽定禮記義疏巾箱本　一本

儀禮古今文異同　一本

欽定周官義疏　卅本

仿宋本儀禮　一本

禮賸　六本

太平經國書　二本

禮記天真釋　一本

書目九

拓刊夏小正 一本

儀礼識誤 一本

禮記釋注 四本

大學纂真 四本

續禮記集記 四十本

周礼政要 二本

周礼正義 廿本

周礼注疏 六本

周礼注疏删翼　十二本
弁服釋例　四本
注釋古周礼　六本
禮經校釋　十二本
儀礼私箋　二本

書目 廿

儀禮集釋 十本

儀禮釋宮 一本

喪服鄭氏學 十本

夏小正通釋 一本

肆獻祼饋食禮 一本

中庸直指 一本

皇清經解續編 二本

夏小正攷釋 四本

十八 廿

周礼注疏小牋 二本
夏小正集說 一本
夏小正考注 一本
孔子家語 四本
家語疏證 三本
家語證偽 三本
論語足徵記 一本
論語集注訓詁攷 一本
四書釋疏 一本

新本陳学士論語貫義 三本
四書質疑 六本
亀井論語語由 十本
論語意原 武英殿聚珍版 二本
大学或問 十本
湖北官板四書 六本
論語古訓 二本
論語後案 十本
大学疏義 一本

乙丹

六

論孟集注攷證 五本

四書釋地補 正續 再續 八本

四書典故辨正 六本

論孟或問 五本

經史質疑 八本

孝經 上論孟一 二本

孝經存解 二本

孝經鄭注攷證 一本

孝經頌記 一本

經

孝經集傳	一本
朱子孝經刊誤	一本
孝經學	一本
孟子師說	二本
孟子字義疏證	一本
孟子趙注補正	一本
孟子趙注	四本
鄒孟	三本
孟子要畧	一本

十廿

十

孟子趙注補正　一本

爾雅　一本

爾雅正郭　一本

爾雅補注　一本

爾雅注疏　一本

爾雅郭注佚存補訂　六本

8 北宋本爾雅疏　二本

清藝閣校爾雅　三本

爾雅補注殘本　一本

北

釋穀 一本

○爾雅音圖 三本 石印

爾雅注音釋集證 二本

爾雅補 十二本

皇清經解續編 四本 爾雅補 爾雅古義 爾雅經注 爾雅釋地

△爾雅義疏 八本

爾雅正義釋文 八本

△爾雅義疏 十本

廿一冊

書目廿一

中國歷代帝后像 一冊

元槧廣韻 一函

吉石盦叢書 一匧

守山閣叢書 一匧

古籍叢殘 一匧

莊子札記外編拘本 一匧

董氏叢書 一匧

仁和吳氏雙照樓刊宋元本詞 一匧

廿二 共

書目廿二

六書管見　六本

古籀拾遺　一本

石鼓文釋存　一本

草隸存　二本

唐寫本唐韻　一本

江慎修音學辨微自寫本　一本

殷考　一本

自著六書分纂抄稿　三本

上　廿二

耕織絹本行宮道里圖 四本

○文字蒙形類編 一本

番漢合時掌中珠 一本

殷禮藏龜拓本 五本

鐵雲藏龜之餘 一本

西夏國書略說 一本

志墨字記 一本

古桐書屋四音定切 一本

釋名 一本

三

○漢魏音　二本　又二本

手稿算史稽疑　一本

急就章攷異　一本

比雅　一本

趙撝叔六朝別字記　一本

○△仿宋槧重刊玉篇廣韻　八本

釋名疏證　二本

郘亭四庫全書（學海抄本）　又全　四本

拾雅註　十本

十　廿二

仁

○重刊訂正篇海　十本
古韻論　一本
古今韻畧　五本
小學會同　一本
汗簡牋正　四本
文字學　曲阜本　二本
△廣雅疏證　八本　四原闕缺二本
廣雅補疏　一本
切韻考　二本

書目廿七

通雅　十六本

集韻　廿八本

六書辨　一本

紅蝠山房方言臆疏　六本

錢氏聲類　四本

六書正譌　五本

等韻一得內外篇　三本

韻目表　一本

七　廿二

方言箋疏　三本
潘氏韻音　三本
六書精蘊　一本
六原原始　八本

書目類

稽古叢刊　三本

求古錄一但　十一本

經義述聞　廿二本

經訓叢義　三本

左海經辨　二本

鄭氏佚書　十本

8 秦氏宦經說　四本

經義雜記　八本

下六號

10

四書講義 六本 缺一

松陽講義 三本

易學問目 四本

博約齋經說 一本

淇桂軒會問 一本

五經異義疏證 三本

經學叢书 五本

萬充宗經學五书 四本

味經齋遺书 十本

廿七

宋李石方舟經說　四本

十ン本

書目廿五

藝苑零珠　四本

類林雜説　二本

意林　武英殿聚珍　二本

意林　二本

意林校本　二本

續後古編　四本

宋槧大字本　七本　一函

○鄧析子　一本　抄宋本

十八　若

に

ぬ

朱子論語注稾墨蹟　一本

唐人寫本佛說決業相好經尺頁

查聲山臨黃庭經尺頁

小畧攷　廿本

十八

書目廿六

讀書襍志　二十本
助字辨畧　五本
古今韻攷　一本
字孳補　二本
字證辨正　一本
中州音韻輯要　四本
經傳釋詞　四本
顧氏音學五書　十二本

光緒

七

韻府羣玉　二十本

古徽書　刀本

廣寫本切韻殘卷　小部　計六本　四本

羣經字類　一本

經典釋文校　一本

字學音篇　一本

小爾疋疏札　二本

新方言　一本

國語學草創　一本

時 文 部

倉頡篇補本　一本
切韻指掌圖　一本
形声類編　三本
交泰韻　二本
廣續方言　二本
抄本翻切入门　一本
字林考逸　四本
急就篇補注　二本
公羊方言箋疏　一本

文始 一本

小學鉤沈續編 四本

小學鉤沈 三本

急就篇直言 二本

書目花

佩文韻府　二百本

十三經札記　十二本

經窺　四本

羣經平議　十本

讀書雜志　二十本

經籍纂詁　五本

康熙字典　六本　又一本

五雅　八本

乃卜一花

10　　川〇

駢雅　八本

李雲书殘研天頁

10

書目二十八　一册

史學存精　三本

朝市叢載　八本

廣東考古輯要　十本

明紀異史　八本

歷代女師表　三本

國朝名臣言行錄　八本

羊城古鈔　六本

續資治通鑑史編　六本

卌一

名人傳畧 四本
國朝先正事畧 二十二本
兩浙名賢錄 六十三本
大本名臣言行錄 二十八本
海國圖志 十八本
四庫全書史部 卌四本
又海國圖志 二十本
資治通鑑目錄 十本
金陵瑣事 四本

大唐西域地理考證　一本
大唐西域記　四本
太平寰宇記　卅六本
水經注正誤　二本
合校水經注　十八本
經訓堂版山海經　六本
元豐九域志　金陵書局　四本
元和郡縣圖志　八本
長安圖志等一組　七本

四十二

西域記　六本
四裔編年表　四本
蜀檮杌　二本
山海經廣注　四本
山海經箋疏圖讚　還讀樓校　十本
山海經地理今釋　六本
吳地記　一本
輿地廣記　十本
廣輿記　十二本
廣東軼訳由那大四事道里表　十二本　二本
李文忠公奏議　四本

范忠宣公奏議 二本

鄭毅夫諫議集 武英殿版 聚珍式 二本

胡端敏奏議 四本

嘉定長白二先生奏議 二本

張雲在彼奏議 二本

馬文政基秘奏稿 三部 八本

滇野奏議 六本

陛正書楷草 二本

二乙五五疏 二本

四三

8 大清律例增修彙纂大成　三十本　石印

8 天下郡國利病書　二十八本　石印

大清律例歌括　一本

隱意 法　四本

明末紀事補遺　十本

鄴中記 武英殿聚珍　一本

湖壖小志　二本

8 新疆礼俗志　一本

刻系　二本

収　桂　10

廣陵通典　二本

李氏輿地五種合刊　十本

書目二九 二附

越南戦紀史 一本

諸海紀異 二本

吾学編 二十四本

天一閣書目 十本

善本书室蔵書志 十六本

直斎書録解題 六本 陳乃乾

鐵琴銅劍楼蔵書目录 十本

京师図書館善本書目 四本

四号

讀畫齋刻書目 是請仿冊 十本

浙江藏書樓甲乙編目錄 三本

文瀾閣書目 八本

武英殿板直齋書錄解題 十二本

長洲陳氏家刻書目 十五本

式古堂目錄 二本

鳴沙山石室秘錄 一本

皕宋樓藏書源流考 一本

北京佛經流通處書目 一本

湖録經籍攷　二本

金華文萃書目　三本

抄本宋四庫闕目　一本

四庫全書分纂藁　一本

道藏目録　二本

宋元舊本書經眼録　一本

油印大學堂漢文圖書草目　四本

江西書局價目　一本

國朝著述未梓書目　一本

四套

經籍舉要　一本
敦煌石室記　一本
謝氏墨懷古錄　一本
錢氏藝文志略　丁本
姚江王氏王桂樓書　二本
上古歷相文編目錄　七本
博是樓書目　丁本
鐵琴銅劍樓藏書目錄　十本
廣雅書局書目　二本

清代進書表彔存　一本
千百年眼　三本　殘
欽定四庫簡明目彔　四本
書目答問　四本
葉氏存古精刻　二本
抄本禁書總目備存　一本
揅經室經進書彔　二本
直隸省進佚存書目　一本
漢口圖書館書目　現存書目　七本
一本七

姚氏

附 公主園書估書目 二本

東海藏書樓書目 四本

唐昭陵石蹟攷 一本

兩浙金石志 史部 十二本

粵東金石志 四本

補寰宇訪碑錄 二本

石鼓文定釋 四本

寰宇訪碑錄 四本

語石 四本

繆篆分韻　二本
漢碑徵經　一本
古泉叢話　一本
石墨鐫華　四本
金石史　一本
古物陳列所影印周銅器　四本
阮氏鐘鼎彝器款識　四本
敢閣　一本
南唐書合刻　八本
四八

10

宋六朝事跡編類　二本

閩國臣傳　八本

國初羣雄事略　四本

國語注校本　六本

歷代職官表　三本

雷氏世本考證　一本

吳越春秋　六本

古閩蔡氏物本華朝遺忠录　二本

古言

一函計六本

文獻通考詳節　十二本

明季南北畧　十本　石印

日本今史　七本

文獻通考輯要　二十本

聖武記　六本　鉛印

前後漢书　十二本

遼史　四本

金史　六本

隨格印存　一函八本

孟子編年　一本

孔子編年　一本

聖蹟編年　一本

孔子門人考　一本

病榻夢痕　四本

深寧年譜　一本

萬譜　一本

宋文憲公年譜　一本

孔年譜輯註　一本

計

四史紀年表 四本
徐譜 一本
紀年廣表 五本
黃氏世德傳贊 三本
朱子年譜綱目 八本
顧譜 二本
閻譜 二本
歷代帝王年表 二本 三本
歷朝年補表 一本又一本

陪江年譜　四本

朱子年譜　四本

吳康齋年譜　六本

畢秋帆年譜　一本

程子年譜　五本

玉溪生年譜會箋　四本

先聖生卒年月日考　一本

張制軍年譜　二本

牧泉齋年譜　一本

卅一

以

姓譜　五本

元和姓纂　四本

古今讀　一本

野書　二本

泰興縣志　十本

陽城縣志　八本

陵（裏）縣志　四冊

正德武功朝邑志　一本

石屏縣志　一本

峒柯山志　四本

路橋志略　二本

路橋志　二本

金華縣志　十本

周采志　六本

金匱縣志　六本

史外　八本

稱謂录　八本

随州志　七本

刋

㊇ 元也里可温考　一本　又一本

皇朝謚法攷　四本

紅廟圖攷　二本

聖學集　八本

武英殿版朝野部記　十八本

㊇ 三國会要　六本

又　川二

書目三十　四三冊　一二三の廚上在内

史記　兩部　共三百廿本

8 中外大畧　二十六本

8 王船山讀通鑑論　十本　排印

8 歷代臣僚要論　五本

琳琅仙館叢書　一百二十本

海山仙館叢書　一百二十本

五禮通攷　一百〇二本

玉函山房叢書　八十本

目耕帖　五十本

○東華錄　八本

武臣傳　六本

逆臣傳　二本

桐城耆舊傳　六本

史記探原　四本

東坡事類　十二本

理學宗傳　十二本

國朝學案　十六本　學書類

收

桐算志　四本

史詮萃要便讀　二本

郎陽化聞　二本

尚友録　十二本

貞觀政要　十本

東華録　八本

元明佳史略　五本

史案　四本

史徵　大字手抄　二本

奴

8 史通刪繁 四本 黄初右

史通通釋 六本

容守齋史徵 四本

史通削繁 四本

漢書藝文志舉例 一本

漢書人表攷校補 一本

蒿楗備系校注 一本

史漢駢枝 一本

後漢書補註續 一本

10

歷代史補表 六本

廣德錄九史 十本

讀漢書八志 二本

史記索隱 二本

人表攷 四本

三國志補注 十本 又續 一本

後漢書補注 十二本

漢書水道疏證 一本

後漢補注又補 一本

後漢書注補正 卷一本
三國志旁證 二本
南北史年表 四本
三國志補闕 二本
漢書辨疑 五本
南北史補志 六本
前秦書纂 二本
通志畧 二十三本
戰國紀年 十二本

通歷 百 二本

十六國春秋輯補 二十六本

史目表 一本

唐書釋音 一本

唐書 兩本

漢晉春秋 一本

晉紀輯本 一本

十六國春秋 一本

晉陽秋 一本

紅

元史譯文補證　四本
三國志辨疑　一本
補晉書藝文志　二本
補遼金元藝文志　一本
宋史藝文志　一本
新斠注地理志　八本
前漢書疏證　四本
校正古今人表　二本
補晉書經籍志　一本

漢書地理志水道圖說　二本

漢書地理稽疑　四本

隋經籍志考證　四本

十國春秋　一本

六書畧　一本

資治通鑑校勘記　一本

七國考　八本

國語翼解　四本

草莽私乘　一本

紀元彙考　一本

趾

中興小紀 六本

舊唐書逸文 四本

舊唐書校勘記 廿六本

列女傳校注 二本

三藩紀事本末 四本

漢書注校補 十二本

後漢書注補正 四本

南疆逸史 十四本

二十史朔閏 十八本

/ 諸史攷異 四本

/ 廿二史劄記 十本

國史儒林傳 四本

已 蜀碧 二本

借月山房彙抄 二本

鶴山筆錄 一本

國語 八本

湖隱禪記 一本

北隅掌錄 二本

結

三

十七史商榷　二十本

讀史探遠　六本

五代春秋志疑　一本

新唐書糾繆、志　六本

三國志列女傳補注　四本

補晉書藝文志　六本

唐列女傳　六本

古列女傳　四本　學文本

漢書補注　卅二本

10

漢律攷　一本
漢書地理志稽疑　一本
金華叢書　一本
五代內翰群書　一本
漢藝文志攷　二本
續後漢書　五本
讀史搭遗　四本
金源劄記　三本
廿一史四譜　六本
攷

舊五代史　廿本

史記　卅本

儒林宗派　二本

宋元學案　廿本

明儒學案　廿本　鄭氏刊

五代史　八本

三國志　十二本

後漢書　廿本

後周書　六本

藏書世紀　十本

梁書　六本

東都事畧校訂記　一本

東都事畧　八本

東越儒林後傳　一本

黄氏明儒學案　二十本

偶學大綱　一本

劉青天傳　一本

書畫源流　一本

上本

玉壺畫史　三本
元朝名臣事畧　四本
宋名臣言行録　四本
國朝学案小識　十二本
皇朝儒行所知録　二本
北学編　一本
学統　十本
伊洛淵源　四本
洛学編　二本

北学編　二本

晴川事畧　一本

敕封大王將軍傳　一本

越中三不朽圖贊　一本

明紀　廿本

楊幽小道紀　二本

明鑑　十本

南疆春秋　二本

繹史　二十四本

六十一

人物志　十本

周季編畧　四本

十國春秋　二十四本

文獻徵存錄　十本

皇朝藩部要畧　連表　七本

畫徵會向　二本

野記　二本

十六國春秋　二十本

唐但音注　四本

弘簡錄　四十八本
東明聞見錄　一本
平濠紀畧　四本
湯陰蒼明史　六本
繹史　四十八本
進士題名錄　十本
清史要畧　一本
兩浙防護錄　二本
兩漢五經博士考　一本

六十二

劉賡稿錄 一本

史学研究法大綱 一本

抒秦西巡記 一本

中國文學史要略 一本

庚子西行記事 一本

船山師友錄 三本

史記訂補敘 一本

國文述要 一本

華石英事記 一本

太平天國戰記　一本
里𨤲事畧　一本

字三

書目三十一　上首書箱三層（新）

千甓亭古甎圖釋　二本　殘

學詁齋文集　一本

種樹軒集　二本

犀經室寶圖　二本

焦氏藏書　二十本　又六本　王事畧一本

太炎文始　二十本

北湖小志　二本

廣續香奩物　三本

穰窩集　三本

大隱堂文錄　一本

鬱華閣遺集　一本

尚絅堂文集　一本

示樸齋四六駢文　一本

步月山房詩選 四六法海　八本

選註六朝唐賦　六本

文選旁證　十二本

續古文辭類纂　十二本

黔詩紀畧　八本

心齋詩存　一本

清芬樓遺藁　二本

花宜館詩鈔　四本

游刻好池遺書八種　八本

鳴野山房文集　六本

蘿會集　五本

向字堂集　二本

頤巢類藁　一本

三十七本

曼陀羅花館詞	一本
9 訪樂堂詩	一本
8 伊川草堂詩	一本
雨香齋文存	四本
貞定遺稿	三本
郘亭遺集	二本
郘亭詩鈔	一本
邇盦文集	四本
戴氏遺書	一本

後齋文集 十二本
詩舲詩錄 一本
隨山館全集 十二本
汴南廬存集 四本
宋恕六齋卑議 一本
8 足本汪堯峯文集 八本
汪容甫遺詩 一本
庾林同聲 一本
人道大成錄 一本

六七八

卯

番禺陳氏東塾叢書 二本

切韻外編 一本

聲律通考 二本

漢書地理水道圖說 二本

知白齋詩文抄 五本

東塾遺書 五本

半米廬遺稿 二本

左石齋集 四本

沈文忠公集 三本

筆采　一本

句溪襍著　一本

鴻熙本文選　三十二本

文選拾遺　二本

廣喜堂襍纂稿本　一本

文選六臣注　三本　缺廿殘

唐詩諧律　二本

兩家詩品　一本

楚辭　四本

六十七

詩比興箋	二本
國朝詩人徵略	十本
軫石亭林文鈔	十本
文學津梁	八本
八家四六文注	六本
古文雅正	四本
七家詩	四本
駢體正宗	六本
鄭小谷全集	二十本

六十八

初吉祥宦詩鈔 五本

半舫館賸稿 五本

袁望高齋詩 一本

南宋宮閨雜詠 一本

存悔集 一本

一粟軒詩集 二本

彤原書詩 三本

勵秀館集 四本

安吳四種 七本

8 寄青齋詩 二本

8 思貽堂詩 二本

校邠廬抗議 二本

西學齋文鈔 八本

南園遺集 二本

盾鼻餘瀋 一本

隱月軒詩文集 二本

隨安廬詩集 一本

蓑喜堂詩鈔 二本

横山文抄　四本
潛廬類稿　四本
籀書　四本
賜書堂全集　二十本
猶窮遠稿　三本
孔西遺經料　一本
趙黃頌頌廣王　五本
甲申春秋通義　三本
古鄭禮記補詩　二本

顨軒孔氏著書　十本

道古堂全集　六本

養一齋文集　八本

四六叢話　十二本

七十

書目三十二（計右邊七篋）

國朝文續 卅本

元遺山集 二

虞道園集 四

宋景濂集 五

唐荆川集 二

歸震川集 二

六朝文絜 一

沈評唐宋八大家 卅六

七十一

詩倫 四
唐駢體文鈔 四
唐詩別裁 十
宋詩鈔 六
唐詩鼓吹 五
古詩源 六
甌香館宋詩鈔等一組 四十本
漢魏六朝名家集 四十本
日下聯吟集 八本

斯文精華 十二本
駢體文鈔 十本
三通序 一本
續古文苑 八本
十家駢文 四本
八家四六文 四本
切問齋文鈔 十本
御選唐宋文醇 二十本
詁經精舍三集 四本

七十七

○古文辭類纂　辛本

娀學正程　六本

定山詩餘集　二本

松陰文集　二本

明文才調集　十本

樂府解題　二十本

樊讀識集　二本

唐四家詩辨論攷異　一本

韩詩點勘　一本

大本文選　十二本
宋四六選　六本
國朝文錄　八本
文章軌範　四本
古文筆法　二本
梁溪詩話　四本
六朝文絜　二本
黄梨洲遺書　十二本
陳卧子安雅堂稿　六本

七十二

國粹叢書李氏焚書　四本
文徵明集　前四　十二本
萬季野明樂府　一本
淮南方孫本全集　六本
張文烈公遺詩　一本
譚友夏文集　二本
遜志齋全集　十二本
鄺海雪集殘　四本
寶綸堂集　八本

少室山房集　十本

晚聞堂集　六本

閑閑老人集　四本

滹南遺老集　六本

道援堂集　六本

游定夫集　四本

東軒集選　二本

楊升庵陶情樂府　一本

蛻庵賸藁　三本

七十[illegible]

西山真文忠公全集連目錄 五十八本

抄本文獻通攷 一本

陸宣公奏議 一本殘

真寫文編 五本

金華文萃 八本

皇清經解兩箱 計三百六十本

兩淮鹽法志 二十本

楚寶 二十六本

中山傳信錄 六本

湘學報類編　六本

正誼堂全書　一箱　廿夾六十本

七十五

書目三十二　右西八匣

陸子遺書	二十本
鮚裒談名集	十本
易堂邵邢士集	八本
讀書後	四本
讀騷堂集	一本
南雷文定	二十本
二曲集	八本
四溟集	六本

七十八

孫文恭遺書　六本

睢陽二勝本　二本

霽山集　二本

江止菴集　四本

楊忠愍集　二本

史忠正集　二本

宋文憲集　六本

8

歸震川集　十本

杪李趙文華集　一本

東越證學録 六本

陶淵明集 二本

揭曼碩詩集 一本

曲江集 六本

青州文集 六本

白石道人四種 二本

倪鴻寶詩稿 二本

二十七松堂文集 十本

明十五完人手帖 王方兩大儒手帖 二本

七十七

劉忠宣遺集　六本

△元史藝文志　一本

△元史氏族表　一本

癸巳類稿　八本

△諸史拾遺　二本

△三統術衍　二本

十駕齋養新錄　六本

潛揅堂全書一組計　三十六本

論語正義　四本

收

仁

巴山七種 六本

圭文女子遺稿 四本

桃花七種 四本

霧芳館襍著 弍本

迷學 三本

壯悔堂全集 四本 不印

唐人三家集 一函八本

吳越才民待芳集 一本

楚辭天問牋 一本

七十八

上

文

乙

樊紹述集注 二部 四本
△環螺山館詩鈔 一本
遠春賦鈔 一本
△谷有林堂詩鈔 一本
△怡堂集 一本
蕅西倉遠詩 一本
俞樓襍纂 九本
墨雲閣集 四本
鈔藝室叢書 十二本

上

韋案齋遺書 四本
胡石莊讀書說 五本
翠巖閒詩 一本
蓮蓑集 一本
鐵橋漫稿 四本
心安隱室詩詞集 三本
朱氏群書 一本
夏小正 三本
屍苕齋子遺書 一本

仁

噉蔗全集 六本

十髮盦叢書 八本

張臺子詩集 二本

雲臺樓刊犀書敘錄 二本

8 臺莊詩文抄 二本

幸草亭詩抄 二本

泰雲堂集 四本

道義鄭氏父子文集 八本

蕅人盦類稿 十二本

八十

徵季雜著　十本
三思堂叢書　十四本
孫書堂全集　十本
述學　二本
微居集　八本
黄氏塾課　一本
研六室文鈔　一本
白香亭詩　一本
緝雅堂詩話　一本

袁樂齋集　二本

柔橋文鈔　八本

楓廬詩手迹識　六本

不問山房集　十本

何鄰海集　二本

曾文正公家書　十二本

樂志堂全集　十二本

8 望溪全集　二十

歷朝樂府　六本

第十一

80

白蕉集　二本

8 楉杞軒集　六本

三魚堂全集　八本

鮚埼亭集 外編　廿二本

胡文忠公遺集　卅二本

硯林集續拾遺　一本

雞跖集補抄　一本

水流雲在館詩抄　二本

8 看蠶詞　一本

如

蹇譔齋詩稿　一本

8 持雅堂全集　六本

虹橋老屋遺稿　四本

綴學堂初稿　一本

冬煊草堂遺詩　二本

雒子遺瓶笙廬詩　一本

不遠宦文集　二本

東觀存稿　一本

寄廬襍記　二本

八十二

10

未厭齋文集　四本

四憶堂詩　二本

董蕃邨莊詩集　四本

彤芬宧稿　一本

半雙廬遺稿　二本

萬山草堂詩集　二本

壽闇堂吟草　二本

古紅梅閣遺集　二本

聽松廬遺稿　二十本

秣陵集　三本

（吳園刻本）六潭文集　十本

倚晴樓集　全　九本

西堂文集　十本

存誠齋文集　四本

于湖小集　二本

8 南山佳話　一本

棣華書隨筆　八本

賜綺堂集　十本

八十…

15

鄒氏學藝齋遺書　六本

顯志堂稿　二本

茗柯文編　二本

湘綺樓集　六本

柳亭詩話　八本

西泠五布衣遺著　八本

寄龕全集　十一本

長興縣學文牘　二本

題襟福墨　一本

学齋庸刊　一本
儆術軒文集　六本
中復堂全集　二十七本
傅文端遺書　三本
通藝堂集　一本
崇雅堂稿　一本
明周端孝墨跡題跋　一本
二馮詩集　二本
曲阜
孔本崇雅堂詩　一本

八本

XO

步蟾中集 二本
安見 一本
正學續 四本
耕雲別墅詩集 一本
秋水集 一本
有正味齋吳氏一家稿 四本
後臺詩 三本
南園文存 一本
冬榮館遺稿 一本

茹古萬六柳　一本

通雅堂詩　四本

定香亭筆談　四本

校讎通義　五本（補章遺書）

章氏遺書文史通義　五本

無邪堂答問　五本

沈端恪遺書　二本

思綺堂文集　十本

忠雅堂集　十六本

牧庵雜記 二本

培遠堂手札節存 三本

龍園詩鈔 四本

8 西雲詩抄 二本

吳學士御覽編 六本

樊榭全集 十本

叢桂軒近集 四本

陳檢討集 十本

紅樹山樓詩詞選 二本

又

大樸山館集 十本
定松閣全集 三本
夏雲峯存稿 抄本 一本
我自有我齋詩草 一本
秋水軒詩選 一本
海如文編 二本
後壹文稿 四本
默盦集 三本
桂隱齋初稿 六本
八本

1

栗橋文例　八本

劉礼部集　六本

定盦文集　續補共　四本

小倉山房文集　二十四本

續同人集　四本

崔東壁全集　内補物　一本　二十本

白田草堂存稿　六本

何氏遺書　四本

十誦齋集　二本

〡〇 三 〥 〤 〤

八六

求古录 三本 川

寄影軒詩鈔 一本 〢

易贯 八本

蘊高述林 四本

都梁香閣詩初集 一本 〡

嚶鳴百叠集 一本

古微堂內集 外集 四本

莊子妙 四本

易參良學 三本

屈賦微　二本

中庸篇義　一本

芋香詩集　一本

劉端臨遺書　四本

息軒遺稿　四本

畫延年室詩稿　二本

一鐙精舍甲部稿　一本

飄香室稿　一

説劍堂集　一

八毛

雲峯存稿 一

楝果書屋遺詩 一

亨叔帚齋吟稿 二

嘯大雲遺詩 一

桑葉草堂詩存 一

居易初集 二

居東集 一

吾江賦選 天南鴻爪 合 一

通雅齋藁稿 四本

碎月居詩詞存　一本

揅邪草詩　二本

岐山遠草　一本

陳偉嶽著愚隱集等　七本

培蓑詩文　一本

綠竹吟課　一本

鷗堂遺稿　一本

味蒔齋遺稿　一本

抱玄祥宅輯存　一本

八十八

桑隱和詩詞全集　四本

椒橋集　二本

天馬山房藏書目

書目 叢书类

阮栞十三經注疏	计十四凾 共一百八十三本	卌元	白紙寫書頭 常去校書品寬大
許學叢刊	四本	〤元	
二酉堂叢書	十二本	〡〤元	原槧白紙書品寬大
大鹿山房叢書	八本	〡〤元	亦刊白紙初印書不多見
養壽廬叢書	七本	〡〥元	白紙
國粹叢書	二十一本	〤元	
廣雅叢書	一百本	佰元	四十三種訂百零冊 經史居多書品極大早印
經訓堂叢書	卅本	〤元	石印綫

書名	冊數	價	附記
士禮居叢書	卅本	[illegible]	蜚英館石印
武林掌故叢書	二〇八本	[illegible]	汪康年精書石印見
粤雅堂叢書	八本	[illegible]	影原刊初印本 白紙
知不足齋叢書	計卅函 共二百四十本	[illegible]	杭州聚珍本一單精印書 品質大白紙
武英殿叢書	一百二十四本	[illegible]	白紙影原刊本
借月山房彙鈔	一百二十本	[illegible]	白紙影原刊本
墨海金壺	一百六本	100元	竹紙影原刊本
學津討原	二百本	[illegible]	竹紙此書版已燬僅此一部
許學叢書	二十四本	[illegible]	

百川學海	計四函　共四十本	影宋刊本白紙	[illegible]元
楝亭十二種	廿本	白紙影宋刊本	[illegible]元
後知不足齋叢書	卅本	白紙帶夾板	[illegible]元
佳苑	計十二函	白紙帶夾板	[illegible]元
半厂叢書	廿本	竹紙	[illegible]元
琴[illegible]叢書	八本	白紙	[illegible]元
雲[illegible]鶴閣叢書	四十八本	白紙	[illegible]元
詩觸	五本	乾隆刊本此書不多見	[illegible]元
屑玉叢譚	四八本	初二四集	[illegible]元

竹紙	鍾邨叢書	卅二本	悅元
連厓文辨詞釋詞銓詞銓補遺 詞銓以有校讀白紙	暎周叢書	五十二本	如元
白紙	後知不足齋八種	八本	晥元
竹紙	結一廬叢書	二十本	院元
竹紙活字本書不多見	宜稼堂叢書	八十本	睆元
王纘堂輯白紙	亟敏堂叢書	五本	脘元
白紙初印書無焚火	廿二子全书	八函本	呢元
	五經歲徧齋校书三種	十本	嗅元
竹紙字書顯	三長物齋叢書	五十六本	吭元

振綺堂叢書 六本

惜陰軒叢書 六十六本

○稽瑞 八本

廣倉學會叢書 卅二本

小學類編 七本

雷刻八種 六本

會稽郡故書襍集 一本

四十五家集 十一本

述古叢書 二十四本

萬曆竹紙本印 孫氏三十三
萬曆樣本 收集 白紙初印
寫本 計
竹紙 寫本

知不足齋叢刻

文獻叢書 二十四本
又獻叢書續集 十本
湖州叢書 二十本
藝海珠塵 五十二本
宋金仁山先生年譜附集 三本
金華章楓山年譜 章文懿家編 五本
滄洲風雅 二本
許白雲文集 二十本
金華徵獻略 八本

適園叢書
原刊

詞學叢書

奢摩刻院
石印本

佛山書局書
夕陽叢筆 一組 二十七本 同文扶翰社版

平津館叢書 五十本

湖口圖書館叢書 六十本

南菁書院叢書 卅八本

宋曹魁樂府雅韻筆組 十二本

華雨廬叢書 四十八本

皇清經解續編 石印 卅二本

世德堂六子全書 二函 廿本

味園叢書 廿六本

九十

12元 30元 14元 12元 40元 10元 10元 14元 16元

山左原名梁甫□余照原初印補目白紙

白紙

初印書七竟大南海孔氏藏書

白紙初印書皆□字行□未
係孔改降本□□□□刊

書七竟大竹紙早印

速得向樣舊本初印本許遂孔
校尨字均印

正覺樓叢書	廿八本
幼順堂叢書	廿本
乙 唐人說薈	卅本
浙江書局校二十二子	八十三本
仰視千七百二十九鶴齋叢書	卌本
長沙王氏房本談藝珠叢	十二本
守約編叢書	廿四本 四十八本
湖北叢書	三十本
別下齋叢書	四十八本

誌之 佽之 阮 巨之 佐之 收 順之 佳之 紉之

一應益推幸二叢書等尚計

璜川吳氏經學叢書	卅本	10元
求實齋叢書	十本	8元
湖海樓叢書	二十本	8元
武訓堂叢書	二十本	6元
小萬卷樓叢書	十本	5元
羣書拾補 石印	八本	6元
玲瓏山館叢書	三十本	10元
徐氏叢書	廿本	
又 二集	廿本	10元

金粟山房叢书　卅本　好之

中國學报々彙编　八本　收

翠琅玕館叢书　八十本　收之

嶺南遺書　八十本　收之

玉簡齋叢书 函　十二本　上之

十種古逸叢书　十本　上之

積学齋叢书　廿本　收之

頴李遺书　廿四本　上之

問影樓叢书　十本　好之

白紙初印书二函大

白紙

活字本初印者少

泛字號　汪秀峯拜

梅倚雲初集　六本

小石山房叢書　廿本

南陵徐氏許齋叢書　十六本

大本經學叢書　十本

貸園叢書　十六本

永嘉叢書　六十支本

檀几叢書　十本

夏氏叢刊　四本

敍古齋叢書　四十本

收訖

明湖挂金叢書　十本

滂喜齋叢書　廿二本

稗海　八十本

古經解彙函　六十八本

粟香室叢書　二十本

藝苑捃華　二十本

檇李遺書　十六本

歷代詩話正續編　六函　四十本

清詩話　二函　廿本

書目二 佛經

8 法苑珠林 三十本
8 圓覺大疏 四本
8 廣弘明集 十本
楞嚴正脈 十四本
五教儀開蒙增註 五本
唯識心要 十本
大乘止觀法門釋要 二本
鐔津文集 四本

知上 ##

楞伽經宗通	八本	川二
顯揚聖教論	四本	仔
大涅槃經玄義	一本	川
金剛經註解	一本	
佛說阿彌陀經	一本	
印光法師文鈔	一本	
般若燈論	三本	10
辯中邊論	一本	川
決定藏論	一本	川

四教義　二本

四念處　一本

般若綱要　四本

四教八教大義　一本

圓覺經近釋　二本

翻譯名義集　六本

八識規矩頌淺說　一本

印度哲學概論　一本

心經畧疏　一本

上　川　川　上

金剛經解義　一本　〆

圓覺經解義　二本　〣

入阿毘達磨論通解　二本

成唯識論學記　四本

宏明集　四本　〤

金剛經解義　一本

佛遺教經　二本

慧琳一切經音義　五十五本

十宗略說　一本

佛爾雅　一本
重訂教乘法數　六本
觀無量壽佛經圖説　一本
三藏法數　十六本
遺虎論　一本
金剛經實義　一本
金剛經次詁　一本
圓覺經畧疏　二本
華嚴原人論　一本

川

十三

高峯語錄　一本
楞嚴經玄義　二本
楞嚴經　三本
圓覺經　一本
圓覺直解　二本
法華科註　八本
四十二章經佛説遺教　一本
宗鏡大綱　六本
大乘止觀　一本

維摩玄疏 三本
壇經 一本
楞嚴合轍 十本
直學論衡 二本
大乘起信論科注 一本
性相通說 一本
藕益二師相宗八要直解 二本
如來智印經 一本
因入理疏 二本

文 三 文 文三

明正論　一本

釋大乘論　四本

删定止観　一本

楞嚴攝論　一本

五家宗派　一本

永嘉集　一本

竹窓随筆二三筆　三本

百論疏　三本

肇論　一本

竹

仁

十二門論疏　二本
十地經論　四本
大乘密嚴經　一本
佛地經論　二本
十二門論　一本
十二門宗致義記　一本
梁起信論　一本
唐起信論　一本
楞伽原錄　一本

〣 〨 〤 〣 川 〤 〤 〤 〤

世々攝乘　一本
親釋論　一本
菩大　一本
釋摩訶衍論の本
起信論直解　一本
起信論纂註　一本
大乘起信論義記　二本
金剛決疑　一本
金剛般若口訣　一本

に　江　×　×　三　ノ　×

金剛破空論　一本
小止观　一本
六譯金剛傳　一本
唯心訣等　一本
界世出相類　一本
大乘百法明門論　一本
圓覺親聞記　二本
相宗八要　三本
大佛頂傳　一本

圓覺講義　二本
楞嚴經纂注　五本
稻稈經等五種　一本
十二因緣經　一本
西蜀德高師贊頌十六俑　一本
瑜伽師地論　卅二本
成唯識論樞要　三本
首楞嚴經長水疏　八本
三論玄義　一本

圓覺經　一本

成道記　一本

唯識開蒙　二本

唯識二十論述記　二本

成實論　六本

中論　二本

禪原諸集　一本

無量壽佛經　一本

華嚴法界玄境　一本

顯密圓通成佛心 一本
唯識料簡 二本
解深密經 一本
俱舍論 六本
華嚴原人論 一本
裁觀綱宗 一本
彌陀疏鈔擷 一本
心經論義 一本
佛說觀無量壽佛經 一套

文 三 人 時

大慈恩寺三藏法師傳　一套

九種佛經　一套

書目　子類

子思子　二本

老子道德經　二本

○[illegible]墨經詁義上編　一本

王氏荀子　四本

弟子職正音　一本

弟子職注　一本

晏子春秋　二本

新解老　一本

老君道德經　一本
道德經附門經　三本
老子　二本
老子章義　七本
道德真經注疏　三本
老子考異　二本
孫氏定本墨子閒詁　八本
荀子職言德　一本
晏子春秋　二本

川

晏子斠補　一本

墨子　四本

墨子斠注補正　一本

鄧析子　一本

趙註孫子　四本

陳如嵩二續精解　六本

莊子內篇註　二本

莊子戩術　一本

南華真經　七本

村

○莊子解故　一本
莊子因　四本
莊子雪　三本
莊子王氏由　二本
齊物論釋　一本
○鄭世德刊莊子　六本
双清閣刊南華經　六本
南華經解　六本
馬著莊子札記　（二本）

○莊子補注　二本

莊子天下篇釋[illegible]　一本

陰符四經存隱　一本

莊子評註　五本

莊子內篇闡詳　二本

老莊翼　廿本

莊子口異義　十本

莊子解　四本

圈批註莊子南華經　六本

二十二

馬著校本列子附偽書考　一本

南華真經正義　六本

劉申叔莊子校補　一本

二酉堂版莊子解　六本

莊子詮詁　四本

荀子集解　六本

韓非子集解　六本

荀子補注　二本

荀子　二本

韩非子 四本

荀子增注 補遺 十一本

韩非子解詁 十本

習学記言 九本

居士參禪提要 一本

漢学商兑 四本

諸子平議 八本

自由之母 一本

藝概 二本

卅〇

10　に

学仕遺補 连補 五本

小学韻語 一本

從政遺規 十二本

北徑格学瞀徵 一本

鄭君粹言 一本

儒門法語 一本

学廥自鏡語 二本

國朝先正学規彙抄 二本

人道大程系 一本

講習錄 一本
皇極經世緒言 十二本
識子庸言 三本
理學辨似 一本
續困勉錄 四本
思辨錄疑義 一本
理學逢源 十二本
三魚堂賸言 一本
小學韻語 一本

老學餘事 四本
陳眉公書箋 一本
雲林雜記事 一函六本
湘山野錄 一本
酉陽雜俎正續編 四本
五雜俎 八本
碧同參 二本
黃氏日鈔 五本
涑水紀聞 四本

仁 文

言林　二本

唐語林　四本

老學庵筆記　二本

益丹今華玉泉三子　一本

輟耕錄　六本

對牀夜語　一本

紫薇雜記　一本

捫行沈　一本

古學彙刊　卅二本

澹懷園詩 二本

荊園語錄 一本

顏氏家訓 一本

圍棋裝書等一匣 五本

王陽明傳習錄 一本 排印

大學衍義 十本

太平廣記 五十本

初學記 十二本

物本盛物類州 三本

川 收

8 詞林海錯 十二本

畫禪室隨筆 六本

清儀閣題跋 四本

華延年室題跋 三本

庚子消夏記 三本

正續射鷹詩 十本

說鈴 廿本

廣三字經 一本

揚州畫舫錄 六本

三

兩般秋雨盦隨筆　八本
宋艷　六本
粟香隨筆　十本
蕉濾舊錄　六本
宋稗類鈔　一函　八本
東坡題跋　[illegible]　十本
埋憂集　六本
熙朝新語　四本
耐冷譚　六本

三

日知录集释 十六本

七修类稿 十二本

墨林今话 六本

容斋随笔 石印 五本

虞志补续志 六本

两汉博闻 六本

田家五行 一本

桐阴清话 四本

池上草堂笔记 二本

天演論 二本

詅痴符 二本

東遊紀程 六本

蜀山記 三本

社會學 二本

諧鐸 四本

菜根談苏像集 一本

教育芻言 一本

平等閣筆記 二本

川

嘯亭雜錄　四本

簷曝雜記　二本

居易录　六本

⑧山门新語　二本

辨字　一本

操猿術術　一本

九章算法札记等　四本

交翠軒筆記　一本

香祖筆記　四本

川

孔叢子　四本

列子張注　二本

8 无能子等　四本

9 亢倉子　二本

存古學堂叢刊　一本

淮南許注異同詁　二本

淮南王鴻烈解　六本

淮南天文訓補注　二本

春秋繁露　二本

20

董子粹平　一本
孫評春秋繁露　六本
大本春秋繁露　二本
殿本又　二本
呂氏春秋　六本
黄氏日鈔　二本
近思録集解　六本
呻吟語　十本
讀書録　十二本

諸子通攷　二本

容齋隨筆　十二本

容齋五筆　二本

困學紀聞　六本

困學紀聞集證合注　十二本

困學紀聞註　十二本

困學紀聞　八本

司馬法攷級　一本

尹文子　一本

公孫龍子　一本
非子　一本
附呂本春秋繁露　二本
師友襍志　一本
家範　一本
傳習錄　三本
薛子條貫篇　四本
儒志編　一本
春秋繁露　一本

華子校定本　二本
春秋繁露　二本
說苑　六本
法言疏證　四本
太玄經　二本
白虎通疏證　四本
抱朴子內篇　六本
顏氏家訓　四本
世說新語　六本

卯　三　以

朱子近思錄集註　四本

二程語錄　二本

人類誦記　二本

桃口釋談錄　一本

皇極經世易知　四本

物本傳習錄　五本

付習錄　四本

三餘偶筆　八本

黄未定信物　八本

湛園札記 四本

十駕齋養新録 八本

睡餘偶筆 一本

考辨隨筆 一本

讀宋鑑錄 三本

讀書脞筆 一本

易住翁録 二本

漢學商兑 二本

培菴漫录 七八本

陔餘叢考　八本

通俗編　四本

香譜　一本

西諸持物志　二本

釋常談　一本

蕙櫋襍記　一本

寒夜叢談　一本

茶磨夢影集　二本

雜窗叢話　一本

乙二

歸潛記 二本

隨鈔劄記 六本

池北偶談 五本

劉園密率捷法 三本

曝書雜記 三本

○小李山房札讀 八本

○讀書雜識 四本

古書拾遺 四本

何義門讀書記 十二本

卅〇

東塾讀書記　五本
覽坡周話　一本
洪北江冰壓集　一本
古書疑義舉例　二本
前漢微言　一本
西清筆記　一本
竹葉亭雜記　二本
檐曝雜記　二本
○札樸　四本

退學録　一本

敷經筆記　一本

求闕齋讀書録　四本

双硯齋筆記　五本

札迻　四本

經史大觀證類　六本

本草衍義　二本

傷寒論　二本

傷寒論補三種　二本

今世說 一本

春冰室野乘 一本

安斯坦相對論 一本

又 下冊 一本

信安徐云林玉芝堂談薈 三本半

天馬山房藏書目至終